刑事羁押类 强制措施的功能定位 与程序配置

谢小剑 著

厦门大学出版社
XIAMEN UNIVERSITY PRESS
国家一级出版社
全国百佳图书出版单位

图书在版编目（CIP）数据

刑事羁押类强制措施的功能定位与程序配置 / 谢小
剑著. -- 厦门：厦门大学出版社，2023.2
    ISBN 978-7-5615-8924-3

    Ⅰ．①刑… Ⅱ．①谢… Ⅲ．①扣押－刑事诉讼－研究
－中国 Ⅳ．①D925.204

中国版本图书馆CIP数据核字(2023)第027884号

出 版 人	郑文礼
责任编辑	李　宁

出版发行	厦门大学出版社
社　　址	厦门市软件园二期望海路 39 号
邮政编码	361008
总　　机	0592-2181111　0592-2181406(传真)
营销中心	0592-2184458　0592-2181365
网　　址	http://www.xmupress.com
邮　　箱	xmup@xmupress.com
印　　刷	厦门集大印刷有限公司

开本	720 mm×1 000 mm　1/16
印张	17
字数	320 千字
版次	2023 年 2 月第 1 版
印次	2023 年 2 月第 1 次印刷
定价	85.00 元

本书如有印装质量问题请直接寄承印厂调换

厦门大学出版社
微信二维码

厦门大学出版社
微博二维码

国家社科基金后期资助项目
出版说明

后期资助项目是国家社科基金设立的一类重要项目，旨在鼓励广大社科研究者潜心治学，支持基础研究多出优秀成果。它是经过严格评审，从接近完成的科研成果中遴选立项的。为扩大后期资助项目的影响，更好地推动学术发展，促进成果转化，全国哲学社会科学工作办公室按照"统一设计、统一标识、统一版式、形成系列"的总体要求，组织出版国家社科基金后期资助项目成果。

全国哲学社会科学工作办公室

序

　　谢小剑教授是我指导的硕士、博士，2007年毕业于四川大学诉讼法学专业。在我的学生中，小剑是较为勤奋的。如今，他的第六本个人专著《刑事羁押类强制措施的功能定位与程序配置》即将出版，请我作序，我欣然应允、由衷祝贺。

　　羁押制度既有通过羁押保障刑事诉讼顺利进行的功能，也有对犯罪嫌疑人、被告人的人权保障功能，在强调依法治国、人权保障的当下，该主题的研究具有重要价值。长期以来，羁押制度的一些不合理之处都是我国刑事诉讼改革的焦点。2012年以来，我国推出了相关改革，这在一定程度上降低了审前未决羁押率，改良了刑事羁押制度。作者在本书中对我国近年来的改革进行了研究，例如社会危险性审查改革、审查逮捕听证化改革、羁押必要性审查改革、捕诉合一改革、指定居所监视居住功能转型、羁押场所中立化转型等，其研究具有前沿性。

　　需要指出，本书秉承了实证研究方法，是理论联系实践的学术著作。谢小剑教授在读期间师从于我，研习实证研究。本书对羁押必要性审查实效、审前未决羁押率降低的成因分析、羁押事实规范化、指定居所监视居住等的研究，采用了实证研究方法，其在数据的收集上值得肯定，例如收集了多个检察院案件管理系统中的数据，对5000余份判决书中指定居所监视居住的适用进行了统计分析；收集了两个检察院500个案件中公安机关的《提请逮捕理由说明书》和检察院的《审查逮捕意见书》，以此统计分析羁押事实的适用。他应用新的研究材料发现了新的中国问题,如从羁押事实误用的角度实证解释了我国未决羁押率高的程序动因并提出完善对策。再如,通过实证调查分析,发现指定居所监视居住呈现出两种形态迥异的类型,即"替代逮捕型"与"办案需要型"。

客观而言,刑事羁押措施是研究较多的主题,提出创新的见解并不容易。难能可贵的是,本书在不少方面具有创新性,几乎每个章节都有自己的见解。特别是,作者从具体羁押类强制措施的功能定位出发,探求与之相配套的程序,创新地研究了刑事拘留回归紧急到案措施及其程序配置,刑事逮捕偏离羁押前预防性保障功能带来的问题及其程序配置,"替代逮捕型"与"办案需要型"两种功能不同的指定居所监视居住如何配置程序,这些都彰显了本书的学术价值。

近年来,谢小剑教授笔耕不辍,发表了不少高水平的学术成果,两次成为全国刑事诉讼法领域高产作者,作为导师,我感到非常欣慰。在本书出版之际,我乐意将本书推荐给学界同仁和广大读者。同时,也希望谢小剑教授能继续努力,发表更多高质量,更有价值的学术成果。

左卫民

2022 年 8 月 16 日于成都

目 录

导　论

一、研究背景

基于无罪推定的理念，刑事司法应当以非羁押为常态，羁押为例外。然而我国长期以来羁押类强制措施功能定位不合理，程序配套不协调，审前未决羁押率过高，羁押期间被羁押人权利保障不充分，已成为各界致力解决的问题。审前羁押类强制措施作为重要的人权司法保障制度，在2012年《刑事诉讼法》修改以及司法改革过程中被不断强调；完善我国审前羁押类强制措施制度，减少未决羁押率作为改革的重要目标，成为新时代司法制度的重要组成部分。2021年1月，最高人民检察院针对我国严重暴力犯罪持续下降，法定、轻刑犯罪不断增加但审前羁押率一直较高的问题，积极推行"以非羁押为原则，羁押为例外"的刑事诉讼新格局。这必然涉及各种不同羁押效果的羁押类强制措施的功能定位与程序完善，本书具有重要的研究价值。

需要解决的问题是研究对象的界定，本书以刑事拘留、逮捕、羁押、指定居所监视居住等羁押类强制措施作为研究对象。刑事拘留、逮捕以及附随其后的看守所羁押状态，作为羁押措施无争议。其中有两个问题需要特别强调：其一，在我国，刑事逮捕与刑事羁押合一，被称为"捕羁合一"，然而从应然的角度，逮捕与羁押的功能并不一致，有必要将刑事羁押作为独立的"羁押类"强制措施予以研究。其二，传统上，仅仅以拘留、逮捕作为实现羁押的强制措施，对于指定居所监视居住是否属于羁押类强制措施可能面临争议。实际上，我国对于指定居所监视居住期间的人身自由限制程度没有明确的立法规定，立法上明确取保候审、监视居住不可抵扣刑期的同时，规定指定居所监视居住可以折抵刑期，这意味着对犯罪嫌疑人可以采取更强的人身自由限制。从实践来看，其确实产生了羁押的效果，指定居所监视居住实际上已成为介于羁押与非羁押之间的，但可能更接近羁押的强制措施，[①]因此有必要纳入本书进行研究。然而，将指定居所监视居住作为羁押类强制措施进行研究，只是因为其实践中出现"变相羁押"的特

---

① 左卫民：《指定监视居住的制度性思考》，《法商研究》2012年第3期。

点，并不意味着其应当作为羁押措施。其作为"半羁押"措施，至少不应当等同于拘留、逮捕之后的"羁押状态"。如果回归刑事羁押类强制措施作为审前剥夺犯罪嫌疑人、被告人人身自由手段的本质，在实践中指定居所监视居住往往也会产生羁押效果，也应当将其作为羁押类强制措施进行研究，降低其适用案件比例也是降低审前未决羁押率的重要组成部分。传统上，仅研究拘留、逮捕制度作为羁押制度改革的方向是不合理的，从而至少可以将指定居所监视居住界定为"羁押类强制措施"，纳入本书的研究范围。

2012年《刑事诉讼法》修改以来，我国羁押制度上有了较多的改革。其一，2012年《刑事诉讼法》的修改明确了逮捕的社会危险性判断标准，建立捕后羁押必要性审查制度。其二，2012年之后通过司法解释建立了以羁押事实论证社会危险性的"类似证明"机制。其三，2012年《刑事诉讼法》修改，监视居住被设计成替代逮捕的措施，同时改造了指定居所监视居住制度，在实践中已成为重要的办案手段，产生羁押效果。其四，2018年《刑事诉讼法》修改创设了对接留置的拘留措施。其五，司法实践中，检察机关推行审查逮捕的诉讼化改革，使逮捕审查程序发生较大变化。其六，检察机关的内设机构改革，特别是捕诉合一改革，对羁押制度变局产生重大影响。其中的一些改革推动了我国未决羁押率下降，改变之前"构罪即捕、一捕到底"的局面，审前羁押制度面貌发生很大改变。

近年来，羁押类强制措施制度仍然是当前学术研究的热点问题，我国学者对该论题所涉主题已经进行了卓有成效的研究，集中在以下领域。其一，对于刑事拘留多从其是不是到案措施，其实际运行状态展开研究，[①] 未从其适用条件是否应当包括紧急性要件展开分析，更未将其与降低未决羁押率联系起来。其二，逮捕是我国当前主要的羁押制度之一。未决羁押率过高是我国刑事司法中的老大难问题，为了改变未决羁押率过高的现象，学界形成了两种治理思路：一种观点主张从权力配置的司法制度层面，将批捕权划归法院；[②] 另一种观点认为我国法院并不比检察院更独立、中立，转而主张完善审查批捕程序的中立性，使审查逮捕权回归程序裁决权之"本性"，以降低未决羁押率。[③] 2012年《刑事诉讼法》修改肯定了从程序

---

① 马静华：《新〈刑事诉讼法〉背景下侦查到案制度实施问题研究》，《当代法学》2015年第2期。

② 观点可参见孙长永：《通过中立的司法权力制约侦查权力——建立侦查行为司法审查制度之管见》，《环球法律评论》2006年第5期；陈瑞华：《未决羁押制度的理论反思》，《法学研究》2002年第5期；陈卫东、李奋飞：《论侦查权的司法控制》，《政法论坛》2000年第6期。

③ 代表性观点可参见朱孝清：《中国检察制度的几个问题》，《中国法学》2007年第2期；谢小剑：《论我国批捕权的归属》，《甘肃政法学院学报》2010年第3期。

出发的改进路径，开拓了一条新思路：通过界定羁押理由即社会危险性事由与羁押事实以防治滥用羁押权。学界充分肯定了《刑事诉讼法》修改确立的社会危险审查制度并予以反思，[①] 有的试图对其量化评估。[②] 但是，对2016 年最高人民检察院、公安部通过司法解释建立的"羁押事实证明羁押理由"的机制关注不够。其三，对于我国未决羁押率为何维持高位予以深入研究。[③] 近年来，我国未决羁押率大幅下降至约 50%，是我国人权保障领域的重大进展，提升人权保障程度已经取得了很大的成绩，对于如此重大积极的变化，学术上对于未决羁押率下降的特点及成因缺乏实证化的调查分析。针对性的实证文献仅有一篇，其数据形成于 2014 年之前。[④] 另外的文献分别聚焦于取保候审适用的影响性因素，[⑤] 认为其成因主要基于轻案的显著增加，[⑥] 以及以大数据分析揭示其象征性立法现象，[⑦] 研究视角有待完善，有待于根据最新数据进行分析。其四，捕后羁押必要性审查曾经引起了学界的广泛关注，[⑧] 一些学者主张，为解决效果有限的问题，将审查主体由 2012 年《人民检察院刑事诉讼规则（试行）》规定的侦查监督部门、公诉部门更改为刑罚执行监督检察部门，[⑨] 之后最高人民检察院将捕后羁押必要性审查归于刑罚执行监督检察部门。2018 年，内设机构改革后捕诉合一，审查主体又回归刑事检察部门，其改革效果如何，亟待研究。其五，检察机关推行审查逮捕的听证化改革，得到了学界的充分肯定，[⑩] 然而对其缺乏实证研究。实践中适用对象仅处于"个案宣传型"阶段，现有研究未

---

　　① 史立梅等：《刑事诉讼审前羁押替代措施研究》，中国政法大学出版社 2016 年版；刘计划：《逮捕审查制度的中国模式及其改革》，《法学研究》2012 年第 2 期；陈永生：《逮捕的中国问题与制度应对——以 2012 年刑事诉讼法对逮捕制度的修改为中心》，《政法论坛》2013 年第 4 期；汪海燕：《检察机关审查逮捕权异化与消解》，《政法论坛》2014 年第 6 期。

　　② 王贞会：《审查逮捕社会危险性评估量化模型的原理与建构》，《政法论坛》2016 年第 2 期。

　　③ 郭烁：《徘徊中前行：新刑诉法背景下的高羁押率分析》，《法学家》2014 年第 4 期。

　　④ 马静华：《逮捕率变化的影响因素研究——以新〈刑事诉讼法〉的实施为背景》，《现代法学》2015 年第 3 期。

　　⑤ 郭烁：《取保候审适用的影响性因素实证研究》，《政法论坛》2017 年第 5 期。

　　⑥ 刘计划：《我国逮捕制度改革检讨》，《中国法学》2019 年第 5 期。

　　⑦ 王禄生：《论刑事诉讼的象征性立法及其后果——基于 303 万判决书大数据的自然语义挖掘》，《清华法学》2018 年第 6 期。

　　⑧ 姚莉、邵劭：《论捕后羁押必要性审查——以〈新刑事诉讼法〉第 93 条为出发点》，《法律科学》2013 年第 5 期；徐鹤喃：《中国的羁押必要性审查——法制生成意义上的考量》，《比较法研究》2012 年第 6 期。

　　⑨ 林喜芬：《分段审查抑或归口审查：羁押必要性审查的改革逻辑》，《法学研究》2015 年第 5 期；陈卫东：《羁押必要性审查制度试点研究报告》，《法学研究》2018 年第 2 期。

　　⑩ 闵春雷：《论审查逮捕程序的诉讼化》，《法制与社会发展》2016 年第 3 期；张泽涛：《构建中国式的听证审查逮捕程序》，《政法论坛》2018 年第 1 期；周新：《审查逮捕听证程序研究》，《中外法学》2019 年第 4 期。

破解其深层的制约因素。其六，对于指定居所监视居住主要从其是否属于羁押措施以及法释义学角度展开分析。① 学术界对于指定居所监视居住是属于"羁押措施""半羁押措施"，还是"非羁押措施"存在争议。有学者主张将指定居所监视居住改造成羁押措施，② 但是未从如何设计诉讼程序实现其保障侦查的功能与限度展开实证研究。

总体而言，我国学界对于刑事羁押类强制措施的研究极具价值，但是近年来刑事羁押类强制措施变化极大，之前的研究未跟上当前最新的发展变化；一些学者从功能的角度展开分析，③ 但未从功能与程序协调的角度展开研究；对于新的实证资料的获取不足，比如对案管系统中数据的运用、对裁判文书的统计不足；系统研究仍显不足，缺乏专门化、全面性的论述，如未将刑事拘留作为羁押统计的对象，对于实践中产生羁押效果的指定居所监视居住缺乏从防范不当羁押角度进行研究，使问题简单化。

基于此，笔者认为有必要对 2012 年《刑事诉讼法》修改以来，我国羁押类强制措施的创新发展及其经验教训进行充分的归纳总结，从功能与程序的双重角度出发，寻求羁押类强制措施的立法预设功能、学术理论、法条表达、实践功能之间的契合，这样既能满足办案需求，又能充分保障犯罪嫌疑人人权。同时，展望未来，提出进一步有效完善我国审前羁押类强制措施制度的有效措施，建立一个既能照顾实际国情，又趋向符合法治标准的、可操作的、有实效的羁押类强制措施制度。

二、研究价值

本主题在我国具有非常重大的研究价值：其一，通过对拘留、逮捕、羁押、指定居所监视居住等羁押类强制措施展开具体研究，探究其功能定位以及程序配置；对我国羁押类强制措施制度的最新发展展开研究，比如捕后羁押必要性审查制度、社会危险性审查制度、对接留置的刑事拘留、捕诉合一改革、满足办案需要的指定居所监视居住制度，总结导致未决羁押率下降的经验，分析未决羁押率仍维持高位的原因，重构其功能与程序；对我国羁押类强制措施的研究有一定突破，具有独特的学术价值。

其二，对于落实十八届三中全会提出的人权司法保障制度有实质性推动作用。2013 年十八届三中全会绘制了中国全面深化改革的新蓝图，首次提及"人权司法保障"的概念，提出了"完善人权司法保障制度"的重要

---

① 程雷：《指定居所监视居住实施问题的解释论分析》，《中国法学》2016 年第 3 期。
② 孙煜华：《指定居所监视居住的合宪性审视》，《法学》2013 年第 6 期。
③ 左卫民、马静华：《侦查羁押制度：问题与出路》，《清华法学》2007 年第 2 期。

改革目标。相关改革安排也写入了党的重要纲领性文件《中共中央关于全面深化改革若干重大问题的决定》之中。2019 年十九届四中全会审议通过的《中共中央关于坚持和完善中国特色社会主义制度　推进国家治理体系和治理能力现代化若干重大问题的决定》仍然强调要"加强人权法治保障",可见其已经成为我国依法治国的重要组成部分。而羁押类强制措施正是最重要的人权司法保障制度,因此该研究有助于拘留、逮捕、指定居所监视居住等强制措施的完善,为我国刑事羁押制度的进一步改革提供新的思路,对于落实十八届三中全会提出的"完善人权司法保障制度",十九届四中全会强调的"加强人权法治保障"有实质性推动作用。

其三,刑事司法中,羁押类强制措施对于被追诉人权利保障具有重要意义,[1] 本书有助于提升对被追诉人的权利保障,不仅有助于促使羁押回归保障人权的功能,对于保障被追诉人实体权益也具有重要意义,有助于整体提升我国刑事羁押类强制措施的法治化水平。同时,降低审前未决羁押率是公安机关、检察机关工作中的重点和难点,本书有助于准确把握羁押与否的标准,化解该难题。

其四,刑事羁押还有保障办案的功能,对指定居所监视居住的研究,有助于探索强制措施对于侦查的功能及其限度,为我国刑事羁押制度的改革提供基础性成果和创新性思路。

三、研究方法

1. 实证研究方法。本书运用资料统计、数据分析、个别访谈、问卷调查等多种手段展开实证调查,很多内容都是建立在实证调查、数据分析的基础上。为了了解未决羁押率的现状及下降原因、羁押事实的适用、捕后羁押必要性审查适用,笔者主要调查了江西省三个县级检察院和两个县级法院 2013 年以来的数据,访谈了数十位司法人员。为了了解羁押事实的运用情况以及掌握社会危险性审查中羁押事实的应用情况,笔者抽样调查了 X 区共 400 个案件,Y 县 100 个案件。由于是非常细致的分析,显然无法也不适宜大范围取样。当然,为了保障研究结论的可靠性,笔者也对其他地区、本地区市级乃至省级的数据进行了分析。为了了解全国指定居所监视居住的适用现状,笔者在无讼案例网上检索到 2013 年至 2017 年共五年间全国各地 5955 名犯罪嫌疑人被公安机关指定居所监视居住的判决书,同时搜索到全国各地 1694 名犯罪嫌疑人被检察机关指定居所监视居住的

---

[1]　李训虎:《逮捕制度再改革的法释义学解读》,《法学研究》2018 年第 3 期。

判决书，采取了分析所有判决书的全样本分析方法，工作量巨大但保障了研究结论的可信性。这属于全面性的研究。为了了解检察机关适用指定居所监视居住的具体情况，笔者调查了数个检察院指定居所监视居住的适用以及指定居所建设情况，对指定居所监视居住的实践功能有了直观的了解。这种实证研究方法夯实了本研究的可靠性基础。

2. 系统论方法。本书采用系统论方法，探讨拘留、逮捕等多种羁押类强制措施之间的功能定位关系，羁押制度中证明制度、审查程序、司法体制之间的互动关系，从系统角度寻求对策。例如，逮捕的高标准导致刑事拘留难于满足其证明标准，一定程度上促成了拘留的非紧急化，而刑事拘留的非紧急化、普遍化，极大提高犯罪嫌疑人被羁押的比例，这与降低未决羁押率时以"不批准逮捕"为中心的改革存在冲突。传统上往往将刑事逮捕制度改革作为降低未决羁押率的主要路径，实际上逮捕的功能定位与程序完善，与刑事拘留、刑事羁押存在系统内互动，只有从功能上厘清不同制度的定位，实现与其他羁押类强制措施的良性互动，才能设置配套的程序。

3. 功能分析法。制度功能的实现应当辅之以对应的合理程序，否则制度功能与程序配置的冲突将导致功能丧失，甚至出现负功能。也有学者从功能与程序的角度对逮捕制度展开研究，认为强制到案与候审羁押形成了以功能为导向的"两段式"进阶结构，在功能、程序和价值方面各自具有不同的建构逻辑。当前我国逮捕制度呈现出"结构性"错位。[①] 当然，谈论不同制度的功能定位只是第一步，本书从应然角度构建功能体系，还要探讨功能与程序之间的互动关系。

需要特别强调的是，本书以刑事羁押类强制措施的功能与程序之间的互动关系作为主线，贯穿整个章节体系，找到了研究该制度的新切入点。实际上，程序的设计离不开功能定位，不同的功能定位应当配置不同的程序设计。我国刑事拘留、刑事逮捕、指定居所监视居住在功能定位上存在较大争议，比如刑事拘留是否属于紧急到案措施，刑事逮捕是到案措施还是羁押措施，指定居所监视居住是不是羁押措施，不同的功能定位下的程序配置不可能一样；根据比例原则，对人身自由限制时间越长的措施，其程序要求越严格，无论是证明标准还是审查层级、审查期限都要求更高。实际上，如果不先解决功能定位的问题，非常容易形成不必要的学术争议，比如，对于刑事拘留是否需要出示拘留证、是否必须限制在短期内，如果不讨论其是否属于紧急到案措施，显然会产生明显的学术观点分歧。同样，

---

① 杨依：《我国逮捕的"结构性"错位及其矫正——从制度分离到功能程序分离》，《法学》2019 年第 5 期。

刑事逮捕定位为到案功能还是刑事羁押功能，抑或同时具备两个功能，直接影响刑事逮捕的程序改革。本书就主张到案功能与刑事羁押功能在程序上无法协调配置，应当采取"捕羁分离"的程序改革，最终来看逮捕时只审查证据要件与刑罚要件，不需要审查社会危险性，也无法在逮捕时听证审查，并构建案件事实与社会危险性事实不同的证明标准，逮捕之后再进行羁押听证。当前，审查逮捕的听证化改革非常必要，其是逮捕异化为羁押措施的程序配置。再如指定居所监视居住在实践中体现为"替代逮捕型"与"办案需要型"两种不同的功能，这是因为立法上功能定位模糊，导致程序之间的冲突，立法上应当对不同功能定位的指定居所监视居住措施采取不同的程序设计。

4. 法教义学方法。部分章节采取教义学研究方法，在认可现有法律有效性的基础上，描述、分析现有法律、司法解释，对羁押制度的相关立法做出正确的解释，揭示法律内涵，弥补缺漏。例如，通过法教义学分析，对我国已经确立的羁押事实和羁押理由予以梳理，以及对指定居所监视居住立法进行教义分析，使之系统化。

四、研究内容

导论中明确本书的主线是各种羁押类强制措施的功能与程序的契合，改革应从双重视角同时展开，功能和程序协调推进才能保障功能实现。本书认为应当重构羁押类强制措施的功能体系，刑事拘留应定位为紧急强制措施、到案措施；刑事逮捕应定位为羁押前预防司法审查，逮捕后建立相对独立的羁押措施；指定居所监视居住可定位为"半羁押措施"，应避免指定居所监视居住异化为羁押措施、侦查措施，指定居所监视居住主要发挥替代逮捕功能和侦查保障功能。

第一章主要研究刑事拘留的功能与程序。学界通说认为刑事拘留是紧急状态下的临时强制措施。1996 年《刑事诉讼法》修改使刑事拘留不再以紧急性为要件，实践中刑事拘留成为逮捕的常规前置措施，往往在突破口供、办理拘留证之后，其已经成为非紧急羁押措施。然而，刑事拘留定位为紧急强制措施才符合宪法精神，否则会扩张警察权力，架空检察机关批捕权，损害犯罪嫌疑人权利，应使之回归紧急强制措施。2012 年之后，虽然发展出"转羁押型刑事拘留""衔接留置型刑事拘留"，但是其紧急性要件不应改变。进一步的改革应当从立法上将刑事拘留回归紧急强制措施作为到案措施，只有短暂的羁押功能，程序改革也应当跟进，取消需要拘留证的规定,取消其他的行政性到案措施,缩短刑拘期限,弱化对逮捕的程序控制,并以事前证明标准、事后权利保障防止刑事拘留权滥用。

第二章主要研究逮捕制度的功能与程序完善。我国逮捕制度的预设功能在于,对逮捕进行事前的外部司法审查,以防止不当逮捕。与事前预防应采取较低标准不同,我国审查批捕程序却采取了"高标准"的理念:拔高了逮捕的证明标准;审查逮捕配置了长达 7 日的审查期限,及非常复杂的书面审批程序;设置侦查监督功能。这导致逮捕只具有对犯罪嫌疑人是否进行长期羁押的审查功能,其核心在于"是否构成犯罪"。研究表明审查逮捕程序的"高标准""非中立性"才是逮捕预设功能虚置的真正关键,因此我国逮捕改革的关键在于程序的中立性改革。当前的改革应当着眼于制度功能与程序配置的融合,包括保障逮捕审批主体的中立性、剥离侦查监督职能以及审查逮捕程序听证化。

第三章主要研究我国羁押制度的功能及其程序设置。首先,从长远角度来看,主张建立羁押与逮捕分离的相对独立程序,羁押应当有相对独立的羁押事实、羁押理由及其证明程序。其次,近年来我国未决羁押率大幅下降至约 50%,是我国人权保障审查逮捕诉讼化领域的重大进展。实证调查显示,我国刑事拘留适用率仍然高达 90% 以上,侦查初期未决羁押率极高,逮捕率也维持高位,由于不捕直诉以及未采取任何羁押措施的案件大量增加,审查起诉时羁押率大幅下降,但经济发展不同导致城市未决羁押率明显不同,不同罪名差异甚大。我国近年来审前未决羁押率下降的成因包括:刑事法网扩张带来轻刑案件的增加,公安机关社会防控能力增强,落实刑事和解、未成年人保护等刑事政策,推进社会危险性审查以及以目标管理考核的方式控制捕后轻刑率。再次,实证调查发现,2012 年《刑事诉讼法》修改后,捕后羁押必要性审查工作处于虚置状态,进而分析"程序虚置"的原因是检察机关缺乏开展工作的动力,受制于公安机关、被害人、法院以及公众舆论压力,同时也因为审查缺乏明确的羁押事实标准及证明制度,权力缺乏来自辩方的有效制约。最后,从羁押事实误用的角度实证解释了我国未决羁押率高的程序动因并提出完善对策。实证调查发现,推高未决羁押率的主导因素也包括羁押事实的误用,比如以外来人员、不退赔等作为强制性羁押事实;羁押事实评估随意化;羁押事实以消极、否定性事实表述为主等。进而提出构建羁押事实的规范化评估体系的新思路。

第四章通过实证调查分析法,对我国指定居所监视居住的适用进行了裁判文书统计分析以及实证调查。对 5000 余份判决书的统计表明,公安机关适用指定居所监视居住的案件比例不高,每年只有千余案件;办案机关以基层公安机关为主,地域差异巨大;适用罪名多达 200 余个,集中度较高;适用依据多属于在本地无固定住所;存在"办案需要"与"人性需要"明显的功能区分;五成犯罪嫌疑人被指定居所监视居住 15 日以内,平均适用天数长达 42.5 天。其问题是,转羁押率将近 70%,未发挥替代羁押的作用;出现在非法定场所指居①的情形;1/4 的案件指定居所监视居住期限超过 60 日,且存在超期现象;"办案需要"功能扩张,容易滥用。因此,应当对"办案需要型"的指定居所监视居住加以限制;建立固定统一的指定场所,引入现代监管技术,防范非法讯问;建立延长期限的内部审批制度。

对全国 1694 份判决书的研究表明,检察机关对职务犯罪指定居所监视居住数量呈"山峰"形状。2012 年修改的《刑事诉讼法》实施后,检察机关适用指定居所监视居住的案件激增,在 2014 年下半年达到顶峰之后迅速减少,办案级别主要为基层检察院,省际区域性差别较大,适用指定居所监视居住的案件主要为行贿受贿案件,适用理由主要为本地无固定住所以及办案需要,有五成多的嫌疑人被指定居所监视居住 15 日内,指定居所监视居住平均长达 23.63 天。同时,对检察机关适用指定居所监视居住的实证研究表明,指定居所监视居住是一种以强制措施满足侦查需要的特殊制度,对于监察留置程序的完善具有重要意义。然而,其在实践中异化成比看守所羁押更强的强制措施,并成为贿赂窝案的重要侦查手段,完全未能实现其替代逮捕的预设功能。其内在机理在于贿赂犯罪的侦破需求和法定程序供给之间的矛盾。

通过实证调查分析,可以发现指定居所监视居住呈现出两种形态迥异的类型:"替代逮捕型"与"办案需要型",前者以替代逮捕、减少羁押为功能,后者以保障侦查需要,更有效获取证据为主要出发点。刑事诉讼办案需要的程序供给不足,其容易转变成侦查功能。侦查功能引发的办案安全问题导致羁押化,与替代逮捕措施完全背离;突破口供与替代逮捕之间存在冲突;强制措施与侦查措施存在冲突;"办案需要"的高额成本与替代逮捕存在长期性冲突;侦查措施需要将犯罪嫌疑人控制在办案机关手中,而替代逮捕措施则需要充分保障嫌疑人的人身自由,不受办案机关控制,两者也存在较大的冲突。为了完善职务犯罪"办案需要型"指定居所监视居住措施,改革的方向应当明确犯罪嫌疑人在指定居所监视居住住所内的行动自由,弱化办案安全问题的事后追责避免羁押化,以区别于羁押措施,更

---

① 为论述方便,全书"指居"指"指定居所监视居住"。

不能将其改造成羁押措施。应当明确其只有侦查保障功能而不是侦查功能，合理发挥监视居住对于侦查的保障功能，并以合理解释"办案需要"实现功能区分，防范指定居所监视居住期间的非法讯问。

本书认为有必要特别关注指定居所建设。长期以来，指定居所监视居住采取分散型模式，临时以宾馆、民房作为指居场所，监控成本高，容易异化为变相羁押，诱发非法讯问。2012年《刑事诉讼法》修改之后，监视居住的功能转变为逮捕替代措施，指定居所监视居住还承载着满足办案需要的重要功能。然而，分散型指居无法满足实践需求，在最高人民检察院推动下，部分检察院开始兴建集中统一的指居场所。实证调查表明，与学界对其滥用的担忧相反，集中型指居场所通过居审分离，运用现代电子化监控手段，更好地防范变相羁押、非法讯问，保障被指居者正常休息和生活权利。未来改革应将现有检察院的办案基地改造成集中统一的指居场所，由公安部门统一管理执行，落实居审分离，充分保障被指居者正常休息、生活权利。

五、学术创新

本书在学术研究上具有一定的创新性，主要表现为以下几个方面：

其一，研究方法创新。本书避免之前定量研究不足的问题，着力突出实证研究这一创新的方法。调取了检察院案件管理系统中的数据，对网上裁判文书也进行了大量收集，甚至对指定居所监视居住的全样本进行收集，这些数据目前尚未真正运用在羁押制度的研究上，本书在研究材料上有创新。例如，已经有很多研究指出案件类型与未决羁押率下降有着密切关系，如是否为未成年人案件、是否刑事和解，本书通过案管数据统计发现上述关系的定量特征，从而将研究具体化、深入化。

其二，研究对象创新。本书研究了"捕诉合一"制度、论证羁押理由的羁押事实、审查逮捕的听证化、羁押场所中立化改造等，这些主题较新，在研究对象上具有创新性。

其三，研究思路创新。本书从具体强制措施的功能定位出发，探求与之相配套的程序，功能与程序成为研究羁押类强制措施制度的重要视角。比如，本书创新提出指定居所监视居住呈现出两种形态迥异的类型："替代逮捕型"与"办案需要型"，探究两者在功能与程序上的明显不同。再如，本书认为由于我国审查逮捕程序设置的"高标准"，批捕程序无法迅速控制犯罪嫌疑人，导致逮捕的"事前预防"功能和羁押必要性审查机制的虚置。

最为重要的是，本书重构了我国羁押类强制措施的功能体系，并配之以合理的程序。

其四，在部分观点上有创新。一是本书发现我国刑事拘留在理论、实践、立法上存在冲突，理论上紧急强制措施的定位已经被立法和实践所抛弃，应当回归紧急强制措施的定位。刑事拘留的"口袋化"，导致我国刑事诉讼中犯罪嫌疑人普遍被侦查羁押，应当将刑拘作为降低未决羁押率的重要方面。二是本书主张逮捕回归事前预防措施，与羁押措施分离；设计不同的程序，强调逮捕主体的中立化建设；谨慎对待"捕诉合一"改革，将其作为羁押措施正当性的基础。三是本书认为实践中羁押事实不合理导致未决羁押率升高，提出了未决羁押率高的一种新解释，找到了降低未决羁押率的新路径。四是指定居所监视居住的侦查功能源于《刑事诉讼法》对贿赂犯罪的程序供给不足，却又极易引发羁押化效果。未来应当将其定位于侦查保障功能，而不是侦查功能，并配套设置相应程序。

第一章 我国刑事拘留紧急强制功能的
定位及其程序

第一节 我国刑事拘留的紧急强制功能

一、逐渐被挑战的理论通说

我国学界通说认为刑事拘留是紧急状态下的临时强制措施。其目的是及时地抓捕现行犯罪分子和重大嫌疑分子，保障诉讼的顺利进行。笔者查找了十几本刑事诉讼法教科书，这些教材都明确以紧急状态作为刑事拘留的适用前提。80 年代的教材指出，刑事拘留必须针对罪该逮捕的现行犯或者重大嫌疑分子，并且"必须是在紧急情况下"。[1] 这种观点一直持续到最近的教材，甚至司法考试的指定用书中，比如，权威的刑事诉讼法教材认为，刑事拘留是指在侦查过程中遇到法定的紧急情形，对现行的或重大嫌疑分子所带来的临时剥夺人身自由的强制方法。[2] 当前权威的教材也是采取此表述[3]，甚至有教材明确其是法学界通说[4]。一般认为，侦查机关常常会遇到一些紧急情况，如果不掌握一定的紧急处置权，犯罪嫌疑人就可能逃跑或者毁灭证据，给侦查工作带来困难。所以，"只有在紧急情况下，来不及办理逮捕手续而又需要马上剥夺现行犯或者重大嫌疑分子的人身自由的，才能采取拘留；如果没有紧急情况，公安机关、人民检察院有时间办理逮捕手续，就不能先行拘留"。[5]

长期以来，学术论文与学术专著也多数主张，刑事拘留是紧急状态下的临时强制措施。有学者在其博士论文中认为，拘留是指在法定紧急情况

---

[1] 张子培主编：《刑事诉讼法教程（修订本）》，群众出版社 1987 年版，第 144 页。

[2] 徐静村主编：《刑事诉讼法学》，法律出版社 2011 年第 2 版，第 136 页；郑旭主编：《刑事诉讼法》，中国人民大学出版社 2010 年第 2 版，第 130～132 页；宋英辉主编：《刑事诉讼法》，清华大学出版社 2007 年版，第 145 页；陈光中主编：《刑事诉讼法》，北京大学出版社、高等教育出版社 2009 年第 3 版，第 223 页。

[3] 《刑事诉讼法》编写组：《刑事诉讼法》，高等教育出版社 2018 年第 2 版，第 174 页。

[4] 孙长永主编：《刑事诉讼法学》，法律出版社 2013 年第 2 版，第 140 页。

[5] 张建伟主编：《刑事诉讼法》，高等教育出版社 2011 年版，第 256 页。

下，由侦查机关采取的临时剥夺现行犯、准现行犯人身自由的一种强制到案措施，具有来不及办理拘留证、时间短促、过渡性的特点。① 一些学者甚至基于刑拘违反紧急状态批评实践中刑事拘留常规化的现象，认为其背离了立法预设功能。如有学者指出，从我国立法本意看，拘留是一种在紧急情况下适用的、暂时性剥夺公民人身自由的措施，但是根据抽样调查得知其实践中根本不考虑是否为紧急状态，完全偏离了立法的初衷。② 然而，几乎没有文献对其紧急性要件的理由予以详细的学术论述。

近年来，刑事拘留作为紧急强制措施的性质已经引起了学术界的反思，特别是 1996 年修改《刑事诉讼法》之后，刑事拘留作为紧急强制措施的定位模糊化，实践中也不再以紧急状态为适用前提。个别学者开始挑战学界通说，认为刑事拘留的非紧急性并非一定违反现行法律规定："将刑拘贴上'紧急'和'临时'标签的传统观点也不是无可置疑。事实上《刑事诉讼法》从未如此定义，刑拘原本就是常用的强制措施，高适用率在某种程度上可以被认为是严格执行法律的必然结果。"③ 于是，2012 年《刑事诉讼法》再修改过程中，一些学者主张取消刑事拘留的紧急性要件，建立非紧急情况下的有证拘留制度，④ 如有学者主张，"增设无证拘留制度，使得侦查机关在紧急情况下能够有效控制突发事件"，"而有证拘留限于短期有必要剥夺犯罪嫌疑人或者被告人自由的情况"。⑤

刑事拘留是不是紧急强制措施对于检警权力配置、犯罪嫌疑人权利保障具有重大意义。然而，无论赞同者还是反对者都没有对其展开充分的论证，以至于对其立法演进、比较研究、理论基础都缺乏必要的反思，本书试图对此研究有所扩展。

二、立法上从紧急措施到非紧急措施的演变

从 1954 年我国规定刑事拘留制度开始，刑事拘留的法律性质在立法上出现了明显的变化，已经由之前的紧急状态下的临时措施演变成非紧急强制措施。这是我国刑事拘留的紧急强制措施定位受到挑战的主要原因。

---

① 赖玉中：《刑事强制措施体系研究》，中国政法大学出版社 2012 年版，第 164 页。

② 吴宏耀：《我国刑事立案程序之考量》，《河南政法管理干部学院学报》2002 年第 1 期。

③ 孙长永、武小琳：《新〈刑事诉讼法〉实施前后刑事拘留适用的基本情况、变化及完善——基于东、中、西部三个基层法院判决样本的实证研究》，《甘肃社会科学》2015 年第 1 期。

④ 龙宗智主编：《徘徊于传统与现代之间——中国刑事诉讼法再修改研究》，法律出版社 2011 年版，第 176 页。

⑤ 宋英辉主编：《刑事诉讼法修改问题研究》，中国人民公安大学出版社 2010 年版，第 228～229 页。

其发展变化可以分为三个阶段。

（一）作为紧急强制措施的刑事拘留（1954—1978年）

根据1954年《中华人民共和国逮捕拘留条例》第5条的规定，拘留是公安机关侦查时在法定条件下的一种"紧急措施"①。根据该条例第7条的规定，"公安机关拘留人犯，应当在拘留后的二十四小时以内，把拘留的事实和理由通知本级人民检察院；人民检察院应当在接到通知后的四十八小时以内，批准逮捕或者不批准逮捕"。该法律文本直接明确了刑事拘留是一种紧急措施②，在执行时无需拘留证，公安机关自主决定拘留犯罪嫌疑人的时限为24小时，24小时内必须通知检察院，此后拘留的时间受制于检察院的审查逮捕时限③，由于检察院必须在48小时作出逮捕与否的决定，整个拘留期限控制在72小时之内。

（二）处于模糊状态的刑事拘留（1979—1996年）

1979年2月，全国人民代表大会常务委员会修改了《中华人民共和国逮捕拘留条例》④，其第6条仍然规定，"公安机关对罪该逮捕的现行犯或者重大犯罪嫌疑分子"⑤，如果出现法定情形的，"由于情况紧急，可以先行拘留"。并且，条例明确了在紧急情况下方可先行拘留，未要求拘留证。从体系解释而言，该条例第2条规定，中华人民共和国公民，非经人民法院决定或者人民检察院批准，不受逮捕；第6条才规定了对罪该逮捕的公民，在紧急情况下可先行拘留。拘留成为以逮捕剥夺公民人身自由的例外。

然而，该条例第8条延长了拘留的时限，拘留的时间一般是3日，特殊情况下可再延长4日，检察院要在3日内作出是否逮捕的决定。至此，警察控制犯罪嫌疑人的时间更长，可自行控制3～7日，加上逮捕的3日审查期限，可长达10日。这已经有些偏离刑事拘留的临时强制措施的性质。

---

① 《中华人民共和国逮捕拘留条例》第5条规定："公安机关对需要进行侦查的并且有下列一种情形的人犯，可以采取紧急措施，先行拘留：一、正在预备犯罪、实行犯罪或者在犯罪后即时被发觉的；二、被害人或者在场亲眼看见的人指认他犯罪的；三、在身边或者住处发现有犯罪证据的；四、企图逃跑或者在逃的；五、有毁灭、伪造证据或者串供可能的；六、身份不明或者没有一定住处的。"

② 1963年2月25日最高人民法院在《关于拘留和羁押问题的批复》中再次明确，"拘留是在未批准逮捕以前，在法定的条件下，对需要进行侦查的人犯采取的一种紧急措施"。

③ 1975年取消检察机关后，《宪法》第28条第2款规定公安机关有权批准逮捕，公安机关获得了批准逮捕权。

④ 该条例在1997年1月1日失效。

⑤ 该条例明确拘留的对象是："罪该逮捕"的现行犯或者重大犯罪嫌疑分子，首次明确了逮捕与拘留之间的互补关系。1996年删除了该规定，使拘留可以羁押徒刑以下刑罚的犯罪嫌疑人，违反了强制措施的比例原则。

1979年通过的《刑事诉讼法》对刑事拘留在立法表述及制度设计上发生重大变化，其紧急状态的前置条件变得更加模糊。该法第41条规定："公安机关对于罪该逮捕的现行犯或者重大嫌疑分子，如果有下列情形之一的，可以先行拘留。"与5个月前通过的逮捕拘留条例比较，其法定情形几乎重复了逮捕拘留条例中的内容，刑事拘留的期限也照搬该条例的规定。但是有一个重大变化是去掉了紧急情况作为适用条件，同时该法第43条规定公安机关拘留人的时候必须出示拘留证。根据1987年《公安机关办理刑事案件程序规定》第31条，依法拘留现行犯或者重大嫌疑分子，由承办单位填写呈请拘留报告书，经县以上公安机关负责人批准签发拘留证。这是首次提出要求拘留证，虽然名义上有助于控制刑事拘留滥用，但是其显然不符合刑事拘留作为紧急状态的规律，因为在紧急情况下，根本来不及申请拘留证。

（三）不再是紧急状态的刑事拘留（1997年至今）

1996年修改后的《刑事诉讼法》第61条规定，公安机关对于现行犯或者重大嫌疑分子，如果有下列情形之一的，可以先行拘留：正在预备犯罪、实行犯罪或者在犯罪后即时被发觉的；被害人或者在场亲眼看见的人指认他犯罪的；在身边或者住处发现有犯罪证据的；犯罪后企图自杀、逃跑或者在逃的；有毁灭、伪造证据或者串供可能的；不讲真实姓名、住址，身份不明的；有流窜作案、多次作案、结伙作案重大嫌疑的。尽管先行拘留的法定情形除了增加"流窜作案、多次作案、结伙作案重大嫌疑"外，没有重大变化，但由于法律条文中不再有紧急状态的限制，而重大嫌疑分子只是犯罪的嫌疑程度，其和紧迫性没有任何关系，[1] 上述情形可以解释为不再具有紧迫性。比如，公安机关可以轻易认为犯罪嫌疑人在"犯罪后企图自杀、逃跑""有毁灭、伪造证据或者串供可能"，而不是以"立即"逃跑、"马上"毁证为前提，而"有流窜作案、多次作案、结伙作案重大嫌疑的"，也可以不具有任何的紧迫性。事实上，第6项、第7项是将收容审查的对象纳入拘留的范围，而没有考虑紧急性条件。

《刑事诉讼法》第64条规定，公安机关拘留人的时候，必须出示拘留证。1998年《公安机关办理刑事案件程序规定》延续了之前较为详细的内部审查程序。然而，经过"道道程序获得拘留证后，紧急状态已经不复存

---

① 有学者指出，拘留重大嫌疑分子，主要是把拘留当作一种收集证据、查明事实、排除嫌疑的实体性侦查手段，偏离了其正当目的，难于避免其使用的主观随意性。赖玉中：《刑事强制措施体系研究》，中国政法大学出版社2012年版，第120页。

在了"①。而且，该条进一步明确，"对符合本规定第一百零五条所列情形之一，因情况紧急来不及办理拘留手续的，应当在将犯罪嫌疑人带至公安机关后立即办理法律手续"。显然，该规定已经明确了可以在非紧急情况下刑事拘留，而且非紧急情况下的刑事拘留是常态，紧急情况下的刑事拘留是特殊情况。

1996 年修改《刑事诉讼法》时，为了弥补取消收容审查制度后取证的需要，在第 69 条规定，对于流窜作案、多次作案、结伙作案的重大嫌疑分子，提请审查批准的时间可以延长至 30 日。如此长的拘留期限无论如何也不能说是紧急情况下的"临时处置措施"了。据此，有学者指出，1996 年修法之后，"拘留制度已经彻底远离现行犯的正当性基础，而成为一种因不能逮捕而采取的先行羁押替代措施"。②

1996 年修改《刑事诉讼法》时，第 132 条还赋予检察机关刑事拘留权。1997 年最高人民检察院《关于检察机关侦查工作贯彻刑诉法若干问题的意见》，肯定了"拘留是在紧急情况下，对现行犯或重大嫌疑分子采取的一种临时性剥夺人身自由的强制措施"。然而，从该文的内容来看，只要符合"犯罪后企图自杀、逃跑或者在逃的"或"有毁灭证据、伪造证据或者串供可能的"，检察机关有权作出拘留决定，并未体现出"紧急"条件。同时，检察机关没有刑拘的执行权，检察机关在内部审批后，还要联系公安机关执行，这显然使刑拘丧失了紧急性特征。有学者认为，1979 年以来对拘留权限的扩大体现了犯罪控制理念下刑事拘留的制度扩张，本质上违背了 1954 年制宪者对拘留临时性到案措施的定位，导致刑事拘留制度与逮捕制度的运行和发展呈现出诸多问题。③

2012 年、2018 年两次修改《刑事诉讼法》，都未对侦查阶段的刑事拘留的条件作重大修改④，维持了 1996 年的立法状态，其非紧急状态的立法特征得以延续。然而，尽管立法发生了变化，《刑事诉讼法》的教科书以及多数学术论文依然将紧急状态作为刑拘适用前提，尽管也有反思的声音，但其声音相当微弱，这种背离一直存在于我国刑事拘留的理论、立法与实践中。

---

① 赖玉中：《刑事强制措施体系研究》，中国政法大学出版社 2012 年版，第 166 页。

② 吴宏耀：《现行犯：一个亟待解释的法律概念》，《现代法学》2016 年第 1 期。

③ 薛向楠：《中国刑事拘留制度的发展轨迹与完善路径（1954—2018）》，《中国政法大学学报》2019 年第 3 期。

④ 2012 年《刑事诉讼法》增设转捕前先行拘留；2018 年《刑事诉讼法》增设留置后径行拘留。

三、实践中刑事拘留成为非紧急羁押措施

尽管从 1979 年至 1996 年我国的刑事拘留在立法上主要被界定为紧急状态下的临时强制措施。但是，刑事拘留基本被收容审查措施[①]替代或者完全被虚置。"据不完全统计，刑诉法 1979 年颁布实施 12 年来，有 80%～90% 的被判刑者，一开始并不是被逮捕或者被拘留的，而是以收容审查的方式，被羁押于公安机关，人身自由受到长达数月的完全限制。在此基础上，继而再对其侦查逮捕直至完成控诉和审判。"[②] 以至于 1985 年公安部发文《关于严格控制使用收容审查手段的通知》批评，"最近根据各地调查和反映，不少地方收容审查对象的范围偏宽，把一些本应采取治安拘留、刑事拘留或依法逮捕的人犯，为了图省事，减少办理法律手续的麻烦，也予以收容审查"。1986 年又发出《关于立即认真整顿收容审查工作的通知》、1991 年再次发布《公安部关于进一步控制使用收容审查手段的通知》，都指出实践中存在严重的以收容审查代替拘留的现象，几个文件都反复强调，不应将收容审查替代刑事拘留。

为了避免刑事拘留的虚化，我国 1996 年修改《刑事诉讼法》时降低了逮捕条件，只要求"有证据证明有犯罪事实"即可，同时，延长了刑事拘留期限，刑事拘留紧急状态的前置条件模糊化。我国当前司法实践中，拘留适用普遍化，然而由于检察机关逮捕采取了几乎等同于定罪的标准，逮捕标准过高而使刑事拘留完全不再以紧急状态为其前提条件。这可以从以下几个方面予以论证。

（一）刑事拘留成为逮捕的前置常规措施

调查表明，我国司法实践中，为了应付紧急状态而设置的临时羁押措施——刑事拘留，已经取代了逮捕成为剥夺犯罪嫌疑人人身自由的常规强制措施。公安机关在提请批准逮捕之前通常都会先行拘留犯罪嫌疑人，《刑事诉讼法》对刑事拘留所设置的条件，在实践中已经完全被突破。实证调查表明，2001 年某地被逮捕的犯罪嫌疑人中被拘留的比例为 97%。[③]江西宜春某区 2003 年至 2005 年 8 月犯罪嫌疑人被拘留的比例占所有报

---

① 1961 年为制止农村人口外流，开始实施"收容遣送"，1975 年以后收审的手段主要用于对付流窜犯，后来实践中变成针对普通犯罪刑事诉讼的前置措施。

② 张旭：《论收审的出路与逮捕的改革》，《中外法学》1993 年第 4 期。

③ 王心安：《未决羁押问题的实证分析》，载陈瑞华主编：《未决羁押制度的实证研究》，北京大学出版社 2004 年版，第 197 页。

捕案件的98.29%。[①] 由于先行拘留在逮捕前是如此普遍，以至于2005年《人民检察》在检察信箱栏目专门回答了"对被刑事拘留的犯罪嫌疑人是否可以不经逮捕直接移送起诉"的问题。有学者甚至基于刑事拘留的普遍适用，认为其已经成为逮捕的前置措施。[②] 2012年《刑事诉讼法》修改之后，拘留之后直接起诉的案件有所增加，但在报捕案件中仍以刑事拘留作为常规前置措施。比如，2013年1月至2014年3月，东、中、西部地区各选取一个基层法院，在2458名被告人中，曾被刑拘的被告人有2289名，刑拘率为93%。[③] 笔者调查了江西Y区、Q区和B区检察院的数据，主要通过案管系统，调取其审查起诉和审查逮捕基础数据。统计后发现，2012年《刑事诉讼法》修改之后，报捕案件仍以刑事拘留作为常规前置措施。在报捕案件中，Y区（2013—2017年）、Q区（2011—2017年）、B区（2015—2017年）报捕时被拘留的比例高达97%，只有极个别的案件以取保或者监视居住的状态报捕。近年来，也出现未经过刑事拘留等羁押措施而直接判罪的现象，这主要是因为近年来出现了刑罚极低的罪名，比如危险驾驶罪最高只能判处拘役6个月，但其比例并不高。刑事拘留在中国刑事诉讼中已经是逮捕前、起诉前的常规前置措施，显然其不以紧急状态为前提条件。

（二）刑事拘留往往在突破口供之后

如果刑事拘留发生在控制犯罪嫌疑人、突破口供之后，则其已经丧失紧急性。实践中，侦查机关在报捕前往往采取留置、抓捕等强制到案措施，强制到案后通过讯问突破犯罪嫌疑人口供，之后才开始刑事拘留，口供多在到案阶段作出，[④] 并在拘留后查证，使案件符合逮捕的证明标准。有调查表明，尽管法律没有规定，实践中侦查机关为达到"重大嫌疑"程度的证据，采用传唤、拘传、留置盘查，以及于法无据的"抓捕"让犯罪嫌疑人到案接受进一步调查已经成为常态。在现行制度下，几乎所有曾被刑拘的被告人均通过其他方式到案，经讯问后才办理刑拘手续。[⑤] 这些行政措施往往在刑事立案之前采取，表明刑事拘留失去了紧急、暂时的先行控制措施

---

① 谢小剑、皮德艳：《刑事拘留运作：理论与实践的悖反》，《中国人民公安大学学报》2007年第4期。

② 陈瑞华：《问题与主义之间——刑事诉讼基本问题研究》，中国人民公安大学出版社2008年第2版，第206页。

③ 孙长永、武小琳：《新〈刑事诉讼法〉实施前后刑事拘留适用的基本情况、变化及完善——基于东、中、西部三个基层法院判决样本的实证研究》，《甘肃社会科学》2015年第1期。

④ 马静华：《中国刑事诉讼运行机制实证研究（三）——以侦查到案制度为中心》，法律出版社2010年版，第115页。

⑤ 孙长永、武小琳：《新〈刑事诉讼法〉实施前后刑事拘留适用的基本情况、变化及完善——基于东、中、西部三个基层法院判决样本的实证研究》，《甘肃社会科学》2015年第1期。

色彩，而异化为一种旨在防止嫌疑人逃避侦查和审判的羁押措施。[①] 检察机关也是如此，往往借用双规突破口供之后再刑拘犯罪嫌疑人。这显然不符合紧急状态的要求，如果刑事拘留在实践中遵循紧急状态的要求，则应当在刑事拘留之后通过讯问突破口供，而不是相反。在强制讯问之中的犯罪嫌疑人，往往已经不具有紧急状态，而在突破口供之后，犯罪嫌疑人已经完全在办案机关的控制之下，何来紧急状态。

（三）办理拘留证，且采取较复杂的内部控制

调查结果显示我国刑事案件事前签发拘留证的比例非常高，而不是采取先行拘留程序。比如，有调查表明，公安机关对 99.64% 的涉案犯罪嫌疑人，以签发拘留证的方式拘留。[②] 拘留证的签发采取较为复杂的内部程序控制，先由办案民警提出申请，再由法制科对案卷进行审核，主管局长签字后开具拘留证。我国拘留证的审核官员采取了较高的标准，"对审批材料，尤其是证据材料的构成及其证明力提出了严格要求，并通过较为严格、耗时的审核方式贯彻上述要求"。[③] 采用其他措施让犯罪嫌疑人到案后接受讯问，获得关键口供或其他有力证据就成为申请刑拘的必经阶段。[④] 拘留证的办理程序也表明刑事拘留不再以紧急状态为前提。

（四）拘留时间较长，不再是临时措施，而成为羁押措施

早有调查发现，刑事拘留期限延长呈普遍化的样态，延长至 7 日是常态，还有大量的案件适用"流窜作案、多次作案、结伙作案"延长至 30 日。[⑤] 近年来延长至 30 日的案件虽有所减少，但仍有调查表明，人均被拘留时间约为 22 日，与刑事诉讼法修改之前相比，人均被拘留时间仅下降了约 2 日。[⑥] 显然，在长达近 22 日的日子里，之前的紧急状态早已消除，后续拘留都是不必要的拘留，不再是紧急的需要。

我国拘留证的普遍化，拘留证的常规适用，拘留期限长期化，完全违反了紧急性、临时性的特点，刑事拘留也不再是紧急状态的临时强制措施，而

---

① 周长军：《语境与困境：侦查程序完善的未竟课题》，《政法论坛》2012 年第 5 期。

② 张超：《公安机关实施刑事拘留期限状况调查报告》，《中国刑法杂志》2010 年第 5 期。

③ 马静华：《侦查权力的控制如何实现——以刑事拘留审批制度为例的分析》，《政法论坛》2009 年第 5 期。

④ 孙长永、武小琳：《新〈刑事诉讼法〉实施前后刑事拘留适用的基本情况、变化及完善——基于东、中、西部三个基层法院判决样本的实证研究》，《甘肃社会科学》2015 年第 1 期。

⑤ 谢小剑、皮德艳：《刑事拘留运作：理论与实践的悖反》，《中国人民公安大学学报》2007 年第 4 期。

⑥ 孙长永、武小琳：《新〈刑事诉讼法〉实施前后刑事拘留适用的基本情况、变化及完善——基于东、中、西部三个基层法院判决样本的实证研究》，《甘肃社会科学》2015 年第 1 期。

是作为侦查保障手段，是一种保障查证需求以满足逮捕条件的羁押措施。从实践来看，我国的刑事拘留不是到案措施，已经背离了其本应具有的强制到案功能。我国刑事拘留的功能主要在于排除妨碍诉讼的行为，导致的结果是犯罪嫌疑人被羁押，具有长期羁押犯罪嫌疑人的功能。1996 年，我国刑事拘留从紧急状态向非紧急强制措施的转变，恰恰是刑事拘留得以从虚置变成常规强制措施的重要原因。这充分说明了我国强制措施的适用以服务侦查为重要导向。

四、刑事拘留作为紧急强制措施的正当化理据

从上述分析可知，我国法律教材、法学理论、立法和实践出现了背离，刑事拘留是否应当属于紧急强制措施已经成为一个真正的中国问题。刑事拘留作为警察主动采取的剥夺公民人身自由的强制措施，是否应当被限制为紧急状态下的强制措施，是需要解决的问题。如果将刑拘定位为非紧急强制措施，则必须取消刑事拘留的紧急状态的前置条件。反之，则应当重新反思刑事拘留的性质，改革我国的立法与实践。

（一）将刑事拘留定位为紧急强制措施符合我国宪法的精神

我国宪法虽然没有规定拘留制度，但从宪法制定过程来看，其已经隐含着将刑事拘留作为紧急强制措施的内涵，如果扩大适用将违反我国宪法。1954 年通过的《宪法》并没有规定刑事拘留制度，但第 89 条规定："中华人民共和国公民的人身自由不受侵犯。任何公民，非经人民法院决定或者人民检察院批准，不受逮捕。"该立法一直延续到 1982 年以及 2018 年《宪法》第 37 条中。然而，在 1954 年的《宪法草案》第一稿中有关于刑事拘留的规定——第 83 条第 2 款："任何公民非经法院或者检察长依照法律所作的决定或者许可，不受逮捕，在紧急情况下的临时拘留，至迟要在 3 日内得到法院或者检察长的许可，否则被拘留人应当得到释放。"从文义表述和制宪过程来看，当时的宪法起草者们将刑拘作为紧急情况下的临时处置措施来界定。然而，在宪法起草委员会第五次会议上删掉了有关拘留的规定，理由是：第一，苏联的宪法没有规定；第二，拘留在宪法中讲不清楚，可以在《刑事诉讼法》中规定；如果《刑事诉讼法》一下子搞不好，可以在单行条例中规定。① 宪法为了保障公民人身自由，将剥夺人身自由的权力赋予法院、检察院，侦查机关刑事拘留只有在紧急情况下方可采取，而之后同年通过的逮捕拘留条例，恰恰把刑事拘留定位为紧急临时强制措施。易

---

① 韩大元编著：《1954 年宪法与新中国宪政》，湖南人民出版社 2004 年版，第 249～253 页。

延友教授认为，1954年《宪法》相关条款的立法原意应当这样来解释："在制宪者看来，只有当拘留是紧急情况下的临时处置措施时，才是符合宪法的。"① 吴宏耀教授也持该观点，认为拘留是"作为逮捕这一宪法保障制度的特别例外而存在的，其正当性均源于其适用情形的'紧迫性'"。② 这种看法与著名宪法学者的看法相同。③

将刑事拘留定位为紧急强制措施，符合我国宪法保障公民人身自由的宪法精神，如果将刑事拘留扩展为非紧急措施，必将使刑事拘留成为常规措施，从而架空宪法将逮捕作为剥夺公民人身自由的事前控制措施的立法意图。

（二）刑事拘留非紧急化，违反司法保留理念，扩张警察权力，架空检察机关批捕权

司法保留原则，是指将特定公法上的事项保留给法官行使，并且也仅法官才能行使的原则。就《刑事诉讼法》而言，在审前剥夺犯罪嫌疑人人身自由的强制措施应当由独立中立的司法官行使，采取令状原则。德国基本法第19条、日本宪法第33条都是该原则的体现。根据上述分析，我国对剥夺公民人身自由的强制措施也采取类似于西方的司法令状原则，只不过我国将检察机关定位为司法机关，可以由检察机关实施逮捕。采取令状原则在于防止警察滥权，以签发者的中立超然性确保执法公正。美国认为令状原则的理论基础包括警察不能作出正确判断、预防无实质理由的强制处分、避免事后判断的偏颇、避免警察事后作伪证证明无令状执法的合法性，以及以事前申请程序筛减无必要的强制处分。④ 如果将刑事拘留限制为紧急状态则能很好地限制警察权力，防止其滥用，既有助于控制犯罪，又有助于防止侦查机关滥用权力而侵犯被追诉人的合法权利。⑤ 一旦突破紧急状态，则必然扩张警察权力，使警察获得限制公民人身自由的权力。这和法官保留，即由中立独立的司法官剥夺人身自由的理念相反。

事实上，一旦刑事拘留突破紧急状态，也架空了检察机关的逮捕权，我国逮捕制度的功能之一在于，对逮捕决定进行"事前"的检察院以及法院控制，防止滥捕，侵犯人权。无独有偶，美国令状制度是为了预防无实质理由的强制处分，联邦宪法第四修正案的目的之一在于对警察的不法行为，

---

① 易延友：《刑事强制措施体系及其完善》，《法学研究》2012年第3期。
② 吴宏耀：《现行犯：一个亟待解释的法律概念》，《现代法学》2016年第1期。
③ 蔡定剑：《宪法精解》，法律出版社2006年第2版，第260页。
④ 王兆鹏：《美国刑事诉讼法》，北京大学出版社2005年版，第89～98页。
⑤ 陈永生：《侦查程序原理论》，中国人民公安大学出版社2003年版，第269页。

"事先"予以预防,而非"事后"给予救济,① 逮捕令的审查程序具有事前预防的功能。然而,在我国"由于侦查机关有权自行决定是否刑事拘留及其期限的延长,犯罪嫌疑人往往在报捕时已经处于羁押状态,宪法确立由法院或检察院审查逮捕的事前预防模式,已经完全落空,审查逮捕成为人身羁押的事后控制措施"②,这架空了检察机关的逮捕权。正如学者所言,在我国司法实践中,逮捕的抓捕功能已经严重萎缩并逐渐被拘留取而代之,很显然,从宪法意义上看,拘留的常规化、普遍化适用,事实上意味着宪法赋予人民检察院的逮捕批准权被侵夺。③

也许有学者会反驳,很多行政强制措施都可以由行政机关直接行使,比如留置盘问。然而,该行政强制措施本身存在合理性质疑,且逻辑上不能以行政强制措施的存在论证侦查机关刑事拘留的合理性。同时,留置盘问的目的在于讯问,而不是羁押,从理论上说其对人身自由的限制力度明显低于羁押,其功能对应的是我国《刑事诉讼法》中的拘传。上述行政强制措施都可以提起行政诉讼,而刑事强制措施无法获得司法救济。

(三)刑事拘留非紧急化,侵害犯罪嫌疑人权利

实践表明,我国刑事拘留成为非紧急强制措施,已经对犯罪嫌疑人权利造成侵害,且事后无法补救。其一,我国刑事拘留转捕率低,实证调查显示许多被刑事拘留的犯罪嫌疑人,最终未被逮捕、起诉,这说明刑事拘留在实践中仍存在一定随意性。据统计,连云港市 2009 年至 2010 年公安机关刑拘后未批捕人数高达 3686 人,占刑拘总数的 48.8%。④ 2017 年强化刑事拘留专门化检察监督的调研表明,刑事拘留的对象存在扩大化倾向,⑤其中许多案件并未进入刑事诉讼程序。其二,由于拘留不再定位为紧急临时措施,刑事拘留的裁量权较大,出现超期羁押的现象。调查结果显示,对近九成的犯罪嫌疑人采取拘留措施,超期拘留人员占全部拘留人员的 44.48%。⑥ 其三,由于刑事拘留的施行不需要紧急状态,又不接受外部审查,实践中刑事拘留功能发生异化,比如以刑拘促赔偿、以拘代侦、以拘获

---

① 王兆鹏:《美国刑事诉讼法》,北京大学出版社 2005 年版,第 90~96 页。

② 谢小剑:《背离与融合:我国逮捕制度的功能与程序》,《海南大学学报(人文社会科学版)》2012 年第 4 期。

③ 吴宏耀:《宪政视野中的逮捕制度:背离与矫治》,《山东社会科学》2013 年第 4 期。

④ 李翔、何素红、刘培志:《公安机关刑拘后未报捕案件之实证研究》,《中国检察官》2012年第 7 期。

⑤ 刘鸿斌、朱璀琳、熊文君:《强化刑事拘留专门化检察监督——以江西省景德镇地区专项调研数据为分析样本》,《人民检察》2019 年第 23 期。

⑥ 张超:《公安机关实施刑事拘留期限状况调查报告》,《中国刑事法杂志》2010 年第 5 期。

取取保候审保证金、以刑拘突破口供等,刑事拘留成为保障侦查[①] 以及维护社会稳定[②] 的手段,这些都损害了犯罪嫌疑人的合法权益。

（四）从实践来看,如果不以紧急状态为前提,刑事拘留几乎没有存在的空间

陈瑞华教授认为,与西方无证逮捕、紧急逮捕类似的是留置,我国的刑事拘留相当于无证逮捕与羁押的总和。[③] 这只是理论上的对比,由于实践中,我国刑事拘留的功能不是为了防止出现紧急状态,紧急状态下强制措施的功能由抓捕、留置等制度实现,紧急强制讯问则可由拘传、现场讯问实现,于是,刑事拘留剔除了无证逮捕的功能,只剩下羁押的功能。我国侦查机关将紧急状态理解为一段较长时期的羁押,如果放弃控制犯罪嫌疑人,犯罪嫌疑人就可能妨碍诉讼。然而一旦如此理解,刑事拘留的性质本质上已经变成侦查机关自行决定的羁押,其正当性必然受到质疑。这使得我国刑事拘留的问题不仅在于能否在非紧急状态下拘捕犯罪嫌疑人,还在于侦查机关能否决定让犯罪嫌疑人羁押待审。这在国外显然属于法官的权力,即使有些国家允许在非紧急状态下拘捕犯罪嫌疑人,也要求必须立即、迅速送交司法官面前决定是否保释,这涉及犯罪嫌疑人无罪推定的落实问题。我国长时间拘留待审显然既不符合对侦查行为的程序控制,也不符合司法保留的理念。此时,完全可以以逮捕实现羁押等待审判的需要,无需以刑事拘留为手段。失去紧急状态的条件,刑事拘留根本没有存在的合理空间。

五、对域外警察无需紧急状态逮捕犯罪嫌疑人的回应

域外有两种立法例,一种采取令状主义。比如,德国只有在紧急情况下,才可无法官书面令状逮捕。[④] 日本有三种逮捕,普通逮捕必须要有法官令状,而另二种逮捕是现行犯逮捕和紧急逮捕,都以紧急性为前提。即便如此,由于日本宪法第 33 条规定无令状逮捕仅限于现行犯,日本学术界仍然对紧急逮捕是否符合宪法规定存在争议,但日本判例采取合宪说。[⑤]

---

① 薛正俭:《刑事拘留后未提请批准逮捕案件的检察监督》,《人民检察》2018 年第 7 期。

② 赵旭光、李雷:《基层社会治理中刑事强制手段的滥用及规制——以刑事拘留的滥用为例》,《山东社会科学》2016 年第 10 期。

③ 陈瑞华:《未决羁押的理论反思》,载陈瑞华主编:《未决羁押制度的实证研究》,北京大学出版社 2004 年版,第 6 页。

④ [德] 克劳恩·罗科信:《刑事诉讼法》(第 24 版),吴丽琪译,法律出版社 2003 年版,第301 页。

⑤ [日] 田口守一:《刑事诉讼法》,刘迪、张凌、穆津译,法律出版社 2000 年版,第 52 页。

相反,美国、英国、法国赋予警察无令状短暂控制犯罪嫌疑人人身自由的权力。在域外,警察无证拦截犯罪嫌疑人并将其带至警察局讯问的过程被视为无证逮捕,与我国刑事拘留较为相似。在西方国家,"逮捕不过是一种以强制方式使犯罪嫌疑人到案的措施,它一般只会带来较短时间的人身监禁。逮捕既可以由司法官员授权实施,也可以由司法警察、检察官自行决定采取"。[①]

在普通法上,无证逮捕主要适用于被逮捕人已经实施了犯罪且公民或警察迅速发现犯罪嫌疑人的场合,至于警察更乐于使用的根据"合理怀疑"实施无证逮捕的权力,则仅适用于重罪案件。为了适应具体社会条件的变化,满足追诉犯罪、保障社会秩序的实际需求,英国逮捕制度已经逐渐脱离了传统的轨道,向着加强警察逮捕权的方向迈出了巨大的步伐。[②]英国1984年《警察与刑事证据法》改变了这一传统,规定只要警察有合理根据怀疑已经发生可捕罪,他可以逮捕任何有合理根据怀疑为该罪犯罪嫌疑人的人,无需令状。[③]美国联邦宪法第四修正案允许有合理根据的逮捕,令状规定是为了防止滥用令状,而不是要求搜查、扣押都必须采取令状,合理性标准已经取代令状原则,成为判断搜查、扣押是否合宪的主要依据。美国联邦最高法院1976年在沃森案中确认,基于普通法的传统,在公共场所对于重罪可无证逮捕犯罪嫌疑人,但是对于轻罪、对于非公共场所除非紧急状态,无令状不可逮捕。[④]

法国1958年正式确立了警察拘留制度,其目的在于限制犯罪嫌疑人人身自由以保障侦查,也包括提供讯问的程序空间。根据法国2002年对拘留条件的修改,对于重罪和会判处监禁刑的轻罪,如果司法警官而非司法警察,"有一项或数项合理的理由足以怀疑犯罪嫌疑人实施了或试图实施某一犯罪",就可以刑事拘留犯罪嫌疑人。由于适用条件的模糊性,拘留数量连年持续攀升引发法国社会及欧洲人权法院的批评。2011年再次对拘留制度予以修改,限制了其适用条件,但刑事拘留并不以紧急状态作为适用条件。[⑤]

---

① 陈瑞华:《比较刑事诉讼法》,中国人民大学出版社2010年版,第286页。

② 吴宏耀:《英国逮捕制度的新发展》,《国家检察官学院学报》2001年第2期。

③ 中国政法大学刑事法律研究中心组织编译:《英国刑事诉讼法(选编)》,中国政法大学出版社2001年版,第269页。

④ 《美国联邦宪法第四修正案:搜查与扣押》,吴宏耀、向燕等译,中国人民公安大学出版社2010年版,第324~461页。

⑤ [法]让-皮埃尔·丹蒂亚克:《再论拘留改革》,韩京京译,载徐昕主编:《司法(法国司法前沿专号)》,厦门大学出版社2013年版,第506页。

这种立法的理论基础主要在于，如果将刑事拘留限制为紧急状态，可能无法满足保障侦查，迅速打击犯罪的需要。法官保留原则要求强制措施采取令状主义，必须事前颁布司法令状，才能由警察依法剥夺公民人身自由。但是，这样可能带来诉讼效率低下，无法迅速应对犯罪。现代社会犯罪剧增，如果短暂限制人身自由也采取令状主义，可能妨碍打击犯罪的能力。特别是在现代社会，犯罪表现出突然、迅捷的特点，在犯罪之后必须立即处理，否则证据稍纵即逝，犯罪嫌疑人也可能逃离犯罪现场。相反，如果警察剥夺公民人身自由不需要以紧急状态为前提，则能迅速采取有效侦查行为，收集证据，抓获犯罪嫌疑人，打击犯罪。所以，美国联邦法院大法官鲍威尔在沃森案中指出，只有持有令状或在紧急情况下才允许逮捕重罪犯的宪法规则，将会严重阻碍有效的执法活动。[1] 在法国，拘留作为侦查程序顺利进行的重要保障机制，唯有快捷、及时地隔离及讯问，侦查人员方可获得最具价值的证据。快捷、及时成为拘留制度最核心的特质。[2]

那么，能否从比较法的角度主张我国也应当将拘留定位为非紧急措施？笔者认为，英美法三国警察可以非紧急拘留，而我国要以紧急状态为前提，其背后立法差异的缘由在于：其一，美国要求无证逮捕必须在公共场所，意味着犯罪嫌疑人处于开放的空间，随时可能脱离侦查机关的控制，隐含着逃跑的可能。在英美法系国家，私人也拥有致命武器，不立即控制可能伤害执法警察。其二，从强制措施的体系来看，我国有拘传、盘问实现到案讯问的功能，而域外通过无证逮捕实现到案功能，否则连讯问都无法进行。由于域外没有拘传制度，无证逮捕功能之一就是为了讯问，法国的拘留也非常类似于我国的拘传，最大区别在于其可将犯罪嫌疑人控制于羁押场所。为了讯问而采取的短暂人身自由限制即使没有令状也是合理的，所以域外可在非紧急状态下，实施逮捕以强制讯问犯罪嫌疑人。相反，德国有强制讯问制度，因讯问之目的可对被告加以拘传。[3] 日本司法实践中放宽了任意讯问的解释，允许警察使用相当有力的"说服"，嫌疑人自愿被监禁讯问4日也不违反自愿性，[4] 满足了侦查讯问的需要，从而对逮捕采取较为严格的令状主义。我国可通过拘传强制讯问犯罪嫌疑人，无需以刑拘

---

① 《美国联邦宪法第四修正案：搜查与扣押》，吴宏耀、向燕等译，中国人民公安大学出版社2010年版，第341页。
② 施鹏鹏：《控权模式下的真相发现：法国拘留制度述评》，《比较法研究》2010年第6期。
③ [德]克劳恩·罗科信：《刑事诉讼法》（第24版），吴丽琪译，法律出版社2003年版，第310~311页。
④ [美]虞平：《争鸣与思辨：刑事诉讼模式经典论文选译》，郭志媛编译，北京大学出版社2013年版，第158页。

作为常规到案措施，我国刑拘以紧急状态为前提并不妨碍迅速打击犯罪的需要。其三，事实上，美国无证逮捕的扩大化已经导致美国宪法学者对其批评，在沃森案中持反对意见的大法官也提出质疑，因为其导致的结果是扣押人身反而比扣押财产受到更少的司法审查，而且当前很多重罪在英美普通法历史上属于轻罪。[①] 尽管联邦最高法院承担无证逮捕的合宪性，但美国一直存在一种主张：严格要求搜查、扣押都必须有令状。[②] 而法国拘留的扩张也导致舆论的压力，并于 2011 年修改拘留制度进一步强化对警察权力的监督。其四，美国、英国并没有将刑事拘留定位为紧急强制措施，不采取事前令状主义，还在于其有有效的事后控制手段：缩短警察控制犯罪嫌疑人的时间、明确无证逮捕必须具有合理的根据、事后迅速带至司法官面前听证审查无证逮捕的合理性及是否继续羁押等；法国还强化了检察官对拘留的及时监督。然而，我国公安机关缺乏充分的司法控制，即使建立事后审查制度也难于发挥实效，还是采取事前紧急状态作为限制更为合理。

六、刑事拘留的三种类型与紧急性要件

上述分析主要建立在《刑事诉讼法》第 82 条的分析之上，该条赋予公安机关、检察机关紧急情况下，对犯罪嫌疑人刑事拘留的权力。然而，我国刑事拘留的类型多种多样，其功能是否都是紧急情况下的到案措施，其功能是什么，需要配置何种程序，仍需要进一步解读。刑事拘留的类型化研究，没有见之于学术研究，是我国强制措施中极易被忽视的问题。《刑事诉讼法》还有违反出庭作证、法庭秩序法律的处罚型司法拘留，其不属于本书所探讨的强制措施。笔者认为，我国作为强制措施的刑事拘留可以分为三种类型，其功能与程序都有所不同，具体阐述如下：

其一，侦查保障型刑事拘留。我国《刑事诉讼法》第 82 条规定的是这种类型，笔者将之界定为侦查保障型刑事拘留，其也属于强制措施的诉讼保障功能，只不过其功能更集中在侦查阶段。之所以主张其仅限于侦查阶段，可以从这几个方面论证：一是从适用对象来看，其适用于现行犯或者重大嫌疑分子，而这是侦查阶段犯罪嫌疑人的常用描述。侦查终结的条件，是事实清楚、证据确实充分，一旦进入审查起诉阶段，犯罪行为终了，

[①] [美]约书亚·德雷斯勒、艾伦·C.迈克尔斯：《美国刑事诉讼法精解：第1卷（刑事侦查）》（第 4 版），吴宏耀译，北京大学出版社 2009 年版，第 154 页。

[②] [美]阿希尔·里德·阿马：《宪法与刑事诉讼：基本原理》，房保国译，中国政法大学出版社 2006 年版，第 7～10 页。

犯罪对象明确，不再用"现行犯或者重大嫌疑分子"一词。同时，从先行拘留的具体类型来看，都属于侦查之中，犯罪事实尚未最终确定的嫌疑对象。二是从适用主体来看，法院不适用刑事拘留，显然审判阶段不能适用。检察机关可以适用刑事拘留，但其仅限于"对直接受理的案件"，《刑事诉讼法》第 165 条规定，"人民检察院直接受理的案件中符合本法第八十一条，第八十二条第四项、第五项规定情形，需要逮捕、拘留犯罪嫌疑人的，由人民检察院作出决定，由公安机关执行"。如果检察院在审查起诉阶段基于审查起诉的需要可以刑事拘留，就没有必要限制在"直接受理的案件"中。三是从审批程序来看，检察机关内部司法解释，刑事拘留也是由侦查部门办理、审批。《刑事诉讼法》第 82 条规定的是，仅仅限制于侦查阶段的刑事拘留，审查起诉和审判阶段都不能依据该条采取刑事拘留措施，刑事拘留作为强制措施的诉讼保障功能具体化为侦查保障功能。同时，对于侦查保障型刑事拘留应当将之限制在紧急情况下，并配置上文所述程序。

我国实践中还存在刑拘直诉制度。山东省公检法司四家会签的《关于适用刑拘直诉机制办理刑事案件的若干意见（试行）》第 1 条规定，刑拘直诉机制是指对于基层人民法院管辖的可能判处三年有期徒刑以下刑罚的案件，案件事实清楚，证据确实、充分，犯罪嫌疑人认罪认罚的，公安机关经犯罪嫌疑人同意，对其拘留后可以不再提请审查批准逮捕或者变更强制措施，在侦查终结后直接移送人民检察院审查起诉，公安机关、人民检察院、人民法院应当在刑事拘留期限内完成侦查、起诉、审判工作。[1] 问题在于，刑事拘留的功能是紧急状态下的到案强制措施，附随具有短暂的羁押功能，其适用也以防范侵害社会危险性行为为前提，在没有判断是否有继续危害社会的情况下，对三年以下的轻刑犯罪，自动将刑事期限延长至审查起诉、审判阶段，并不合理。该类案件可能并不具备继续羁押的必要性，否则完全应当作出逮捕决定。从合法性角度看，该刑事拘留只能适用于侦查阶段，不能在审查起诉、审判阶段适用，不能认为不重新作出拘留决定，就没有违反《刑事诉讼法》。这也属于刑事拘留的功能与程序配置出现了错位。

其二，过渡型刑事拘留。我国《刑事诉讼法》第 71 条、第 77 条规定，对违反取保候审、监视居住规定，"需要予以逮捕的，可以对犯罪嫌疑人、被告人先行拘留"。其不仅仅适用于侦查阶段，在审查起诉和审判阶段都可以采取。笔者认为，其属于过渡型刑事拘留，因为其是属于非羁押措施

---

[1] 参见 2020 年 7 月 17 日印发《关于适用刑拘直诉机制办理刑事案件的若干意见（试行）》鲁高法〔2020〕28 号。

向逮捕措施过渡的临时性措施。其在 2012 年《刑事诉讼法》中首次出现，根据全国人大法工委的解释，之所以规定转捕前先行拘留，是考虑到"逮捕要履行严格的审批手续，需要一定的时间，由于原《刑事诉讼法》对在批准逮捕之前是否可以采取先行拘留措施规定不明确，为防止犯罪嫌疑人、被告人继续实施危害社会安全、逃避刑事责任追究、阻碍刑事诉讼顺利进行的行为，针对这一情况增加了对违反取保候审规定需要予以逮捕的犯罪嫌疑人、被告人可以先行拘留的规定"。[①] 这一规定与 2018 年 4 月下发的《国家监察委员会与最高人民检察院办理职务犯罪案件工作衔接办法》以逮捕为原则、以不逮捕为例外的模式相比，修改后《刑事诉讼法》的规定无疑有利于检察机关依法独立审查适用强制措施和保障被追诉人人权。[②]

在我国，逮捕实质上发挥羁押功能，其对刑罚条件[③]、证据条件、社会危险性条件要求很高，立法上也设置了相对复杂的审查程序，比如审阅案件、提审犯罪嫌疑人，配置了相对较长的审查期限。不能因为其违反取保候审、监视居住就直接采取逮捕措施，采取逮捕措施之前仍然需要进行审查。由于犯罪嫌疑人已经违反了取保候审、监视居住的规定，采取非羁押措施可能并不能有效防止社会危险发生，因此，需要比之更严厉控制犯罪嫌疑人人身自由的手段，一般来说在符合逮捕条件的情况下，逮捕措施最为合适，为了满足审查逮捕的程序要求，在之前应采取刑事拘留措施。显然，刑事拘留在此时正是发挥采取紧急措施，避免社会危险性的功能，其也应当符合紧急条件，甚至可以认为其适用环境决定了其作为紧急强制措施的特征得到了立法确认，完全符合本书将刑事拘留界定为紧急情况下强制措施的定位。值得一提的是，其也是明显的到案措施，发挥将犯罪嫌疑人捉拿归案的功能。

其三，衔接留置型刑事拘留。我国《刑事诉讼法》第 170 条规定，对于监察机关移送起诉的已采取留置措施的案件，人民检察院应当对犯罪嫌疑人先行拘留，留置措施自动解除。人民检察院应当在拘留后的 10 日以内作出是否逮捕、取保候审或者监视居住的决定。在特殊情况下，决定的时间可以延长 1 日至 4 日。人民检察院决定采取强制措施的期间不计入审查起诉期限。该条创设了一种我国《刑事诉讼法》中新型的刑事拘留类

---

① 郎胜主编：《中华人民共和国刑事诉讼法释义》，法律出版社 2012 年版，第 154～155 页。
② 薛向楠：《中国刑事拘留制度的发展轨迹与完善路径（1954—2018）》，《中国政法大学学报》2019 年第 3 期。
③ 2014 年 4 月 24 日第十二届全国人民代表大会常务委员会第八次会议通过了一项立法解释，规定："对于被取保候审、监视居住的可能判处徒刑以下刑罚的犯罪嫌疑人、被告人，违反取保候审、监视居住规定，严重影响诉讼活动正常进行的，可以予以逮捕。"

型,可以称之为衔接留置型刑事拘留。

其有着鲜明的程序特点:一是只适用于审查起诉阶段,不能适用于其他诉讼阶段,其处于审查起诉程序之中,属于审查起诉中的强制措施。二是对于监察机关移送起诉的已采取留置措施的案件,人民检察院没有选择,必须以刑事拘留对接,这和刑事拘留"可以"适用,而不是"必须"适用的特点,有明显区分。对于未采取留置的案件不能以刑事拘留衔接,因为其他刑事拘留要么仅适用于侦查阶段,要么以违反取保候审、监视居住规定需要逮捕为条件,在法律没有明确规定的情况下,不能采取刑事拘留措施。2019年《人民检察院刑事诉讼规则》对此予以明确,其第146条规定,对于监察机关移送起诉的未采取留置措施的案件,人民检察院受理后,在审查起诉过程中根据案件情况,可以依照本规则相关规定决定是否采取逮捕、取保候审或者监视居住措施。三是其有区别于其他刑事拘留的特殊程序,其期限一般为10日,最长只有14日,明显短于其他刑事拘留的期限,其适用条件也与其他刑事拘留不同。四是其不具有独立的适用期限,在拘留之后立即开始审查逮捕程序,其期限和审查逮捕期限相同,审查逮捕需要多长时间决定了刑事拘留的时间长度,这和过渡型刑事拘留类似。五是由于案件已经移送审查起诉,所以其功能不是为了保障侦查,而是为了保障审查起诉程序,诉讼保障功能具体化为审查起诉保障功能。

衔接留置型刑事拘留也是紧急状态下的强制措施。有学者对此进行批评,适用于留置的先行拘留不具有任何紧急性,也绝非适用于调查、侦查初期,此时也无需强制犯罪嫌疑人到案,这就造成了拘留适用的功能紊乱。[1] 由于其适用条件是已经被采取留置措施的监察案件,而留置的标准比较高,《监察法》第22条规定,被调查人涉嫌贪污贿赂、失职渎职等严重职务违法或者职务犯罪,监察机关已经掌握其部分违法犯罪事实及证据,仍有重要问题需要进一步调查,并有下列情形之一的,经监察机关依法审批,可以将其留置在特定场所:涉及案情重大、复杂的;可能逃跑、自杀的;可能串供或者伪造、隐匿、毁灭证据的;可能有其他妨碍调查行为的。从实践来看,监察机关一般采取较高标准,有较高妨碍诉讼的风险才会留置,在监察调查终结时仍不解除留置措施,一般意味着有必要将犯罪嫌疑人羁押,以避免妨碍诉讼的行为。为此,《刑事诉讼法》设置了衔接留置的刑事拘留措施,如果移送审查起诉不能采取羁押类强制措施,犯罪嫌疑人极有可能实施妨碍诉讼的行为,此时迫切需要一个审查程序来判断采取何种强

---

① 左卫民:《一种新程序:审思检监衔接中的强制措施决定机制》,《当代法学》2019年第3期。

制措施，或者不采取强制措施。可以认为，此时也有临时采取紧急强制措施的必要性，刑事拘留此时正是发挥此种功能，因此也可以认为此时的刑事拘留也属于紧急强制措施，其也符合紧急性要件。从而，前文所论述的内容也符合该种类型的刑事拘留。

第二节　刑事拘留向紧急强制措施的回归与程序完善

有学者认为，存在两种不同甚至截然相反的运动轨迹。从逮捕适用条件的逐步完善，到逮捕审查决定程序的诉讼化改革；从增设逮捕后羁押必要性审查程序，到错误逮捕国家赔偿责任的保障，都反映出我国逮捕制度整体是沿着正当程序的路径在不断前行。相反，刑事拘留的运行轨迹则是犯罪控制理念下拘留权限扩张和公民权益减损的过程，并以拘留羁押期限延长、拘留适用条件扩大、适用主体扩张为主要特征。未来，刑事拘留制度的正当程序转型仍然是努力的方向。① 笔者认为，刑事拘留制度的正当化转型首要考虑的是使其功能回归。

一、从立法上将刑事拘留界定为紧急状态下的临时强制措施

根据上述分析，刑事拘留应当被界定为紧急情况下的临时强制措施，而实践已经背离该预设功能。既然刑事拘留应当定位为紧急状态下的临时强制措施，就应当在法条上明确其性质，同时完善相应配套制度。首先，在《刑事诉讼法》中明确，刑事拘留并非局限于现行犯，但无论现行犯还是重大嫌疑分子，刑事拘留必须在紧急状态下实施，无论是"身份不明"，还是"犯罪后企图自杀、逃跑或者在逃的"或"有毁灭证据、伪造证据或者串供可能的"，都必须以可能实施妨碍诉讼的紧急状态为前提，而"流窜作案、多次作案、结伙作案"完全不适宜作为刑事拘留的前提要件。其次，刑事拘留是一种强制措施，必须以防止存在可能出现妨碍诉讼的行为为条件，比如 1996 年修改后的《刑事诉讼法》第 61 条规定，公安机关对于现行犯或者重大嫌疑分子，如果有下列情形之一的，可以先行拘留：正在预备犯罪、实行犯罪或者在犯罪后即时被发觉的；被害人或者在场亲眼看见的人指认他犯罪的；在身边或者住处发现有犯罪证据的；犯罪后企图自杀、逃跑或者在逃的；有毁灭、伪造证据或者串供可能的；不讲真实姓名、住址，身份不明的；有流窜作案、多次作案、结伙作案重大嫌疑的。前五种都

---

① 薛向楠：《中国刑事拘留制度的发展轨迹与完善路径（1954—2018）》，《中国政法大学学报》2019 年第 3 期。

隐含着犯罪嫌疑人可能实施妨碍诉讼行为的意思。

在程序上予以完善以实现其功能。其一，取消刑事诉讼中需要拘留证的规定。在紧急状态下，侦查机关根本没有时间取得拘留证，因此，如果将其定位为紧急强制措施，则应当取消事前拘留证制度，不再存在先行拘留与有证拘留的区别；即使事后也只是需要审查其是否符合法定条件，而无需补办拘留证。有学者从功能与程序的角度进一步延伸了刑事拘留制度研究。其认为，我国存在两种改革思路，一种主张刑事拘留定位为紧急强制措施，程序上构成类似无证逮捕制度，另一种主张刑事拘留满足侦查需要的功能，程序上构建检察机关对刑事拘留的令状审批程序。其研究后认为，刑事拘留制度的改革不能忽视我国压力型司法的现状。犯罪控制的压力、司法责任的压力以及系统外的压力共同造就了压力型司法，并由此产生了侦查强制措施体系的功能紊乱，其特征表现为逮捕中心主义与事实认定的前置以及责任规避与侦查拖延。我国刑事拘留制度因为具有羁押性、可控性和灵活性而适应了压力型司法的运作逻辑。可见，改革刑事拘留制度首先需要矫正压力型司法，因而刑事拘留的定位应当类似于域外的无证逮捕制度，并无再行"令状化"的必要。[①] 其二，缩短侦查机关控制犯罪嫌疑人的时间。紧急状态下的强制措施必然具有临时性的特点，通过羁押犯罪嫌疑人将使原来的紧急状态得以消除。至于采取羁押后，仍有可能妨碍诉讼的，则应当通过刑事逮捕实现其侦查需要。因此，侦查机关控制犯罪嫌疑人的时间一般为3日，延长1～4日需要审批，取消"流窜作案、多次作案、结伙作案"可延长至30日的规定，同时明确"不讲真实身份、住址，身份不明的"刑事拘留期限不能从查清身份之日起算。其三，以事前证明标准强化对犯罪嫌疑人权利的保护。有学者担心，无需拘留证可能导致刑事拘留权滥用。笔者认为，域外往往以合理根据作为无证逮捕的证明标准，在我国也必须思考在何种证据条件下可以剥夺公民的人身自由，基于刑事拘留的紧迫性，应当以低于逮捕的证明标准作为刑事拘留的条件。无论一个公民多么可能实施妨碍诉讼的行为，在无证据证明该公民涉嫌犯罪时，对其采取强制措施都是不正当的，可借鉴域外"合理根据"作为拘留的证明标准。其四，强化刑事拘留期间犯罪嫌疑人权利的保护，包括通知亲属的权利、对抗非法讯问的能力、获得律师辩护的权利等。这些都属于羁押期间的重要权利，在羁押制度部分将予以重点论述。其五，由于取消拘留证制度，对拘留的控制将进一步弱化，必须强化事后救济制度。事后权

---

① 蒋勇：《压力型司法与刑事拘留制度的改革路径》，《中国人民公安大学学报（社会科学版）》2019年第3期。

利保障防止刑事拘留权滥用,建立事后救济制度,对刑事拘留的犯罪嫌疑人一般在 3 日内送检察机关决定是否逮捕,检察机关应当及时审批。

二、肯定刑事拘留的到案功能,取消紧急状态下的法外强制措施

还有学者从历史发展的角度讨论了刑事拘留的另一种功能,即其属于到案措施还是羁押措施。1954 年 12 月通过的《中华人民共和国逮捕拘留条例》确定了刑事拘留制度的"初心":临时性、紧急性强制到案措施,此后 1979 年《刑事诉讼法》使拘留独立于逮捕,始获羁押属性;1996 年《刑事诉讼法》使紧急性临时性退化、羁押属性增强、查证功能凸显。[①] 实际上,这也是非常重要的问题,加上刑事逮捕的 7 日期限,刑事拘留最少也有 10 日的期限,这显然属于短暂羁押,否定其羁押功能显然不合适。问题在于,其是否应当属于到案措施,实际上将其定位为"紧急状态"下的强制措施,紧急状态的界定必然意味着其属于到案措施。

在所有强制措施中,只有刑事拘留是可能在不立案的前提下采取,这是刑事诉讼提供的法定紧急到案措施。然而,从实践来看,我国刑事诉讼中有大量可以在紧急状态下适用的其他强制手段,这些手段有些甚至不是刑事强制措施,而是行政强制措施和纪律强制措施,比如留置、双规,甚至有法外强制措施——直接抓捕,再如之前的收容审查。事实上,这些措施进入刑事诉讼不具有正当性,在刑事诉讼中适用这些强制性手段不符合刑事诉讼的程序法定原则。在有这些措施的前提下,刑事拘留已经成为一种羁押措施,问题变成侦查机关是否有权力长时间羁押犯罪嫌疑人,这显然不具有正当性。如果没有这些措施则刑事拘留作为紧急状态下的强制措施有其存在的必要。如果不能限制法外强制措施的适用,则必然使刑事拘留被架空。因此,应当取消当前《刑事诉讼法》外强制措施,使刑事拘留回归其紧急到案措施的制度功能。

三、弱化刑事侦查的查证保障功能,弱化对逮捕的程序控制,使刑事拘留能满足办案需求

刑事拘留之后,犯罪嫌疑人立刻警觉,且从侦查机关讯问过程中,获得警察所掌握之信息,可能针对性地采取各种妨碍诉讼的行为。此时,迫切需要考虑是否有妨碍诉讼的可能,是否需要羁押。同时,羁押程序不能采取等同定罪的标准,否则必然无法满足保障侦查的需要,而不得不以拘

---

① 薛向楠:《中国刑事拘留制度的发展轨迹与完善路径(1954—2018)》,《中国政法大学学报》2019 年第 3 期。

留替代逮捕。所以，在域外无证逮捕之后可立即送至预审法官面前，以较为简单的程序决定是否羁押。在大陆法系，对于刑事强制措施等程序法事实，不采取严格证明，只须自由证明即可，不须达到确信的证明标准，只要法官认为很有可能即可，以保障羁押的急迫效率。[①] 英美法系也是如此，美国法官平均花费 2 分 48 秒的时间去审核令状申请材料，警察提出的令状申请不准的比例尚不及 10%。[②] 对于是否羁押的审查程序、证明标准不宜过高。但是，也必须克服域外国家出现的形式化现象。[③]

由于我国强制措施体系不合理，如果刑事拘留时间过短则无法满足侦查之需要。1996 年之前，刑拘期限短，而刑事逮捕要求高，同时，刑事拘留又以紧急状态为前提，于是以收容审查代替刑事拘留。"如果不以收审这一变通方式羁押人犯，往往难以保证查清当时逮捕要求的'主要犯罪事实'。"[④] 有专家对此分析道："要求在 3 日内查清主要犯罪事实，并要求查明的犯罪事实可能对被告人判处徒刑以上的刑罚，这实在是要求过急、过高，简直连神仙也难以办到。这是造成收审被滥用的一个直接原因。"[⑤] 1996 年之后，刑事拘留法定逮捕证明标准很高，讯问之后尚无法达到该标准，一旦案件无法通过批捕审查，很难保障犯罪嫌疑人不妨碍诉讼的进行。于是，侦查机关以刑拘取代逮捕，以便获取更多的证据，系"不得已而为之"[⑥]。较长的刑事拘留期限打破了逮捕与刑事拘留之间的主次关系，刑事拘留不再是特殊情况下的逮捕，而成为一项独立的强制措施。刑事拘留后长时间的羁押客观上有利于侦查取证，刑事拘留的查证保障功能突出。[⑦] 这实际上，已经偏离其作为紧急措施、作为强制措施的功能，应当改革程序使其功能回归，除了上述改革措施之外，还需要降低对逮捕的程序控制。

当前，我国对刑事拘留未明确证明标准，而逮捕的证明标准过高，必然导致在刑事拘留之后需要收集证据，以满足逮捕羁押的需要。同时，审查逮捕配置了长达 7 日的审查期限，犯罪嫌疑人可能利用该期限远离侦查控制的范围。有学者分析，"修正后的《刑事诉讼法》之所以将'主要犯罪事

---

① 杨雄：《刑事强制措施的正当性基础》，中国人民公安大学出版社 2009 年版，第 220 页。
② 王兆鹏：《美国刑事诉讼法》，北京大学出版社 2005 年版，第 90～96 页。
③ 高峰：《刑事侦查中的令状制度研究》，中国法制出版社 2008 年版，第 201～203 页。
④ 张旭：《论收审的出路与逮捕的改革》，《中外法学》1993 年第 4 期。
⑤ 崔敏：《收容审查的历史、现状与思路》，《中国人民公安大学学报》1993 年第 1 期。
⑥ 左卫民等：《中国刑事诉讼运行机制实证研究》，法律出版社 2007 年版，第 117 页。
⑦ 武小琳：《刑事拘留制度的历史渊源与功能演变》，《辽宁师范大学学报（社会科学版）》2017 年第 5 期。

实已经查清'修改为'有证据证明有犯罪事实',就是考虑到原《刑事诉讼法》规定的要求过高,公安机关在数日内难以做到,不利于迅速、及时地打击刑事犯罪,更不能适应目前日益严峻的治安形势"。[①] 因此,必须认真对待 1996 年将刑事逮捕证明标准降低为"有证据证明有犯罪事实"的立法精神,确保该立法修改得到落实。同时,采取捕羁分离制度,建立两套独立的程序,对于逮捕犯罪嫌疑人的申请要立即审查,对于是否羁押则应当在逮捕之后以羁押必要性审查程序加以审查。

[①]　陈光中主编:《刑事诉讼法实施问题研究》,中国法制出版社 2005 年版,第 97～98 页。

第二章　我国审查逮捕制度的事前预防功能与程序配置

第一节　从事后审查到事前预防：逮捕的功能回归

逮捕制度的改革[①]是我国司法改革的重要方面。当前，我国逮捕的功能在实践中出现了许多问题[②]，有的从权力异化的社会因素等法社会学的角度进行分析，更多的是从权力配置的司法制度层面进行分析。一种获得较多认同的观点是，应当由法院而不是检察院承担批捕职能，这似乎是通过引入法院来解决我国审查逮捕制度中的诸多问题。[③]虽然，有学者提出质疑，[④]但质疑同样是从权力配置的角度展开，并不能解释、解决我国批捕制度中存在的诸多问题。其实，制度功能的实现应当辅之以对应的合理程序，否则制度功能与程序配置的冲突将导致功能丧失，甚至出现负功能。我国审查逮捕是逮捕犯罪嫌疑人的前置程序，通过审查逮捕程序实现逮捕制度的预设功能。笔者在本部分中将从逮捕功能与程序设置的规范法学角度进行分析，研究表明逮捕权的权力配置并非问题的成因，审查逮捕程序的"高标准"才是逮捕预设功能虚置的真正原因，改革应当着眼于制度功能与程序配置的融合。我国 2012 年以来的审查逮捕诉讼化改革以及社会危险性审查机制的建立，[⑤]正是以程序实现其功能的努力。

[①]　在不同诉讼阶段皆可逮捕，但我国主要的问题在于公安机关主导的侦查阶段，因此，本书主要针对该阶段展开。

[②]　有学者指出了逮捕功能的异化，我国逮捕成为侦查的附庸，出现了以捕代侦的局面，异化为震慑犯罪、打击犯罪、维护社会稳定的工具。刘计划：《逮捕功能的异化及其矫正——逮捕数量与逮捕率的理性解读》，《政治与法律》2006 年第 3 期。

[③]　刘计划：《我国逮捕制度改革检讨》，《中国法学》2019 年第 5 期；孙长永：《通过中立的司法权力制约侦查权力——建立侦查行为司法审查制度之管见》，《环球法律评论》2006 年第 5 期；陈瑞华：《未决羁押制度的理论反思》，《法学研究》2002 年第 5 期；陈卫东：《论侦查权的司法控制》，《政法论坛》2000 年第 6 期；郝银钟：《论批捕权的优化配置》，《法学》1998 年第 6 期。

[④]　朱孝清：《中国检察制度的几个问题》，《中国法学》2007 年第 2 期；高峰：《对检察机关批捕权废除论的质疑——兼论检察机关行使批捕权的正当性》，《中国刑事法杂志》2006 年第 5 期。

[⑤]　张泽涛：《构建中国式的听证审查逮捕程序》，《政法论坛》2018 年第 1 期；闵春雷：《论审查逮捕程序的诉讼化》，《法制与社会发展》2016 年第 3 期。

一、我国逮捕制度的预设功能及其法理

（一）事前预防的到案功能与保障侦查

逮捕制度作为强制措施具有剥夺犯罪嫌疑人、被告人人身自由，以保障诉讼顺利进行的诉讼保障功能。逮捕是由作为行政机关的公安机关自行决定，还是由作为司法机关的检察院或者法院决定，采取何种决定程序，属于审查逮捕制度解决的内容，关系到授权办案机关采取人身干预措施的限度，关系到犯罪嫌疑人、被告人基本权利的保障。

我国审查逮捕制度的重要功能在于，对侦查权进行事前司法控制，防止侦查机关任意限制、剥夺公民的人身自由。同时，通过羁押剥夺犯罪嫌疑人的人身自由，以实现保障侦查、防卫社会的目的。

法治的重要目标是防止国家权力滥用，其中最重要的是对行政权的制约。在刑事诉讼中，为了防止侦查机关不当侵害民权，采取限制、剥夺公民人身自由的逮捕强制措施，由独立、中立的具有司法权性质的第三方进行事前审批。从而，除非紧急状况，必须经过司法官事先审查批准方可逮捕公民。日本称之为"逮捕前置主义"，其目的是在逮捕时实施司法抑制，在羁押时又进行司法审查，为犯罪嫌疑人人身自由提供了双重审查保障。[①]德国也只有在紧急情况时，才可无法官书面令状逮捕。[②] 这在许多国家甚至成为公民的宪法基本权利，如美国联邦宪法第四修正案建立了逮捕令状制度，并成为国际条约的重要内容。

我国《宪法》也规定，逮捕必须事前获得检察机关或者法院的令状，公安机关无权自行决定逮捕。《宪法》第 37 条规定："任何公民，非经人民检察院批准或者决定或者人民法院决定，并由公安机关执行，不受逮捕。"我国修正后的 2012 年《刑事诉讼法》第 78 条、2018 年《刑事诉讼法》第 80 条也有类似的规定，逮捕必须事先经过人民检察院批准或者人民法院决定，由公安机关执行。

我国《刑事诉讼法》并未明确规定逮捕的实施需以犯罪嫌疑人已被人身控制为前提，既可以在犯罪嫌疑人、被告人处于完全自由的状态下将其抓捕到案，也可以在先前已被刑事拘留的情形下转请报捕。所以逮捕在现

---

① ［日］田口守一：《刑事诉讼法》，刘迪、张凌、穆津译，法律出版社 2000 年版，第 54 页。
② ［德］克劳恩·罗科信：《刑事诉讼法》（第 24 版），吴丽琪译，法律出版社 2003 年版，第 302 页。

有的法律规范层面确实还包含着一部分抓捕到案的功效。[①] 这种事前预防功能表现为对强制到案功能的司法审查。

我国逮捕制度的功能之一在于，对逮捕决定进行"事前"的检察院以及法院监督控制，防止滥捕，侵犯人权。"事前"值得最大的强调，而以往的研究都忽视了其重要性。在公民已经实质上受到羁押的情况下，决定是否逮捕是违反宪法和立法精神的。因为为了防止随意抓人、关押人、隔离审查等非法行为，1978 年宪法在总结严重教训基础上，增加了该规定，从而，"只有在特殊情况下可以依照法律采取紧急措施先行拘留外"[②]，公安机关无权羁押犯罪嫌疑人。相反，如果允许在未取得司法令状的情况下，由侦查部门拘禁公民人身自由，就会架空我国《宪法》第 37 条，侦查部门实质上篡夺了司法部门的批捕权。所以，逮捕的功能之一应当定性为：除紧急情况外，剥夺公民人身自由常规的事前预防措施。

为防止被追诉人妨碍诉讼的进行，逮捕还具有侦查保障功能，并通过审查逮捕程序实现其功能。基于保障侦查的需要，事前预防应当与审查程序的"低标准"对应。如果对逮捕标准控制过严，理念异化为防止无罪之人人身自由不受侵犯，则会导致证明标准过高、程序过于复杂，无法迅速采取强制措施，保障侦查需要。所以，逮捕制度的功能特点在于，对逮捕应当进行较低的程序控制，目的只是防止无合理根据地随意逮捕，着眼点在于防止"随意性"，只具有负面防控功能，换言之，是为了不让事情变得更糟糕，而不是为了积极地促使准确无误地对"犯罪分子"进行批捕，并不具有实体保障功能。

（二）我国的"捕羁合一"制度

我国采取"捕羁合一"制度，并无专门的羁押听证程序，以审查逮捕程序统一解决批捕到案与羁押审查功能，是我国与其他许多国家不同的最大特点之一。翻开我国任何一本教科书，逮捕的概念往往界定为：公安机关、人民检察院和人民法院为防止犯罪嫌疑人、被告人逃避或者妨碍诉讼的进行，依法把犯罪嫌疑人、被告人羁押起来，暂时剥夺其人身自由的一种强制措施。[③] 于是，我国的审查逮捕意味着审查是否有必要羁押，采取了"捕羁合一"制度。其一，我国并无相对分离的审查逮捕程序和羁押必要性审查

---

① 杨依：《我国逮捕的"结构性"错位及其矫正——从制度分离到功能程序分离》，《法学》2019 年第 5 期。

② 蔡定剑：《宪法精解》，法律出版社 2006 年第 2 版，第 262 页。

③ 《刑事诉讼法》编写组：《刑事诉讼法》，高等教育出版社 2018 年第 2 版，第 177 页；陈光中主编：《刑事诉讼法》，北京大学出版社、高等教育出版社 2008 年第 2 版，第 237 页。

程序，审查逮捕同时实现两者功能。从立法来看，我国在逮捕时，除了审查是否"有证据证明有犯罪事实"之外，还必须审查是否"可判徒刑以上刑罚"，以及是否"有社会危险性"，从而确认是否有逮捕必要。逮捕必要性的审查即对羁押必要性的审查。其二，逮捕之后，犯罪嫌疑人将面临可能长达 7 个月的侦查羁押期限，这期间仅有内部控制非常弱的羁押期限延长审查程序[①]，起诉和审判期间的羁押期限完全等同于审理期限，长达数月，其间并无常规的羁押复查程序。我国立法赋予了逮捕程序另一个功能，即审查是否应当长期羁押犯罪嫌疑人。正如研究者所言，"我国逮捕既意味着抓捕的行为，也意味着羁押的状态；一旦逮捕决定作出，实施抓捕之行为，亦应随之将犯罪嫌疑人予以一段时间的持续羁押"。[②]

反之，域外国家刑事诉讼采取逮捕（arrest）与羁押（detention）分离的体制，逮捕是刑事羁押的前置程序，逮捕的功能在于强制犯罪嫌疑人到案，以防止其逃避侦查、妨碍诉讼或继续危害社会。逮捕导致的是暂时、短暂的羁押，逮捕之后必须迅速送至法官面前，由法官听证决定是否羁押或审前释放，具有保障权利的功能。在美国，任何人被强制带到警察局讯问都属于逮捕。联合国《公民权利和政治权利国际公约》第 9 条第 3 款规定："任何因刑事指控被逮捕或拘禁的人，应被迅速带见审判官或其他经法律授权行使司法权力的官员，并有权在合理的时间内受审判或被释放。"显然，域外存在独立的逮捕令审核程序与羁押听证程序。

我国逮捕制度的预设功能在于两个方面，其一，对剥夺公民人身自由的强制措施进行事前预防，由相对中立的司法机关进行外部审查。这种控制应当与审查程序的低标准对应，以实现维护人权与保障侦查的平衡。其二，决定是否进行长期羁押。这与西方国家捕羁分离，逮捕令审批程序只解决是否强制到案不同。

二、逮捕制度的实践功能与程序错位

研究程序法的功能应当从系统论的角度展开，[③] 将某个子程序看作是整个刑事程序法的整体系统中的一环，向前向后延伸，探究该子程序在整个刑事程序系统中的现实功能。如果将批捕程序与刑事拘留制度联系起

---

① 2012 年修正后的《刑事诉讼法》赋予人民检察院后续羁押必要性审查义务，以及其他的捕后羁押必要性审查程序，但是该程序行政化、书面化特点明显，实践中难于启动该程序。

② 卞建林：《论我国审前羁押制度的完善》，《法学家》2012 年第 3 期。

③ 宋英辉、李忠诚主编：《刑事程序法功能研究》，中国人民公安大学出版社 2004 年版，第 191 页。

来，我国刑事逮捕制度的功能在司法实践中异化，从事前预防异变为事后控制。

研究表明，我国司法实践中，为了应付紧急状况而设置的临时羁押措施——刑事拘留，已经取代了逮捕成为剥夺犯罪嫌疑人人身自由的常规强制措施。知名学者的研究表明，"在几乎所有由公安机关负责侦查的案件中，刑事拘留得到较为普通的适用，也几乎成为逮捕的前置措施"。[1] 结论是，由于侦查机关有权自行决定是否刑事拘留及其期限的延长，犯罪嫌疑人往往在报捕时已经处于羁押状态，宪法确立由法院或检察院审查逮捕的事前预防模式，已经完全落空；审查逮捕不具有常规的到案功能[2]，而成为人身羁押的事后控制措施。笔者认为，这严重侵犯了公民的宪法基本权利，是我国刑事司法中最大的问题之一，其问题意义远大于批捕权归谁行使。我国发生了许多轰动的个案，如谢某平非法经营案、吴某诽谤案、鸿茅药酒事件中的谭某某案，在公安机关非法刑拘后，尽管检察机关不批捕，但是已经严重侵害了公民的人身自由，造成非常恶劣的社会影响。

然而，逮捕的羁押审查功能需要审查羁押的必要性，应当对逮捕必要性条件进行细致审查。但是，从调查来看，2012 年之前，实践中基本上只对证据问题进行审查，而很少对"可判处徒刑以上刑罚"和"有逮捕必要"进行审查，或者对后者掌握的标准非常低，俗称"够罪即捕"。2012 年之后，对社会危险性审查以及捕后必要性审查有所强化，但是仍然存在羁押必要性审查不足的问题。

必须强调的是，与事前预防应采取较低标准不同，我国审查批捕程序却采取了高标准的理念。这表现为三个方面：其一，拔高了逮捕的证明标准。1996 年修改《刑事诉讼法》后，我国降低了逮捕的证明标准，只要"有证据证明有犯罪事实"即可。但是 1999 年《人民检察院刑事诉讼规则》第 86 条第 2 款认为"有证据证明有犯罪事实"是指"证明犯罪嫌疑人实施犯罪行为的证据已查证属实"，显然基本等同于定罪标准。司法实践中，检察官基本上以"事实清楚，证据确实、充分"作为决定逮捕的标准。这个标准至今没变。与之相对应，内部目标考核要求，逮捕的案件必须"诉得出，判得了"。[3] 部分案件受到外部干预，对明显不符合逮捕条件的案件逮捕、起

---

① 陈瑞华：《问题与主义之间——刑事诉讼基本问题研究》，中国人民大学出版社 2008 年第 2 版，第 206 页。

② 但是，刑事逮捕仍具备一定的到案功能，比如逮捕后发布通缉令将其缉拿归案，只不过这种情况较为罕见。

③ 周奇君：《批捕案件质量不能以"诉得出"和"判得住"为标准》，《人民检察》2006 年第 1 期。而且，正是因为证明标准过高，最高人民检察院推行了"附条件逮捕制度"的改革。

诉，但这是较少见的情形。其二，我国审查逮捕配置了长达 7 日的审查期限，以及非常复杂的书面审批程序，包括提审犯罪嫌疑人、阅卷、制作审查报告、必要时复查证据，内部向检察长或者检察委员会汇报以便后者决策。其三，我国审查逮捕制度还具有侦查监督功能——人民检察院在审查逮捕工作中，如果发现侦查活动有违法情况，应当要求侦查部门纠正。

从上述分析，我们得出一个重要的结论：我国实践中的逮捕制度既没有保障人身自由的事前预防功能，也没有羁押是否必要的充分审查功能，主要具有是否对犯罪嫌疑人长期羁押的审查功能，其核心在于对"是否构成犯罪"进行审查。同时，我国逮捕具有保障侦查的功能，但其发生在逮捕之后，以长期羁押被追诉者为表现。

三、审查逮捕程序的"高标准"与"事前预防"功能的丧失

事前预防是与较低标准相对应的，因为事前的紧迫性决定了不可能进行复杂的审查程序，相反，事后审查才具备了充分的时间与资源，才可以配之以较高标准。错误配置必然导致功能与程序的冲突。我国逮捕制度预设功能的丧失有许多原因，其中至关重要的是审查逮捕程序的"高标准控制"。可从以下几个方面展开分析：

（一）审查期限过长

在侦查过程中，常常需要迅速逮捕，剥夺犯罪嫌疑人人身自由，否则犯罪嫌疑人可能逃避诉讼，这是逮捕制度的侦查保障功能。对于现行犯等紧急状况，我国规定了刑事拘留制度。尽管逮捕没有刑事拘留的紧迫性，但不意味着可以长期拖延作出决定。如果审查逮捕耗时过长，无法满足侦查机关迅速控制犯罪嫌疑人的需求，必然影响侦查工作的正常开展。因此，国外对是否批捕往往迅速审查，如美国对于令状的申请及核发，法官平均花费 2 分 48 秒的时间去审核申请材料，其中 10% 的令状申请材料以不及 1 分钟的时间审核完毕，警察提出的令状申请几乎全被核准，不予核准的比例尚不及 10%。[①] 而我国审查逮捕却配置了长达 7 日的审查期限，实证研究表明，我国审查批捕的平均时间约为 5 日，[②] 犯罪嫌疑人可能利用 5 日的时间远离侦查控制的范围。结论是，为了保障侦查的需要，逮捕也需要迅速作出，而不应当耗费长达 5 日的时间。否则，出于实践理性，侦查机关

---

① 王兆鹏：《美国刑事诉讼法》，北京大学出版社 2005 年版，第 90~96 页。美国的逮捕率也高达 90%，比较而言，很多学者批评我国的高逮捕率其实并不成为问题，而高羁押率才是中国问题，一些学者将批捕、羁押混在一起研究的方法，难于得出合理的结论。

② 左卫民等：《中国刑事诉讼运行机制实证研究》，法律出版社 2007 年版，第 97 页。

一定会设法规避，以其他强制措施取代逮捕，事前预防必然难逃被虚置的命运。我国以刑拘取代逮捕成为常规强制到案措施即例证。

（二）证明标准过高

域外逮捕的证明标准远低于定罪的证明标准，如美国逮捕令的"合理根据"标准。美国大多数学者及法院认为：就警察所知之事实及情况，有46%的可信度的讯息，足以使一谨慎的人相信犯罪为嫌疑人所为。[①] 在我国，案件仅仅有46%的可信度远远不够，实践中以事实清楚，证据确实、充分作为逮捕的证据标准，该标准过高。

实际上，审查批捕时的证据很难确实、充分，因为逮捕的目的之一在于防止犯罪嫌疑人伪造、毁灭证据，破坏证人作证，妨碍诉讼进行，这就预示着许多重要的证据尚未收集、固定。从现实来看，我国采取相互印证的证明模式，其缺陷在于以口供为中心，在讯问被告人之前，往往只有简单的外围证据，更多的证据尚需要根据供述去寻找。实证调查表明，到案阶段收集证据的查证量、刑拘阶段的查证量、逮捕阶段的查证量分别为4.55∶4.6∶1.4，而口供多在到案阶段作出。[②] 如果回归事前预防，拘留的时间点成为判断批捕证据收集程度的起算点。此时，尚有50%以上的证据量未收集，如何能达到确实、充分？实证研究得出的结论认为，由于逮捕证据标准高，刑拘查证量大，刑事拘留的条件突破及延长期限的极限化，为查证所不可缺少，系"不得已而为之"，"在现行法律框架内，既要严格遵守程序又要满足侦查需要，远非侦查行为的自我约束所能企及"。[③]

我国的证明标准过高，导致逮捕根本无法保障侦查的需要。一旦强制犯罪嫌疑人到案接受讯问，已经打草惊蛇，真正的对抗正式展开，为了防止犯罪嫌疑人妨碍诉讼的进行，必须马上采取强制措施，这就产生了到案讯问之后立即采取强制措施的需求。但是，现有法定逮捕证据标准很高，讯问之后尚无法达到该标准，一旦案件无法通过批捕审查，很难防止犯罪嫌疑人妨碍诉讼的进行，检察院、侦查机关也因逮捕率下降而处于不利的境地。于是，侦查机关以刑拘取代逮捕，以便在讯问后获取更多的证据。

---

① 王兆鹏：《美国刑事诉讼法》，北京大学出版社2005年版，第75页。

② 马静华：《中国刑事诉讼运行机制实证研究（三）——以侦查到案制度为中心》，法律出版社2010年版，第115页。在我国观念中，没有犯罪嫌疑人的口供，很难说事实清楚，证据确实、充分，审查者也很难内心确信。于是，与域外一个非常重大的差异在于，我国报捕时有获得犯罪嫌疑人供述的强烈的制度需求。实证调查表明，侦查机关在报捕前往往采取非法定手段，以留置、抓捕作为强制到案措施，强制到案后往往就开始羁押，以获得、固定犯罪嫌疑人口供，并在羁押的同时讯问查证。

③ 左卫民等：《中国刑事诉讼运行机制实证研究》，法律出版社2007年版，第117页。

（三）复杂的内部审批

我国批捕案件的审查程序非常复杂，包括提审犯罪嫌疑人、阅卷、制作审查报告、必要时复查证据、内部决策。即使有口供，在审查逮捕时仍需做详细审查，而这类案件在域外毫无疑问都可以直接签发逮捕令。反观德国，为了保障侦查，侦查法官可以不经过逮捕程序而直接签发书面的羁押命令，特殊情况下，如果法官无法与检察官即时联系，并且迟延签发就会造成危险的，法官也可以依职权主动签发逮捕令。[①] 而且，我国检察机关在审查逮捕时还履行侦查监督职能，这必然要求检察机关仔细审阅案件，以发现侦查过程中可能出现的违法行为，这延长了诉讼期限，无法迅速审结案件，作出批捕决定。于是，出于保障侦查需要，以刑拘取代逮捕，逮捕的事前预防功能被虚置。

（四）羁押必要性审查

我国羁捕合一，但在逮捕强制犯罪嫌疑人到案之前，审查是否有羁押必要显然不现实也不合理。因为，根据事前预防的理想要求，审查逮捕时往往并未控制犯罪嫌疑人的人身自由，审查批捕的司法官无法讯问犯罪嫌疑人获知其认罪态度，也无法听取辩方对羁押的辩护，而这些是决定羁押与否的重要因素。如果报捕时检察官须审查羁押必要性，则侦查机关有必要在报捕之前采取其他强制措施，比如拘留、讯问、羁押犯罪嫌疑人，以便听取辩方意见后提请审查逮捕，以论证羁押必要性。逮捕作为事前预防的功能就会被突破。正因为如此，美国羁押必要性审查是在逮捕之后的羁押听证程序中，逮捕时只需要证明实体事实上的"合理根据"，只要当时所掌握的事实与证据足以让人相信被逮捕人可能实施了犯罪行为就可逮捕，审查逮捕时并不需要审查羁押必要性。[②]

（五）侦查监督功能

我国审查逮捕还承担着侦查监督功能的立法设计，比如在审查逮捕时要审查侦查机关侦查行为的合法性。发现违法的，需要纠正违法行为；发现漏罪、遗漏犯罪嫌疑人的，需要追诉。有学者认为，在制度定位上，羁押必要性审查关涉两项制度，即强制措施制度和诉讼监督制度。而这两项制度在运行中各有其不同的程序要求，这在根本上决定了羁押必要性审查制

[①] 陈瑞华：《问题与主义之间——刑事诉讼基本问题研究》，中国人民大学出版社 2008 年版第 2 版，第 166 页。

[②] 参见《联邦刑事诉讼规则》第 4 条（a），第 46 条（a）、（b），载《美国联邦刑事诉讼规则和证据规则》，卞建林译，中国政法大学出版社 1996 年版，第 36、100 页。日本不仅审查"相当的嫌疑性"，也审查逮捕必要性。

度的特点以及其在运行中可能面临如何协调两种制度要求等问题。①

通过对比可以得出结论，羁押必要性审查与事前预防存在内在功能上的冲突，如果要恢复事前预防功能，必须在审查逮捕时放弃羁押必要性审查，逮捕后建立相对独立的羁押必要性审查程序。

同时，我国正是因为实体证明的高控制标准而无法顾及羁押必要性审查，因为侦控机关的工作重点都在实体犯罪事实证据的收集，而不是羁押必要性证据的收集。羁押必要性的审查重点在于犯罪嫌疑人是否可能妨碍诉讼的进行，而犯罪事实的证明在于指控事实的可能性，两者存在根本的不同，一个是实体事实的证明，而另一个是程序事实的证明。实证调查表明，报捕前，侦查的重点尚在于确认犯罪嫌疑人是否从事犯罪行为，还无精力调查程序事实，②从而导致在司法实践中无法也不再进行羁押必要性审查。

问题的关键是批捕程序的高标准。我国司法实践中批捕程序的较高标准是以放弃事前预防为代价的。逮捕前置主义对程序和证据的要求较低，属于低标准控制，如果采取高标准的程序设置，必然使其事前预防功能在实践中被虚置。我国没有合理地设置批捕的条件，逮捕证明标准过高、期限过长、羁押与批捕合一、程序过于复杂，导致我国批捕必定无法满足迅速控制犯罪嫌疑人人身自由的需要，从而被虚置。比如，其事前预防功能重要体现的到案审查功能被行政强制措施的留置盘问、口头传唤替代，因只需出示工作证件即可适用，成为侦查机关的优先选择。③同时，也导致我国羁押必要性审查机制的虚置。

相反，衍生的问题是，立法上为了保障侦查配置了长达数月的侦查羁押期限，同时没有建立类似羁押的控制程序，从而导致捕后的长期羁押；批捕后，案件侦查即基本结束，法定长达数个月的侦查羁押期限几乎不进行实质性的证据调查。④曾有研究者在对2012—2013年我国某市两级法院刑事案件卷宗材料和判决书进行整理时发现，以到案为基点，50%的证据实际上在到案5日以内即可采集完毕，86.5%的证据在侦查阶段已收集

① 徐鹤喃：《中国的羁押必要性审查——法制生成意义上的考量》，《比较法研究》2012年第6期。
② 郭松：《审查逮捕制度运作方式的实证分析——侧重于功能实现的角度》，《中南民族大学学报（人文社会科学版）》2010年第3期。
③ 马静华：《新〈刑事诉讼法〉背景下侦查到案制度实施问题研究》，《当代法学》2015年第2期。
④ 左卫民等：《中国刑事诉讼运行机制实证研究》，法律出版社2007年版，第113～115页。

完毕，但实践中审前羁押期限平均长达 174.8 日。[①] 尽管 2012 年《刑事诉讼法》修改建立了捕后羁押必要性审查制度，一定程度上试图发挥建立相对独立羁押必要性审查制度的功能，但是其效果较为有限。

四、我国逮捕功能与程序的融合：长远目标与短期改革

我国批捕制度功能虚置的关键在于，我国逮捕制度的功能与程序在设置上存在冲突。遗憾的是，2012 年、2018 年《刑事诉讼法》批捕制度修改未重视实现批捕制度的"事前预防"功能，修改的重点在于通过列举社会危险性，完善捕后羁押必要性程序，然而羁押必要性审查与批捕制度的事前预防功能存在是否相融的问题。笔者认为，为了恢复逮捕制度的事前预防功能，实现《宪法》第 37 条规定的公民宪法权利，需要做以下改革：

（一）长远改革目标：事前预防功能回归

1. 审查逮捕与羁押程序分离。有不少学者提出了批捕与羁押分离的改革建议，但是没有充分揭露其内在原因。笔者认为，之所以需要程序分离，内在机理在于两者功能上具有不相容的程序需求。羁押与逮捕在功能上有所差异，逮捕只能在犯罪嫌疑人到案后短暂羁押，而羁押却是为了长期控制其人身自由，对羁押的程序控制标准应当高于逮捕。两者的功能存在本质的不同，导致其程序的要求迥异，盲目将两者配置在同一程序中，就必然导致实践中程序的冲突与异化。放弃逮捕程序的高标准，实现羁押与逮捕的分离是我国逮捕制度改革的必由之路。

2. 刑事拘留的功能回归。批捕事前预防功能的丧失，直接原因在于拘留突破"紧急性"等法定限制，变成常规强制措施。必须改革刑事拘留制度，不能以拘留取代逮捕的事前预防功能，毕竟拘留可以由行政机关掌握，而逮捕由司法机关审批。因此，应当将刑事拘留对象限于"紧急状况"下的现行犯或重大嫌疑人，防止批捕事前预防功能的虚置。同时，刑事拘留的期限配置不应过长，有必要规定刑拘后，立即将被捕者提交司法审查，由检察机关审查刑拘手段的合法性，以及后续羁押必要性，此时的审查程序与逮捕之后的羁押必要性程序在功能设置和程序配置上应当一致。

3. 审查程序的简化。根据各国的刑事诉讼立法与司法实践，强制到案措施的程序规制主要体现在适当依据、可例外的令状主义、迅速带见法官以及人身控制的临时性。而候审羁押制度则必须包含羁押必要性理由、司

[①] 熊谋林：《从证据收集看审前羁押——基于 A 市的实证研究》，《华东政法大学学报》2016 年第 2 期。

法审查听证程序、多重有效的司法救济途径和羁押替代性措施等配套内容。[①] 逮捕前置主义需要迅速作出批捕决定，因此有必要采取较低控制的程序标准。其一，应减少审查逮捕期限，简化内部审批程序。从法定的 7日简化为当天依申请作出决定，避免任何不必要的拖延，不应当规定非常正规的讨论、审批程序，应当主要由侦查机关口头证明并提交关键证据，赋予主办检察官独立决定是否批准逮捕的权力，由于无需内部审批，也可以简略内部审查报告的制作，以缩短批捕时间。

其二，审查批捕时，并非必须提审犯罪嫌疑人，因为可以预见逮捕事前预防功能回归后，许多案件报捕时并未限制其人身自由，无法做到每案必问。不谋而合的是 2012 年《刑事诉讼法》第 86 条规定，审查批捕时"可以"讯问犯罪嫌疑人。

有必要回应批捕程序听证化的主张。这种观点已经成为我国逮捕制度改革的主流学说。但笔者认为，批捕听证化的改革建议，未区分批捕程序与羁押审查程序，其以事后羁押审查程序为基础，而非以事前预防的批捕程序为基石。在我国现有批捕与羁押合一的功能背景下，进行听证化审查不仅必要而且可行。相反，如果批捕程序向事前预防的功能回归，则不可能进行复杂的听证化审查。因为，在逮捕犯罪嫌疑人之前，批捕程序应当迅速进行，且犯罪嫌疑人尚未到案，因此只能采取单方面的审查方式，只有在逮捕后审查是否羁押时，才可听证化。

其三，降低证明难度。与降低证明难度相对应，必须使犯罪嫌疑人获得审前取保候审的充分机会。我国司法实践中以定罪证明标准作为逮捕的证明标准，导致批捕的高标准，也导致了逮捕功能的异化。1979 年新中国成立后第一部《刑事诉讼法》规定，我国刑事逮捕要求"主要犯罪事实已经查清"，一般以事实清楚、证据确实充分作为诉讼行为的实体要件。即使 1996 年我国修改《刑事诉讼法》时将逮捕的证明标准降低为"有证据证明有犯罪事实"，仍采取几乎等同于定罪的证明标准。这与域外呈现出非常大的差异，据学者考证，域外刑事逮捕都采取明显低于定罪的证明标准，英国的表述为"有相当理由相信"，德国的表述为"有重要理由足以怀疑"，意大利的表述为"有重要理由怀疑"，日本的表述则为"有相当理由足以怀疑"，这些证明标准均指向一种"犯罪嫌疑"。[②] 以美国为例，其逮捕的证明

---

① 杨依：《我国逮捕的"结构性"错位及其矫正——从制度分离到功能程序分离》，《法学》2019 年第 5 期。

② 王彪、张超：《逮捕的实质要件研究》，载孙谦主编：《检察论丛》（第 16 卷），法律出版社2011 年版，第 301 页。

标准为"合理根据",其在美国大多数学者及法院眼里为：有46%的可信度的讯息,足以使一谨慎的人相信犯罪为嫌疑人所为。①

因此,应当恢复法定的"有证据证明有犯罪事实"的证明标准,其标准应当降低。考虑到我国对于实体正义的追求,该标准可以形象地量化理解为70%以上可能性的证明标准。实际上,域外国家刑事逮捕的证明标准,往往表述为有合理根据,约50%的可能性就可逮捕。

由于逮捕与羁押程序的分离,在事前决定是否逮捕时,证明对象仅限于实体证据事实,羁押必要性等程序事实在事后的羁押程序中审查。目前,公安机关忽视对"逮捕必要性"的证据收集,侦查案卷侧重于记载案件实体事实与证据,检察机关无法充分审查羁押的必要性。因此,必须改革公安机关侧重收集实体证据,而忽视羁押必要性证据收集的现象,此类证据可以在逮捕后收集并提交检察机关。

4.改革内部评价体系。内部评价体系对于形塑司法行为至关重要。因此,应当改革内部目标考核、质量控制要求,以适应调整后的事前预防功能。例如,改变目标考核中"诉得出,判得了"的逮捕证明标准；放松对逮捕率的指标控制；按照诉讼行为理论,对于无罪之人的逮捕并不必然带来负面的评价。

（二）刑事逮捕的短期改革目标：羁押候审功能的程序正当化

实际上,事前预防功能与羁押候审功能在程序配置上具有不同的要求,前者要求低标准,后者要求高标准,两者存在难于调和的冲突,长期来看需要将审查逮捕定位为事前预防功能,实现捕羁分离。然而,在我国留置盘问、口头传唤发挥到案措施功能,即使改革之后,也可以由刑事拘传、刑事拘留主要发挥到案措施功能的背景下,刑事逮捕将长期具有羁押候审功能的背景下,不得不正确认识现有高标准对于犯罪嫌疑人、被告人权利保障的积极意义。

---

① 王兆鹏：《美国刑事诉讼法》,北京大学出版社2005年版,第75页。

审查逮捕采取较高的证明标准[①]、较长的审查期限、较复杂的内控程序、较强的侦查监督职能，是因为审查逮捕是我国慎诉制度的重要组成部分，对于防止无辜之人被错误逮捕、长期羁押具有重要意义，这是由审查逮捕的长期羁押候审功能决定的。逮捕的高标准造成了"逮捕中心主义"。"逮捕中心主义"是我国刑事司法实践中特有的一种现象，对逮捕措施的高度依赖、逮捕证据标准的高要求以及逮捕对三机关的重大影响是其具体表现形式。[②] 学界批评逮捕作为诉讼中心，作为决定犯罪嫌疑人命运的重要作用。[③] 然而，从慎诉的角度分析，以定罪作为逮捕标准必然强化逮捕对后续程序的影响，这是慎诉的必然结果，也许并不是一个大问题。当然，我国慎重追诉制度主要在于准确发现事实真相，防止错误认定案件事实，而不是以保障犯罪嫌疑人的程序权利为目标，犯罪嫌疑人程序性权利保障成为被忽视的问题。正是因为整个诉讼将慎重追诉、发现真相作为诉讼行为的核心，导致其无法将精力集中于程序性证明。比如侦查机关只能集中精力收集实体法事实，而忽视程序法事实以及量刑事实证据的收集，同时，对于检察官而言，因为在 7 日的审查期限内精力只能集中于实体审查而无法进行充分有效的羁押必要性审查，不得不忽视甚至放弃羁押必要性审查，曾经出现"构罪即捕"的现象，未能体现无罪推定的重要内涵。我国以审判为中心的诉讼制度改革，仍应在维持慎诉制度基础上，有效地保障犯罪嫌疑人的程序性权利。[④]

近年来不少学者主张重构逮捕的条件。其提出，有必要重新解释逮捕三要件之间的关系，将"有证据证明有犯罪事实"作为适用强制措施的基

---

① 由于该标准过高，我国曾实行附条件逮捕制度，其最早规定在 2006 年最高人民检察院颁布的《人民检察院审查逮捕质量标准（试行）》。其中第 4 条规定："'有证据证明有犯罪事实'，一般是指证据所证明的事实已构成犯罪。对于证据有所欠缺但已基本构成犯罪，认为经过进一步侦查能够取到定罪所必需的证据，确有逮捕必要的重大案件的犯罪嫌疑人，经过检察委员会讨论决定可以批准逮捕，并应当采取以下措施：（一）向侦查机关发出补充侦查提纲，列明需要查明的事实和需要补充收集、核实的证据，并及时了解补充取证情况；（二）批准逮捕后三日内报上一级人民检察院备案；（三）侦查机关在侦查羁押期限届满时，仍未能取到定罪所必需的充足证据的，应当及时撤销批准逮捕决定。"2013 年 4 月，最高人民检察院又发布《关于人民检察院审查逮捕工作中适用"附条件逮捕"的意见（试行）》，对"附条件逮捕"的适用范围、标准等予以细化规范。降低了逮捕的证明标准，但是由于其和我国现象逮捕的实体控制功能冲突，最高人民检察院侦查监督厅于 2017 年发布了《关于在审查逮捕工作中不再适用"附条件逮捕"的通知》，废除该制度。

② 王彪：《刑事诉讼中的"逮捕中心主义"现象评析》，《中国刑事杂志》2014 年第 2 期。

③ 梁玉霞：《逮捕中心化的危机与解困出路——对我国刑事强制措施制度的整体讨论》，《法学评论》2011 年第 4 期。

④ 谢小剑：《论我国的慎诉制度及其完善——兼评以审判为中心的诉讼制度改革》，《法商研究》2015 年第 6 期。

础性条件,将罪责条件视为原则上排除可能判处徒刑以下刑罚的人适用逮捕的否定性条件,将社会危险性条件视为适用逮捕的核心要件,从而改变逮捕三要件平行并列的关系,建构三者之间层层递进的证明体系。[①] 还有学者主张以社会危险性作为核心证明以及审查要件,[②] 并采取相应证明程序。

可以预见,短期内刑事逮捕制度难于回归事前预防功能,此时就必须紧扣其作为羁押审查制度的重要功能,建立符合羁押原理的审查程序,比如逮捕审查主体的中立化构建,逮捕审查程序的中立性改造——审查逮捕的听证化改革等。这在后面第二节的论述中具体阐述。

第二节　审查批捕的主体选择与程序保障

一、我国批捕权主体归属之争

目前,我国司法实践中批捕权的行使呈现出一些不合理的现象。其一,我国审前未决羁押的比例较高,犯罪嫌疑人在审前很难被取保候审,存在"以捕代侦"的现象,检察机关被批评在保障犯罪嫌疑人获得取保的职能上不作为。其二,超期羁押曾经成为司法实践中的一大顽疾。我国多次开展专项清理"超期羁押"活动,但收效有限。检察机关被批评对此监督不力。其三,从一些冤假错案反馈的情况来看,部分检察院在批捕时丧失中立立场,存在"不该捕而捕"的现象。

于是,很多学者认为,由于我国行使批捕权的检察机关中立性不足,导致我国批捕权行使出现上述许多问题,进而提出引入中立的法院行使批捕权。其提出批捕是具有裁判性质的权力,批捕权与检察机关所承担的控诉职能存在内在的矛盾和冲突,检察机关的追诉倾向使其不能保持超然态度,很容易漠视或纵容诉讼中出现的刑讯逼供等违法行为,打破控辩平衡,使程序正当性缺失。而诉讼中控辩双方之外的中立的第三方即法院行使批捕权,有利于体现控辩平衡的刑事诉讼机理,保证批捕的客观性和公正性。[③] 此观点在我国已经非常有影响力,获得了较多学者的赞同。有学者

---

① 孙茂利、黄河:《逮捕社会危险性有关问题研究》,《人民检察》2016年第6期;李训虎:《逮捕制度再改革的法释义学解读》,《法学研究》2018年第3期。

② 杨依:《我国逮捕的"结构性"错位及其矫正——从制度分离到功能程序分离》,《法学》2019年第5期。

③ 陈卫东:《程序正义之路》(第1卷),法律出版社2005年版,第226～228页。

认为，我国逮捕制度中存在的问题没有发生实质变化，其根本原因是，检察机关惯于先行作出"有罪认定"进而奉行"构罪即捕"，不能真正履行逮捕社会危险性即必要性要件审查义务。鉴于检察机关审查批准逮捕模式无法克服自身局限，遭遇改革瓶颈，建立法院统一审查逮捕模式从而实现逮捕审查司法化方为出路。①

当然，在我国法院本身就是审查决定逮捕的主体，但是其主要在审判阶段作出逮捕决定，法院在审判阶段需要作出逮捕决定的，绝大多数是针对取保候审的案件变更为逮捕，实际上这在实践中较为少见，其面临的问题并不突出。本部分主要研究检察院作为审查批准、审查决定逮捕主体的正当性及其程序配置。

二、中立性：批捕权主体构建的核心问题

批捕权配置的核心问题是批捕权主体的中立性问题，如果检察机关具有中立性②就可以行使批捕权。美国宪法第四修正案并未明确司法逮捕令状的签发者，历史上曾经由行政人员签发令状。但联邦最高法院于1948年判决，依宪法解释指出只有"中立及超然的司法人员"（neutral and detached judicial officer）有权签发令状，③并以此排除行政人员签发令状的合宪性。《欧洲人权公约》第5条第3款：依照本条第1款第3项的规定而被逮捕或拘留的任何人，应立即送交法官或其他经法律授权行使司法权的官员，并应有权在合理的时间内受审或在审判前释放。欧洲人权法院在Schiesser v. Switzerland（1979）案中指出，只要"其他官员"具备了和法官相同的中立性特征，就符合公约第5条第3款的要求。④

---

① 2012年刑事诉讼法修改，明确了逮捕的社会危险性要件即必要性要件，确立了准诉讼化审查程序模式，并构建了羁押必要性审查制度。实证研究表明，修法对逮捕适用没有产生明显影响，未能有效减少逮捕适用，过度适用逮捕的问题未获解决。2018年刑事诉讼法修改，仅在逮捕条件条文中增加一款社会危险性考虑因素的规定，并无实质意义。刘计划：《我国逮捕制度改革检讨》，《中国法学》2019年第5期。

② 有学者指出检察机关的中立性本是一个重要的理论问题，许多学者一般只将中立性与审判机关相联系，认为公诉机关在诉讼中主动、积极地履行控诉职能，故中立性不是对其行为的要求。的确，在提起公诉以后，公诉机关具有主动性、积极性，它不应也不可能保持中立的姿态。但是，在公诉机关没有决定起诉之前的诉讼阶段，即侦查与审查起诉阶段，检察机关的行为应具有中立性，至少应具有一定程度的中立性。检察机关在审前程序中的中立、客观，其中表现之一就是检察机关在批捕、审查起诉中是职能。陈光中、汪海燕：《论刑事诉讼中的"中立"原则——兼谈刑事诉讼制度的改革》，《中国法学》2002第3期。

③ 高峰：《对检察机关批捕权废除论的质疑——兼论检察机关行使批捕权的正当性》，《中国刑法杂志》2006年第5期。

④ Huber v. Switzerland（1989），Application no19/1989/179/237.

主张批捕程序引入司法审查者多以西方国家作为其理想蓝图，但并未分析其内在的法律背景，为什么大多数西方国家以法官而不是检察官作为批捕权的行使主体呢？

两大法系主要国家的检察机关都隶属于政府，接受司法部长或者总检察长的指挥监督，由其代表检察机关对议会承担政治责任。例如，法国和德国检察官接受司法部长的领导，检察官的身份属于行政官吏；美国检察机关与司法部采取合署办公制，司法部门长官兼为检察机关最高长官。司法部长通过三种方式指挥检察机关：其一，作为行政权代表的司法部长以及总检察长可以对检察官行使职权发出具体指令，要求检察机关采取特定的诉讼行为；[①] 其二，制定全体检察官应遵守的刑事政策；其三，司法部长对检察官的任免、提升、转调发挥关键作用。英美法系检察官不具有司法独立的保障，即使大陆法系检察官具有司法官地位，受到类似法官的较高独立保障，但是与法官相比，检察官的独立性保障要低于法官。两大法系主要国家，检察机关与行政机关有着密切关系，容易受到行政、政治干预。这些因素都决定了检察官难以站在客观、中立的角度上对案件审查批捕。

大陆法系国家采取"检警一体化"，检警关系密切。英美法系国家，检警虽未一体化，但是采取"指导参与型"的模式，同样保持密切的合作关系，检察官不但有权亲自进行审查，而且有权对警察机关的侦查发表意见、进行指导。由于侦查工作往往需要对犯罪嫌疑人作有罪假设——假设某人是犯罪嫌疑人并进行查证和反驳，检察机关充分介入侦查而难免深受其影响，是否逮捕演变成对自己主导的侦查结果的自我确认，导致其在决定是否逮捕时难以保证客观公正。而且，在英国和美国，检察官把自己定位为案件的当事人，案件的成败与否对其利益有着重大的利害关系，难免影响其客观公正性。所以，必须引入中立的法官对逮捕进行司法审查。

正如我国台湾地区学者林山田认为，英美法系国家认为检察官的主要职能是公诉，其地位等同于当事人，检察官不具有中立性地位。具体理由是：其一，检察权是行政权，检察机关属于行政机关，在"检察一体化"原则的支配下，检察官在本质上属于行政官员，立场不如法官独立超然；其二，检察官承担了侦查与公诉双重职能，其立场无法中立。因此，将强制处分决定权交给检察官既不符合司法审查中的分权制衡原则，又违背了控辩双方的平等武装原则。[②] 因此，必须引入司法审查，这是其制度的内在逻

---

① 谢小剑：《最高司法行政长官对检察机关的个案指令权》，载卞建林主编：《诉讼法学研究》（第 14 卷），中国检察出版社 2008 年版，第 22 页。

② 林山田：《论羁押之特质与目的及其决定权归属》，《刑事法杂志》1986 年第 6 期。

辑,而我国则与之完全不同。

我国宪法将检察机关定位为法律监督机关,为了保障监督职能的实效,必须采取相对客观、独立、中立的职能配置。宪法规定检察机关完全独立于行政机关。检察机关必须对侦查活动进行监督,防止其违法侦查。为了实现对侦查的监督,我国采取"检警分离"体制,批捕检察官不具有侦破案件的压力,并未充分介入侦查,从而不具有介入侦查过程所不可避免带来的有罪假设的主观偏向,也不是对自己侦查结果的审查,从而能够被寄望客观、公正地履行批捕职能。检察官系司法官或者法律监督者定位,赋予其客观公正义务,其地位决定了应然的客观公正性,更倾向客观地审查逮捕。我国强调客观、中立的检察官形象恰恰与西方各国中立的法官相对应。

有一种观点认为检察机关承担了控诉职能,影响了其批捕决定的中立性。这种说法有一定的道理,但是,笔者认为起诉不等于控诉,我国起诉采取的是分权的决策模式,检察机关不能控制侦查机关的追诉,检察机关并不能对所有犯罪主动追诉。相反,公安机关承担了更多地追诉犯罪的职责,只有公安机关追诉后,检察机关才能起诉。这较大程度地削弱了批捕的非中立性。2018年"捕诉合一"改革之前,我国批捕部门和起诉部门、人员相互分开,批捕权行使在前,起诉权在后,我国的批捕受到起诉的影响小。事实上,我国检察机关提高审查逮捕的标准已经体现了其作为中立的法律监督机关的职能,简单地认为其受到控诉职能的影响而不能中立是不正确的。

由于我国检察机关的相对中立性,我国检察机关已经具备了行使批捕权的基本要求。由谁行使审查逮捕权的关键问题在于审查机关是否具有中立性,批捕并非绝对地属于法官的职权。而且中立性并非基于其属于司法权或属于行政权这一抽象的属性,而是由司法体制及程序上给批捕权者带来的,即使属于法官序列如果不能保持中立性也不能行使批捕权,即使属于其他官员如果其能保持中立性同样能行使批捕权。所以问题的关键在于内设机构职能的合理配置,实现审查主体的相对中立性。

三、由法院承担批捕职能的障碍

由法官承担批捕功能并非简单基于法官是司法官,行使司法权,其内在逻辑在于法官在刑事诉讼中具有独立性、中立性及其制度保障。特别要强调的是,法官独立的核心是法官个体独立而非法院整体独立。而且,行使批捕权的法官在英美法系为治安法官，在大陆法系的法国为自由与羁押法官，与庭审法官既非同一法院更非同一法官。这样，庭审法官才不会受到庭前法官批准逮捕的影响，产生预断。

然而，我国是法院独立而非法官独立，法官接受院长的领导，服从审判委员会的决定。由于法院整体独立带来了法院利益整体化，内部的密切联系导致内部之间缺乏足够的监督制约，法院在诉讼中整体行动。在整体独立的现状下，法官负责批捕权会带来更大的弊端。因为根据国家赔偿法，法院一旦宣告被告人无罪，就意味着批捕权的不当行使，从而引起赔偿责任，影响的不仅是作出批捕决定的法官而是整个法院的利益，法院就会尽可能地对已经批捕的案件作有罪判决，这不利于对错捕案件的纠正。尽管由检察官负责批捕也面临类似的问题，但至少还有刑事司法审判作为最后的保障手段。而且我国没有预审法官制度，会使庭审法官产生预断，这对被告人来说是一种灾难。但如果我国设置类似西方国家的预审法官，必将带来非常高昂的制度成本。司法责任制改革之后，力推"审理者裁判、裁判者独立"，弱化了对法官个体的行政控制，一般不再由庭长、院长进行案件审批，[①] 但是其并没有改革我国整体独立的法院体制。[②]

我国将检察机关定位为法律监督机关，具有法律监督权以监督地方机关，包括地方法院，克服地方保护主义，实现法治统一的蕴义。因此，我国规定检察长的任命要经上级人大的批准，而法院院长完全由同级地方权力机关任命。法院对地方的政治责任强于检察机关，法院对地方的独立性比检察院更弱，这与西方各国恰恰相反。从司法现实来看，由于我国法官对地方权力独立不足，地方法院沦为"地方的法院"，赋予法官批捕权可能加剧刑事司法中的地方保护主义，弱化检察机关对地方权力的监督功能。而且，检察机关在行使批捕权的同时也进行侦查监督，由法院行使批捕权将弱化检察机关对地方公安机关的侦查监督职能。

在检察机关定位为法律监督机关，法院独立性不足的语境下，赋予检察机关批捕权具有特殊意义。其使外界对刑事案件的非法干预变得更为困难，因为案件的决定权并非仅仅控制在法院手中，外部干预者不但要有能力控制检察机关而且要有能力控制法院，这对于防止对批捕权行使的非法干预具有特别的必要性。

有观点认为我国批捕与羁押合一，逮捕后犯罪嫌疑人即面临长期羁

① 陈瑞华：《法官员额制改革的理论反思》，《法学家》2018年第3期。
② 顾培东：《法官个体本位抑或法院整体本位——我国法院建构与运行的基本模式选择》，《法学研究》2019年第1期。

押，因此更应当由法官行使批捕权，以免其被审前羁押。笔者认为，在法院和检察机关分享共同的法律理念的前提下，将批捕权归于法院也不会使犯罪嫌疑人更多地被取保。学术界主张将审查批捕权交由法院行使，其背后的逻辑在于假定法院比检察院更中立、更公正，但这恐怕只是一厢情愿。当下的司法实践表明，法院在逮捕措施的适用上并不比检察院更宽松，甚至有过之而无不及。[①] 比如，我国进入审判的案件犯罪嫌疑人同样无法取保，甚至一部分案件在审查起诉阶段取保，到了审判阶段反而被收监。

在我国目前的司法现状下，只要不能实现法官以及法院对地方的独立、法官的个体独立，由检察机关行使批捕权就是不得已的次优选择。相反，有很多学者主张由法院来行使批捕权，正是建立在上述司法体制改变的理论假设基础上。

从上述分析可知，我国检察机关已经基本上具备了行使批捕权的中立性，我国的检察机关可以成为批捕的审查者。相反，法院行使批捕权则具有更大的缺陷。联合国人权委员会在 2005 年赴中国就审前羁押问题进行专题调查后认为，在一定前提下检察机关仍然可以行使批捕权，由此建议中国：关于刑事羁押的法律应当重新审查；要么赋予被授权作出逮捕决定的检察官必要的独立性，以便符合"法律授权行使司法权力的司法官员"的标准，要么将决定或批准逮捕权由检察院转交法院行使。[②] 由于审查逮捕程序及制度设置的不周，我国行使批捕权的检察官中立性尚有不足之处，笔者认为，我国批捕权行使中的问题关键在于强化行使批捕权的检察官的中立性，这也是批捕检察官独立性的保障。

四、我国审查批捕程序"中立性"的强化

目前，我国检察机关在司法体制上独立于行政机关，但是对行使批捕权的检察官的中立性保障不足，改革的重点应当从关注批捕权的配置转向关注中立性的程序保障。欧洲人权法院提出了批捕官员中立性的三项具体标准：一是制度保障，独立于当事人和行政；二是程序保障，该官员有义务对嫌疑人进行听审；三是实体保障，作出强制处分决定前，应当考量有利于和不利于嫌疑人的各种因素。[③] 这为我国的改革提供了思路。

（一）侦捕分离
1972 年美国联邦最高法院指出：联邦宪法第四修正案不将行政体系

---

① 李训虎：《逮捕制度再改革的法释义学解读》，《法学研究》2018 年第 3 期。

② 孙长永：《检察机关批捕权问题管见》，《国家检察官学院学报》2009 年第 2 期。

③ Huber v. Switzerland（1989），Application no19/1989/179/237.

的官员视为"中立、超然的司法人员",行政体系的官员的责任及义务是执法、侦查、起诉。令状是宪法上极为敏感的调查方式,负责侦查、起诉职务检察官不应成为令状签发的判断者。① 批捕权者如果同时参与侦查权的行使,必将影响批捕的中立性。

事实上,即使是法官也不例外。法国对于重罪案件和部分轻罪案件,由预审法官负责对案件事实真相的调查和决定审前羁押,导致侦查法官同时行使侦查和羁押权力,导致预审法官被批评为"超级警察",引起法国国内的不满。为了解预审法官权力集中的问题,法国将羁押的决定权赋予另一法官,以加入更多的对抗性。于是,2000 年 6 月 15 日创立了"自由与羁押法官"。② 所有审前羁押由自由与羁押法官决定,从而实现了侦查职能与羁押审查职能的分离。而日本由于检察官越来越多地介入侦查,在侦查中的功能增加,导致批捕权最终由检察官转移至法官。

因此,必须实行侦捕分离,这不仅意味着机构的分离,检察机关与公安机关、检察机关内部自侦部门与批捕部门的相互分离、独立,还要关注两者职能的分离。应当说,最高人民检察院之前就意识到批捕权过分介入侦查会带来负面影响。因此,1998 年在《关于对报请批准逮捕的案件可否侦查问题的批复》中指出,人民检察院对报请批准逮捕的案件不另行侦查,仅可以复核有关证据。

但是,由于立法与司法实践中存在的漏洞,总体上说,我国侦、捕职能仍然存在界定不清的现象。其一,我国检察机关有提前介入的权力,而提前介入者往往为批捕部门的检察官。其二,我国批捕的检察官承担了追诉漏罪的职能,对于漏捕要履行职能追捕。其三,检察引导侦查取证改革强化了批捕检察官介入侦查的程度。其四,我国在批捕的实践运作中,批捕部门会和侦查机关沟通,在作出不批捕决定时争取侦查机关的配合,这会影响其中立性。其五,批捕部门在审查之后如不批准逮捕,可以列出补充侦查提纲,提出具体的侦查建议。当前,检察机关开展捕诉合一制度改革,最高人民检察院高度强调补充侦查建议的有效性,要求非常具体的补充侦查建议。这些程序设置都将影响批捕检察官的中立性,应当加以改革完善。

---

① 高峰:《对检察机关批捕权废除论的质疑——兼论检察机关行使批捕权的正当性》,《中国刑事法杂志》2006 年第 5 期。

② 陈卫东等:《法国刑事诉讼法改革的新进展——中国人民大学诉讼制度与司法改革研究中心赴欧洲考察报告之一》,《人民检察》2004 年第 10 期。

（二）捕诉分离

追诉者往往会在长期的工作中形成打击犯罪的倾向，影响其裁决批捕的中立性。1998 年 10 月 28 日，欧洲人权法院在艾斯诺夫等诉布尔格利亚一案的判决中这样限定：他必须独立于行政机关和当事人，如果在决定羁押时有情况表明该官员可能随后代表控方参加刑事诉讼，则其独立性和中立性就是有疑问的。[1] 反对检察机关行使批捕权者的重要根据就是检察机关承担追诉职能，过强的追诉倾向导致其无法中立地批捕。

我国在起诉程序上，并非西方大多数国家采取的集权模式。检察机关不仅没有侦查指挥权，侦查权属于公诉权的准备这一理念也未确立。审查起诉中存在检察机关与侦查机关的分权决策模式，只有侦查机关移送审查起诉，才能启动审查起诉程序。检察机关的法律监督地位使其客观公正义务远比大陆法系更强，这些都弱化检察机关的追诉职能。

同时，检察机关批捕和起诉部门的分离，进一步确保了检察机关的中立性，也是保留检察机关行使批捕权的重要论点之一。我国曾经采取由一个部门负责自侦案件的批捕、起诉工作的集权方式，但最高人民检察院 1998 年在《关于完善人民检察院侦查工作内部制约机制的若干规定》中要求，人民检察院对贪污贿赂、渎职犯罪案件的侦查、审查逮捕和审查起诉分离，分别由不同的部门行使职权。[2]

近年来，由于我国部分检察机关的案件压力过大，或者因为地方财政资源的限制，经费保障不足，检察机关采取了批捕和起诉部门"合一"的办案模式，当前捕诉一体化改革进一步恶化上述问题。这无疑会极大地损害检察机关的中立性，从而使检察机关丧失行使批捕权的正当性。因此，必须充分认识到捕诉分离的重要性，坚持批捕和起诉的机构分离，同时要做到人员分离，保障批捕检察官的中立性。

（三）落实主办检察官办案责任制

由于我国检察权并非属于检察官个人，而是检察机关的职权，整体行使职权的方式也导致批捕检察官中立性的丧失。因此，我国应当强化批捕案件的主办检察官制度。回到问题的核心，即将批捕权较大程度上从检察机关转归检察官。事实上，英、法、德、美、日等普遍将检察权赋予检察官

---

[1]　Assenov and others v. Bulgaria（1998-10-28），Application no 90/1997/874/1086. 参见孙长永：《通过中立的司法权力制约侦查权力——建立侦查行为司法审查制度之管见》，《环球法律评论》2006 年第 5 期。

[2]　自侦案件审查批捕权的历史演进，参见印仕柏：《职务犯罪案件审查逮捕方式的审视与重构》，《中国刑事法杂志》2008 年第 11 期。

个人而不是作为整体的检察机关。

2005年《人民检察院直接受理侦查案件立案、逮捕实行备案审查的规定（试行）》认为下级人民检察院的立案或者逮捕决定错误的，或者发现下级人民检察院有应当立案而未立案或者应当逮捕犯罪嫌疑人而未决定逮捕情形的，应当在报经检察长或者检察委员会决定后，书面通知下级人民检察院纠正，或者由上一级人民检察院直接作出相关决定，通知下级人民检察院执行。下级人民检察院对上一级人民检察院的决定有异议的，可以在执行的同时向上一级人民检察院报告。上级检察院可以直接变更或者要求改变下级院的逮捕与否的决定，下级检察院并没有在是否逮捕、是否侦查问题上的相对独立性。而对于公安机关侦查的案件，根据我国现行《刑事诉讼法》，对于下级检察院的不逮捕决定，可在公安机关申诉的基础上，由上级检察院作出逮捕决定。但是，法律并未允许直接指令下级作出逮捕或者不逮捕决定。

2018年的司法责任制改革明确了审批型指令权，肯定了下级检察官办案的相对独立性，并以责任机制保障其指令的合理化，但仍存在制度设计不合理、不全面的问题。由于行使批捕权的检察官应当具有比其他检察官更加独立性和中立性的保障，因此我国已经进行的主诉检察官制度改革、司法责任制度改革仍需进一步推进和完善，在批捕权的行使上检察一体化应当限制适用，以探索适合我国国情的批捕权内部权力配置制度。

进一步改革应当着眼于规范检察长审批型指令权，规定事前指挥权、事后纠正权，强制指令权主要限于统一裁量标准、统一法律解释，以体现检察一体化。① 在检察业务上，存在侦查、起诉、逮捕等不同业务产生的指令权效力不同的问题，至少在逮捕问题上"上命下从"的力度要弱于侦查。逮捕是最具司法性的权力，在许多国家都属于司法保留的范围，属于中立性的权力，不应当在当事人未申请的情况下主动作出，而且其也是强调亲历性的权力，在上级检察院未听取犯罪嫌疑人、辩护律师意见、被害方意见的基础上不适宜作出决定，所以对于逮捕与否，上级检察院不应发布指令，以保障辩方参与权。

同时，必须尊重承办检察官的办案权。我国已经形成了承办人制度，即由谁承办案件，谁就在承办权限范围内对案件质量、效率负主要责任。实践中承办人在办案过程中拥有一定处理权，上级一般予以尊重，上级事前直接指令承办人以及更换承办人的现象极为罕见。有学者指出，承办负

① 谢小剑：《司法责任制改革中检察一体化的完善》，《中国刑事法杂志》2017年第5期。

责制,将办案与决定、权力与责任结合起来,符合本轮司法改革的精神。司法责任制改革应对此加以明确,保障承办检察官对案件有一定的决定权。[①]因此对于批捕等事项,应当严格限制事前指挥型指令权,特别是下级检察官未形成处理意见之前不应发布涉及处理意见的指令,这会影响下级检察官独立形成处理意见。对于已经授权检察官行使的职权,上级不能"根据需要"行使"监督权"随便介入、收回。同时,应当严格限制更换承办人,做到全程留痕,无正当理由不得剥夺承办检察官的办案权[②]。

(四)审批程序的中立化

按照批捕权的法理,审查主体作为裁断者应当平等听取控辩双方的意见,也要同时考虑有利于和不利于犯罪嫌疑人的因素。因此,必须为犯罪嫌疑人提供陈述抗辩意见的机会,不仅如此还应当听取其法律帮助律师的意见。同时,在设置批捕功能时,要改变过于强调批捕在追诉犯罪,维护社会秩序的功能,而忽视其保障犯罪嫌疑人权利的错误倾向。因此,应当废除我国在目标考核中对逮捕率的指标控制;对于批捕的案件不应以"诉得出,判得了"作为标准;向犯罪嫌疑人说明批捕的理由,而不批捕决定不需要向侦查机关解释;同时应当注意提审的功能,检察机关批捕阶段的提审不再是为了侦查服务,而是为了对是否逮捕做中立性的审查。

这里有必要回应批捕程序听证化的主张,在我国现有批捕与羁押合一的制度背景下,进行听证化审查时有必要,也是可行的。但是,如果批捕程序向事前控制的人权保护和侦查保障的功能回归——"逮捕前置主义""捕、羁分离",则不可能进行复杂的听证化审查。因为,只有在逮捕犯罪嫌疑人之后,才能进行相应的听证程序。大多数案件在审查批捕时可能并未限制犯罪嫌疑人的人身自由,决定了审查程序只能是单方面的:由侦查机关证明逮捕的必要性。此时,采取书面的审查方式也是可行的,但同样要同时考虑有利于和不利于犯罪嫌疑人的因素,这样才能保障批捕权行使的中立性。

---

① 龙宗智:《检察官办案责任制相关问题研究》,《中国法学》2015 年第 1 期。
② 检察一体化有一层含义是检察人员之间可以相互更换,但是其应当建立在检察官同意的基础上,否则也将违反检察官办案的独立性。

第三节　检察机关捕诉合一改革评析

我国宪法将检察机关定位为专门的法律监督机关,明确检察院行使逮捕权。同时,检察机关又是唯一的公诉机关。尽管一直有观点主张,应当将检察院的批捕权转交法院行使,实现彻底的捕诉分离。但是,我国长期采取了捕诉权相对分离的体制,由检察院内部不同部门分别行使,并将之作为检察机关法律监督权的重要组成部分。事实上,检察机关内部如何配置捕与诉两种不同权能,系独具中国特色的问题,涉及刑事审前程序的构造,关系到犯罪嫌疑人权利保障和检察制度改革的全局。

之前,许多检察院将审查批捕和公诉职能放入同一部门,实行"捕诉合一"。虽然不少学者持反对态度,[①]但也有部分学者支持。2018年,最高人民检察院推行捕诉合一改革,面临较大的学术争议。捕诉合一虽然也有提高办案效率等一些优点,但捕诉合一不符合正当程序原则,也与检察机关强化法律监督的改革路向不相吻合,会引发诸多问题。[②]笔者也持反对态度,认为现有捕诉合一的论证逻辑存在重大问题。与域外不同,我国的捕诉关系要放在法律监督权的框架内思考,处理捕诉和侦查监督的关系。同时,我国公诉权虽然不包括侦查权,但捕诉合一以密切侦诉关系为目标,需要思考其给捕诉权配置带来的冲击。对捕诉合一改革需要从上述视角展开理性反思。

一、捕诉关系变革的历史源流

我国检察院曾经采取捕诉合一模式,检察院内部由刑事检察部门统一承担案件的审查逮捕和审查起诉工作,部门同一、办案人员同一。1999年最高人民检察院将刑事检察厅分离,分为审查批捕厅和审查起诉厅,全国各地多数检察院也纷纷设立分离的审查逮捕和审查起诉部门,分别负责审查逮捕和审查起诉工作。[③]这种变化的主要原因是,90年代的理论界和司法实务部门有人认为检察监督破坏诉讼结构、影响审判独立,提出"谁来监督监督者"的质疑。检察机关从强化内部监督制约的角度出发,更改

---

① 汪海燕:《检察机关审查逮捕权异化与消解》,《政法论坛》2014年第6期;汪建成、王一鸣:《检察职能与检察机关内设机构改革》,《国家检察官学院学报》2015年第1期;闵春雷:《论审查逮捕程序的诉讼化》,《法制与社会发展》2016年第3期。

② 童建华:《谨慎对待"捕诉合一"》,《东方法学》2018年第5期。

③ 王松苗、王丽丽:《检察机关内设机构的风雨变迁》,《检察日报》2009年10月12日第6版。

长期以来的"捕诉合一"模式为"捕诉分离"模式。[①] 同时,捕诉属于不同性质的权力,批捕强调消极中立性,属于司法审查权,而审查起诉则属于追诉性质的权力,要求积极引导侦查取证,满足公诉需要,放在同一部门容易引起职能冲突。

为了避免检察院集自侦、捕、诉三权一身,权力过于集中,进而回应将职务犯罪侦查权剥离检察院的呼声,检察机关特别强调自侦案件的侦捕诉分离。最高人民检察院 1998 年在《关于完善人民检察院侦查工作内部制约机制的若干规定》中要求,人民检察院对贪污贿赂、渎职犯罪案件侦查、审查逮捕和审查起诉分离,分别由不同部门行使职权。2009 年,最高人民检察院颁布《关于省级以下人民检察院立案侦查的案件由上一级人民检察院审查决定逮捕的规定(试行)》,对省级以下检察院自侦案件上提一级逮捕,更大程度上实现了捕诉分离。

然而,捕诉分离改革并未贯彻到底。实践中,一些大城市的检察院办案压力增大,架空该项改革,由同一检察官统一全程负责审查逮捕与审查起诉工作。由于专业人士缺乏,为适应新形势下刑事检察工作的需要,在未成年人司法、金融类专业很强的案件中,一些地区成立捕诉合一的部门,采取捕诉合一的办案模式。检察院内部也特别强调侦捕诉衔接。

同时,我国《刑事诉讼法》表明,该捕诉分离只是机构分离,对其职能分离落实不充分,审查逮捕部门职权也存在许多追诉倾向的程序,比如提前介入、引导侦查取证,追加逮捕未被追究的犯罪嫌疑人,在案件不符合逮捕证明标准时列出补充侦查提纲,尽管有许多作为侦查监督权的内容,但难掩其追诉的本质。这反映出我国立法与司法高层对捕诉分离认识上的模糊。

在大部制改革背景下,检察院按要求缩减了内设机构[②],多数检察院都将捕诉职能设置在同一部门,比如江苏扬州市江都区检察院"三局一处一组"模式、重庆市渝北区检察院"四局二部二室"模式、湖北检察机关"小院整合"模式、广东深圳市福田区检察院"四局三室"模式。[③] 至于是否人员合一,则有两种不同模式:其一,部门人员合一模式。吉林省人民检察院将捕诉权配置在同一部门,明确提出"谁批捕、谁起诉",由同一检察官

---

① 2000 年 8 月,最高人民检察院进行机构改革,将审查批捕厅更名为侦查监督厅,以强化侦查监督职能。张和林、严然:《检察机关内设机构改革若干问题探究》,《人民检察》2014 年第 6 期。

② 当前推行大部制改革,中央提出 50 人以下的检察院,其内设机构不超过 5 个,而绝大多数基层检察院属于不超过 5 个内设机构的情形。

③ 张和林、严然:《检察机关内设机构改革若干问题探究》,《人民检察》2014 年第 6 期。

承办批捕、起诉同一案件。其二，部门合一、人员分离模式。其不主张"谁批捕、谁起诉"，相反，在同一部门之下，由不同员额检察官分别办理捕诉案件。

当前，最高人民检察院在内设机构改革时，已经推进捕诉合一[①]，各地检察院将刑事检察的所有职能，审查批捕、公诉职能和诉讼监督职能配置在同一部门，甚至由同一检察官行使该职权。2019年《人民检察院刑事诉讼规则》第8条明确规定：人民检察院对本院管辖的同一刑事案件，一般应当由同一办案部门的同一检察官或检察官办案组负责对立案、侦查活动的监督，介入侦查、调查活动，审查逮捕，审查批准或决定延长侦查羁押期限，审查起诉等工作。但是依照法律和有关规定，应当另行指派检察官或检察官办案组办理的除外。改革落地后，一些学者考虑如何对其完善。同时，从实践来看，其效果除了提高诉讼效率外，在提高办案质量、强化侦查监督方面的效果并不明显。

二、对捕诉合一论证理由的回应

捕诉合一的改革逻辑完全是针对捕诉分离的弊端而提出，认为其能充分化解捕诉分离的问题。该改革主要基于捕诉合一有利于提高诉讼效率，并通过强化批捕、起诉工作对侦查的引导、监督，满足以审判为中心的改革背景下对案件质量的高要求。然而，并无实证研究表明捕诉合一更有利于提高案件质量，检察院系统为了论证改革效果得出的结论，缺乏外部第三方的中立评价。事实上，这些逻辑并不成立。

（一）司法改革应当优化资源配置，化解办案压力，而不应以捕诉合一提高诉讼效率

捕诉合一改革的主要理由在于，当前检察机关面临较为严重的办案压力，需要通过捕诉合一机制提高诉讼效率。如果由审查逮捕的检察官承办审查起诉案件，由于同一人承办同一案件，在批捕阶段已基本熟悉案情，了解证据情况，审查起诉驾轻就熟，可避免重复阅卷，必将极大提高诉讼效率[②]。

据笔者深入检察院调查，检察院与法院不同，并无众多、复杂的民商事案件，其工作也不如法院审判工作复杂，检察院面临的办案压力并未如想

① 事实上，检察系统也有不同的声音，笔者在刑事诉讼法年会以及检察基础理论年会等场合，听到了最高人民检察院内部不同职务检察官的不同观点，也有不少反对捕诉合一的声音。
② 一些检察院实行的"部门合一、人员分离"的模式，由于仍然是不同的检察官分别办理捕诉案件，并不能真正提高诉讼效率，该理论不能为其提供支持。

— 60 —

象般严重，正因为如此检察委员会仍然对大多数不起诉案件开会审批。笔者认为问题关键在于：一是检察院对审查逮捕、审查起诉工作重视不够，之前主要将人员配置在一线侦查部门，捕诉力量薄弱，这种思维延续至今。二是三级审批制导致检察行政化严重，效率低下。三是员额制改革后，检察院内部人员配置不合理、办案工作量不均。通过完善、落实大部制改革、扁平化管理及员额制改革，许多业务骨干回归一线办案，可以解决该问题。随着监察委员会改革，检察院侦查、职务犯罪预防职能与人员转隶，不再抽调人员办理侦查案件，从而可以充实更多的人员从事审查逮捕、审查起诉工作。在此背景下，更应当通过优化内部资源配置，化解办案压力。

最为重要的是，捕诉职能分离会降低效率之说，是一个伪命题。因为，不同权力主体的重复劳动和适当的资源投入本就是实现公平正义，体现现代诉讼规律和权力监督制约原则的客观需要。[①] 在刑事诉讼中公正是优于效率的价值取向，只有在该制度改革不会对犯罪控制、被追诉人权利等司法公正价值造成重大影响，才具有正当性，牺牲公正争取效率并不可取。据此，仅强调效率不能支持该改革。

（二）捕诉合一不能提高侦查案件质量

捕诉合一改革另一个重要的论证理由是，在以审判为中心的诉讼制度改革背景下，捕诉合一可以提高审查逮捕时的证明标准，强化提前介入、引导侦查取证、事后补充侦查，提高案件质量。然而，仔细思考，该论证的逻辑并不成立。

其一，有学者指出，捕诉合一使批捕者以公诉证明标准，以法院审判入罪的标准衡量是否批捕，更为慎重。因此，捕诉合一在中国特定的制度背景之下，并不意味着对被追诉人权利保障更为不利。[②] 然而，在侦查阶段审查逮捕时就以起诉为证明标准，就是提高案件质量么？显然不是。

逮捕的功能不是认定犯罪，重点不在实体审查，而是考量是否需要审前羁押，重点在于逮捕必要性审查。为了满足侦查需要，1996 年《刑事诉讼法》将逮捕证明标准降低为"有证据证明有犯罪事实"，不如公诉、定罪"事实清楚，证据确实充分"的证明标准高。[③] 在侦查阶段逮捕时就要求公

① 汪建成、王一鸣：《检察职能与检察机关内设机构改革》，《国家检察官学院学报》2015 年第 1 期。
② 龙宗智：《检察机关内部机构及功能设置研究》，《法学家》2018 年第 1 期。
③ 李辞：《公诉与定罪适用同一证明标准的理论反思》，《当代法学》2015 年第 3 期。实践中，审查批捕的检察官往往不以上庭，接受辩方质证为标准，要求案件质量，即使案件存在一定的问题，即使部份事实不够罪，仍应当逮捕。

诉证明标准，显然不符合《刑事诉讼法》的要求以及诉讼规律。因为，两个阶段对案件质量要求不一样，合一混淆了两种程序对案件质量的不同要求；不恰当提高逮捕证明标准，导致其无法满足侦查要求，妨碍了侦查推进，侦查机关不得不以其他手段剥夺嫌疑人人身自由，进一步强化逮捕中心主义。① 逮捕证明标准过高会使刑事拘留替代逮捕的功能，刑事拘留不再是紧急性措施，侦查机关直接决定是否剥夺犯罪嫌疑人自由，② 最终促使侦查中心主义更加严重，明显对犯罪嫌疑人权利保障更不利。

其二，我国之前主要由侦查监督部门提前介入、引导侦查取证，但效果不佳。捕诉合一论者主张，捕诉合一使公诉检察官承担该职能，由于公诉检察官更了解审判要求，进而能够提高介入侦查效果。同时，决定逮捕时接近侦查，许多证据仍有可能及时补充。捕诉合一实现了公诉对侦查监督和证据引导工作的前移，拉近了侦查和起诉的距离，提高了案件侦查质量。③ 而且，之前，审查逮捕检察官批捕后就不再关注侦查案件，影响了案件质量。捕诉合一有助于强化批捕检察官的责任心，密切跟踪、指导案件的侦查情况，从而提高案件侦查质量。④

然而，侦查和批捕分离是批捕中立性的前提，侦查阶段批捕检察官就要过多考虑指导侦查取证，密切了批捕与侦查的关系，有违批捕权的中立性要求。现有批捕检察官提前介入、引导侦查取证，恰恰是批捕中立性丧失的重要原因，应当废除，而不是强化。在以审判为中心的背景下，强化检察院对侦查案件的引导取证，是提高案件质量的重要手段，但完全可以由公诉部门直接提前介入、引导侦查取证、跟踪侦查，以提高案件质量，不是一定要拉上批捕部门，徒增许多困扰。

其三，调研中，有检察官认为，捕诉合一后，在审查起诉阶段，由于公诉检察官也承担批捕职能，侦查机关有所忌惮，更愿意配合补充侦查，解决长期以来侦查机关捕后不配合补充侦查的问题，从而提高案件质量。然而，捕诉合一后，对于已经逮捕的案件要补充侦查，侦查机关也不一定会配合，而且由于是同一个检察官提出要求，侦查机关更会以"为何批捕时不提出"为由推脱。事实上，只要公诉机关敢于依法作出存疑不起诉决定、发挥侦查监督职能，同样可以提高补充侦查效果。

其四，调研中，有检察官认为，由于捕诉分离，办案人员不同，审查批

① 王彪：《刑事诉讼中的"逮捕中心主义"现象评析》，《中国刑事法杂志》2014年第2期。
② 详见本书第一章。
③ 邓思清：《捕诉合一是中国司法体制下的合理选择》，《检察日报》2018年6月5日。
④ 张和林、严然：《检察机关内设机构改革若干问题探究》，《人民检察》2014年第6期。

捕发现的问题，侦查机关未能补充，在移送审查起诉时，公诉检察官可能无法及时发现，而捕诉合一不存在该问题，从而提高案件质量。然而，这可以通过内部沟通机制实现，无需捕诉合一。

实际上，近两年来，案件退回补充侦查的比例确实下降了，然而其与近两年最高人民检察院强调"案件比"考核，限制退回补充的改革密切相关。案件质量是否有明显提高，无法得到实证调查的支撑。

（三）捕诉合一会弱化侦查监督

早有学者主张捕诉合一能强化侦查监督，因为公诉检察官在审查批捕时就进入了侦查监督的角色，开始履行职责，同时，因为其与案件公诉成败利益攸关，监督才会有积极的效果。[1] 强化侦查监督也是论证捕诉合一的重要理由。[2] 然而，该观点恰恰说明，捕诉合一导致批捕检察官与案件公诉成败有利益关系，不再中立，并不能论证其如何能有效提高侦查监督。将法律监督不到位，无法有效实施侦查监督归咎为捕诉分离[3]，是不客观的。恰恰因为捕诉合一提高了逮捕证明标准，侦查机关可能会滥用拘留等强制措施获取证据，以满足证明标准，检察官可能对此睁一只眼闭一只眼[4]，同时捕诉合一强化了批捕检察官的追诉责任，导致其可能对违法侦查行为，如瑕疵取证行为，视而不见。捕诉合一以强化公诉功能为主要目标，而弱化了审查起诉、审查逮捕对违法侦查的监督功能，长期来看不符合检察机关的法律监督地位。实践中，捕诉合一后也出现了侦查监督弱化的现象。[5]

最高人民检察院似乎有意通过捕诉合一，深度介入侦查而实行同步监督，以提高侦查监督效果。笔者认为在我国公安部门较为强势的背景下，提前介入、引导侦查取证都只能有限而为，试图通过捕诉合一彻底引导侦查、同步监督，这几乎不太可能。从最高人民检察院试图在派出所派驻检察官的改革，受到公安机关的抵制，可见一斑。

之前，检察院内设机构改革中，在捕诉合一的同时成立诉讼监督部门，将侦查监督从批捕、起诉职能中分离，较为普遍。不能从强化侦查监督的

---

① 许永俊、王宏伟：《捕诉合一办案机制研究》，《国家检察官学院学报》2001 年第 1 期。

② 步洋洋：《除魅与重构："捕诉合一"的辩证思考》，《东方法学》2018 年第 5 期。

③ 实践中，公安机关之所以配合批捕部门监督，无非是因为公安机关的考核将逮捕作为案件质量评价的重要标准，只要将案件是否公诉成功作为侦查质量的评价标准，公诉部门同样可以有效监督。

④ 侦查机关要求批捕部门介入引导侦查，往往只是希望能够满足批捕的证据要求，甚至希望通过该沟通方式，使批捕部门降低要求作出批捕决定，批捕介入侦查反而产生负面效果。

⑤ 邓思清：《捕诉一体的实践与发展》，《环球法律评论》2019 年第 5 期。

角度论证捕诉合一，也说明侦查监督的效果主要基于检察院的推动力度，未必和捕诉合一密切相关。

实际上，捕诉合一之后，据笔者访谈检察官，其表示案件侦查监督的工作有所弱化，最高人民检察院为此多次强调要加强侦查监督工作。

（四）捕诉合一不能降低司法行政化

有的主张捕诉合一能推动大部制改革，降低检察机关的行政化因素。[①]最初提出捕诉合一是因为大部制改革部门内设机构极其有限。大部制改革提出 50 人以下的检察院，其内设机构不超过 5 个，除去政治部、检察事务保障部外可供选择的有限，多数省份的检察院将捕诉职能合并设在一个大部门中，成立刑事检察部，以减少内设部门及中层职务。然而，即使捕诉合一，检察院内设机构也并不会减少，甚至可能用司法行政部门替代业务部门名额。同时，大部制改革并不是仅仅为了合并部门，而是为了更好地优化职能配置，发挥职能实效。捕诉职能性质不相融，合并并不能提高效能。捕诉合一既不能推动大部制改革，也不会降低司法行政化。事实上，监察体制改革导致检察机关反贪、反渎、预防部门转隶，检察院的内设机构至少不用再设侦查部门，分设捕诉两个不同部门具有较大的空间。

三、捕诉合一可能产生的问题

（一）捕诉合一会导致侦捕合一，弱化批捕的中立性，检察机关失去行使批捕权的正当性

中立是批捕权主体配置的核心必要要件。1972 年，美国联邦最高法院指出："令状是宪法上极为敏感的调查方式，负责侦查、起诉职务检察官不应成为令状签发的判断者。"[②]1998 年 10 月 28 日，欧洲人权法院在判决中指出：批捕官员必须独立于行政机关和当事人，如果在决定羁押时有证据表明该官员可能随后代表控方参加刑事诉讼，则其独立性和中立性就是有疑问的。[③]我国学界反对检察机关行使批捕权，其重要理据就是检察机关承担追诉职能，导致其无法中立地批捕，而捕诉合一无疑将坐实该论调，使检察机关丧失行使批捕权的正当性。

可能有观点认为，审查批捕在前，审查起诉在后，审查逮捕时不会受

---

① 龙宗智：《检察机关内部机构及功能设置研究》，《法学家》2018 年第 1 期。
② 高峰：《对检察机关批捕权废除论的质疑——兼论检察机关行使批捕权的正当性》，《中国刑事法杂志》2006 年第 5 期。
③ 孙长永：《通过中立的司法权力制约侦查权力——建立侦查行为司法审查制度之管见》，《环球法律评论》2006 年第 5 期。

到起诉影响，从而可以中立地决定是否逮捕，不会损害审查逮捕的中立性。然而，笔者认为，在机构人员分离的背景下有一定道理，但是人员合一就是会不一样。公诉思维与批捕思维性质不同，具有积极主动的职业特点，如果审查起诉的检察官行使批捕权，由于公诉检察官长期从事公诉工作，容易带入犯罪追诉思维[①]，这种思维与强调中立消极的批捕工作存在较大冲突。

捕诉关系需要充分考虑侦、捕、诉关系。如果公诉权包含侦查权，侦查作为公诉的准备程序，实行诉侦一体化，检警关系上"检警一体"，则捕诉合一会导致侦捕合一，进而丧失中立性，不能发挥对侦查的制约。此时，应当实行彻底的捕诉分离，分别由法院和检察院行使，比如，德国检察官拥有侦查权，指挥警察侦查，过深介入侦查，转由法官行使逮捕权。法国的预审法官同时负责侦查和审前羁押，引起法国国内的不满，于是2000年6月15日，法国创立"自由与羁押法官"，将羁押的决定权转交给该法官。[②]

我国公诉权内容和域外各国公诉权的内涵并不一致，公诉权不包含侦查权，未采取检警一体化，程序上采取分工负责制度，公诉与侦查自成阶段，公诉未受到侦查影响，这导致我国公诉权具有更弱的追诉性，得以发挥事后审查制约侦查的功能。由于捕诉都未与侦查合一，从而我国检察院具有侦查监督的空间。然而，为了适应以审判为中心的诉讼制度改革，最高人民检察院在第五次全国公诉工作会议中要求，公诉检察官提前介入侦查引导取证，亲历重要侦查行为，甚至主导审前程序，诉侦关系进一步密切。同时，捕诉合一以强化对侦查的引导取证为逻辑前提，会密切侦诉关系，其结果自然是公诉权具有过强的追诉性。捕诉合一会使侦诉关系传导至侦捕关系，导致捕诉合一演变成侦捕合一，批捕必然丧失基本的中立性，从而导致检察院完全不适宜行使批捕权。捕诉合一的论证自相矛盾。

实践中，捕诉合一可能出现"两张皮"的现象。一方面，部分案件出现以捕代侦，批捕程序工具化。如果捕诉合一，承担批捕职能的公诉检察官为了更好地完成公诉任务，可能充分运用其手中的批捕权配合侦查，比如不当逮捕羁押，出现以捕代侦的现象。有学者指出，作为承担捕诉职责于一身的检察官，无疑在审查批准逮捕时地位不中立，更倾向于作出对犯罪

① 一些检察机关在大部制改革之后，捕诉职能配置于同一部门，但办案人员分离，采取批捕者不承办审查起诉工作的制度，然而由于根据司法改革精神，大部制内部实行轮案制，承担批捕工作的检察官也要轮办公诉案件，从而导致其容易形成公诉思维。
② 陈卫东等:《法国刑事诉讼法改革的新进展——中国人民大学诉讼制度与司法改革研究中心赴欧洲考察报告之一》,《人民检察》2004年第10期。

嫌疑人不利的决定，从而使审查批捕权沦为公诉权的附庸。[①] 另一方面，部分案件无法达到逮捕高要求，不能满足侦查需要。那种主张捕诉合一会以提高证明标准，不惜违反逮捕的法定证明标准，提高案件质量的观点，恰恰说明批捕受到追诉影响而不中立，因为偏向辩方也是不中立的表现。

所以，有学者指出，捕诉合一有损审查逮捕主体的中立地位，将审查逮捕与控诉两个职能结合为一体，根本上动摇了审查逮捕程序的正当性基础。[②] 未来，改革的方向应当是强化批捕的中立性，而非弱化其中立性，否则会导致检察院的法律监督权缺乏有力的支撑。有学者尖锐地指出，将逮捕与公诉合二为一的设想，无异于自毁长城，无视检察机关的司法机关属性，将检察机关的司法审查职能予以消灭，使其变成一种纯粹的公诉机关。或许，捕诉合一的推行，为检察机关最终放弃批捕权，使这一职能被彻底提交法院创造了历史性契机。[③] 其确实是忠言逆耳，良药苦口。

还有观点主张捕诉合一可以减少检察机关的内部环节，能激活刑事诉讼内的制约体制，[④] 同时，以审判为中心诉讼制度改革强化外部制约，为捕诉合一弱化内部制约机制提供了空间。[⑤] 其实，这种观点都忽视了事前不错的重要性和事后纠错的艰难性，在我国实践中两者有截然不同的效果，捕诉分离最重要的是要在侦查阶段建立外部制约机制，保障侦查阶段不出错，而不是期望事后纠错。

有观点主张，从程序保障的角度来思考逮捕制度的改革，应当以逮捕审查诉讼化改造作为确保逮捕质量的改革方向，而捕诉是否分离并非关键。[⑥] 笔者赞同逮捕审查诉讼化改革，但是逮捕主体追诉思维过重，介入侦查程序过多，也会影响逮捕审查主体的中立性，进而构成逮捕质量的严重障碍。

（二）捕诉合一会弱化审查起诉对已批捕案件的制约，更容易造成冤假错案

我国为了实现部门之间的制约，分开成立审查批捕部门和公诉部门，

---

① 张泽涛：《构建中国式的听证审查逮捕程序》，《政法论坛》2018 年第 1 期。该论者甚至因为捕诉合一而主张由监所检察部门负责审查逮捕。

② 闵春雷：《论审查逮捕程序的诉讼化》，《法制与社会发展》2016 年第 3 期。

③ 陈瑞华：《异哉，所谓"捕诉合一"者》，http://wemedia.ifeng.com/62567719/wemedia.shtml，最后访问日期：2021 年 6 月 4 日。

④ 张建伟：《"捕诉合一"的改革时一项危险的抉择？——检察机关"捕诉合一"之利弊分析》，《中国刑事法杂志》2018 年第 4 期。

⑤ 叶青：《关于"捕诉合一"办案模式的理论反思与实践价值》，《中国刑事法杂志》2018 年第 4 期。

⑥ 郭烁：《捕诉调整"世易时移"的检察机制再选择》，《东方法学》2018 年第 4 期。

公诉发挥制约审查批捕的职能。然而，实践中，捕后不诉会影响逮捕工作考核，一旦作出不起诉决定，特别是存疑不起诉决定，相当于否定了逮捕决定，批捕工作面临负面评价，甚至检察官要被追究错案责任。逮捕绑架起诉入罪的逮捕中心主义现象较为常见。而司法责任制改革强化了办案责任追究，恰恰导致起诉无法制约逮捕。实际上，起诉检察官办理自己批捕过的案件，类似于成为自己案件的裁决者，有违程序中立性原则。在捕诉合一机制下，捕诉标准进一步趋同，对于审查起诉的检察官而言，为了避免之前的批捕决定受到质疑，必然倾向于提起公诉，于是犯罪嫌疑人很难被存疑不起诉。

捕诉合一后，尽管仍然存在两道程序，但由于捕诉主体合一，导致内部监督机制虚置，犯罪嫌疑人也失去了再次程序救济的机会。[①] 对于问题案件，少了审查起诉这一道重要关口，容易发生冤假错案。有学者指出，捕诉合一"虚置了审查逮捕环节，甚至也缺失了真正意义上的审查起诉环节，不仅可能因为'重配合、轻制约'而导致错误逮捕、羁押，甚至也可能'一错到底'最终导致发生冤假错案"。[②] 值得强调的是，在司法责任制改革之后，取消了内部审批制，弱化承办检察官的行政制约，如果缺乏起诉对批捕的横向制约，案件质量中存在的问题可能会扩大，这更需要捕诉分离。

总有检察官反复强调检察官的客观中立性，强调司法责任制改革的要求，似乎检察官都是正义的化身，会严格遵守法律，不可能对案件形成错误的判断，这显然无视了我国捕诉中的问题，不尊重诉讼规律，按此逻辑则不需要考虑任何的制约制度。事实上，起诉这道制约关口，显然是以检察官可能滥权为前提的，总有检察官因为过错或者无意办错案，实践中的诸多冤假错案都反映出捕诉把关不严的问题。

有观点认为，捕诉合一提高逮捕证明标准之后，有效避免了逮捕绑架起诉现象的发生。[③] 但是，逮捕绑架起诉主要还是因为起诉不能有效发挥制约逮捕的功能，而不是逮捕证明标准低了。如果该问题不解决，只要实践中逮捕错误，逮捕绑架起诉仍会发生，而捕诉合一恰恰导致制约机制完全失去。

---

① 对犯罪嫌疑人认罪的案件，两道程序确实意义不大，但是对于不认罪的犯罪嫌疑人而言，其显然期待有两个不同的检察官提供救济，这个道理再简单不过，那种认为捕诉合一更有利于辩方辩护的观点，显然不正确。

② 汪海燕：《检察机关审查逮捕权异化与消解》，《政法论坛》2014年第6期。

③ 龙宗智：《检察机关内部机构及功能设置研究》，《法学家》2018年第1期。

（三）捕诉合一可能进一步促使逮捕实体化

在我国审查逮捕工作中，存在学界所批评的"实体化倾向"，往往仅仅关注犯罪嫌疑人是否构成犯罪。由于检察官的精力都用于实体审查，忽视了量刑能否达到有期徒刑以上刑罚，是否有逮捕必要性等内容。近年来，随着各界一致呼吁减少羁押，强化逮捕社会危险性审查，这种现象才有所改变。当前程序正义理念已经得到普及，不再以实体正义作为刑事诉讼程序的唯一价值取向，强化逮捕必要性审查，降低未决羁押率是大势所趋。而一旦捕诉合一，由于审查期限一般只有 7 日，必将使检察官为了提高诉讼效率，一开始就以实体作为审查重心，逮捕必要性审查将被忽视，使逮捕实体化倾向进一步加重。[①] 对公诉检察官而言，如果够罪不逮捕，一旦犯罪嫌疑人实施妨碍诉讼的行为，必然提高其公诉工作的风险，甚至在法庭上一败涂地，最保险的做法就是尽量逮捕犯罪嫌疑人，并且持续到作出生效裁判。审查逮捕工作中过强的公诉思维，会使犯罪嫌疑人被取保的可能性大大降低，与我国当前降低未决羁押率的改革背道而驰。2018 年我国的审前未决羁押率整体上升证实了这一现象。

有观点指出，这些问题在捕诉分离时实践中早已存在，并不是捕诉合一产生的问题。比如，有检察官认为，捕诉分离模式下两个部门的办案人员都是同事，在强化内部监督制约、保障案件质量方面的作用是较为有限的。[②] 然而，在捕诉分离时，这些问题并不严重，或者说并不是制度的必然产物，还存在通过改革规制的可能。而在捕诉合一的背景下，这些问题必然产生，无法规制。

四、捕诉分离制度下捕诉质效的提高

基于上述理由，我国捕诉合一改革存在较多的问题。未来，需要通过捕诉分离来保障审查逮捕主体的中立性，同时通过改革提升捕诉案件质量。

（一）捕诉分离的必要性及其途径

捕诉分离有助于发挥批捕、起诉职能各自的权力特性，既能使批捕更加中立，保障犯罪嫌疑人权利，又能使起诉者积极行使追诉权，实现对批捕案件质量的把控。调研中，有检察官认为，我国批捕权和侦查权同属于法

---

① 相反，有学者将近年来逮捕率的下降作为论证捕诉合一的理由，参见邓思清：《捕诉一体的实践与发展》，《环球法律评论》2019 年第 5 期；但也有学者认为，羁押率下降并非因为捕诉合一，参见王敏远：《透视"捕诉一体"》，《环球法律评论》2019 年第 5 期。

② 张和林、严然：《检察机关内设机构改革若干问题探究》，《人民检察》2014 年第 6 期。

律监督权，因而可以合一，这就要正确处理批捕、起诉、监督之间的关系。我国检察机关的法律监督权是一种集合各种不同性质权力的权力束，一般可将之分为司法审查职能、诉讼监督职能和追诉职能，其中批捕属于司法审查职能，要求消极中立，而提前介入、引导侦查取证、庭审公诉、抗诉都属于追诉职能，要求积极主动，对中立性要求不高，法律监督职能虽然要求积极行使职权，但仍然需要较高的客观中立性。正如有学者指出，审查逮捕属于司法权力，其重要特征是中立性。而刑事公诉，系代表国家的刑事原告人，即控诉方当事人。捕诉合一实质上是将裁判权与追诉权交由同一主体行使，这种职能冲突与角色冲突，就是捕诉合一受到学界批评的主要原因。① 因此，并不能因为二者都是法律监督权的体现而合并行使。

捕诉分离能够合理实现基层检察院的内设机构改革。批捕和起诉的案件，占检察院工作量的绝大多数，捕诉合一将导致大多数检察官配置在捕诉部门，会造成捕诉部门规模过大，办案数量严重不均。成立专门审查逮捕部和公诉部，有助于分解庞大的业务部门，使内部机构之间业务均衡。同时，转隶后，检察机关批捕、起诉作为两个主要业务部门，应当分立加强而不是合并。只有捕诉分离，才能使检察院更多地聚焦捕、诉主业，而不是设置较多的司法行政部门或者非主要办案部门。未来，应当遵循捕诉分离原则，将批捕职能与承担起诉职能的部门分离，同时成立统一的诉讼监督职能部门，将能够与批捕起诉职能分离的侦查监督职能放入该部门。这样，三种不同性质的职能、检察院的三大主业分设在不同的部门，较为适合。其占据 3 个内设机构名额，业务管理部门、政工检务部门分别再占据一个部门，共有 5 个部门。其合理配置了我国绝大多数基层检察院的 5 个内设机构，实现诉讼职能与监督职能分离、审查职能与追诉职能分离、办案职能与业务管理职能分离、司法行政职能与业务职能分离。最高人民检察院在内设机构改革时，根据民事、刑事、行政不同的专业标准设置不同的部门，导致只有专业化而不讲内部制约，这种改革思路是错误的，必将导致检察机关刑事案件批捕权、公诉权、诉讼监督权高度集中，这对犯罪嫌疑人而言可能是个极大的危险。

（二）剥夺审查逮捕的追诉职能，强化批捕程序的中立性

对于批捕权的归属，学界有一种较为主流的意见，认为应当将检察院的批捕权转交法院行使，实现彻底的捕诉分离。另一种观点主张保留检察机关的批捕权，但应当强化审查逮捕程序的中立性。我国 2004 年启动《刑

---

① 龙宗智：《检察机关内部机构及功能设置研究》，《法学家》2018 年第 1 期。

事诉讼法》修改时，曾有呼声将检察机关的批捕权移交法院，但法院不愿意接收批捕权，所以检察机关继续保留批捕权，作为法律监督的重要表现形式。《刑事诉讼法》修改后，非法取证的调查、侵害辩方权利的救济都由侦查监督部门负责，检察机关成为审前程序的中立裁决者，审查批捕的中立性显得更加重要。

实际上，中立性是审查批捕权配置的关键，批捕只有和追诉分离，才能获得行使逮捕权的正当性。[①] 当前，检察机关丧失了紧迫感，忽视了其保留批捕权的前提是批捕的中立性：捕诉分离、侦捕分离，法律监督权处于危险之中。未来，必须认识到捕诉分离对于批捕中立性的重要意义，在内设机构上将捕诉配置在不同的部门，由不同的检察官分别办案。同时，从职能上将批捕和追诉职能分开，切实落实侦捕职能分离、捕诉职能分离。批捕部门不再行使追诉性质的职权，剥离提前介入、引导侦查取证、追捕、证据不足时提补充侦查建议等职能，这些职能可以转交公诉部门或者诉讼监督部门行使。否则，一旦批捕权不符合司法规律，将其剥离检察院成为大趋势。

有一种观点认为，司法责任制改革使检察官相对独立办案，只要人员不合一，不会影响捕诉之间的制约机制。笔者认为，该种模式确实能相对削弱捕诉合一的缺陷，但是由于检察机关奉行检察一体原则，同一部门的检察官受到同一部门负责人、分管副检察长领导，共同的行政领导及其密切的同事关系，部门内案件质量控制、考核机制导致的利益趋同化，都会影响职能行使，其实质上仍然是捕诉合一。

当然，在一些特殊性质的案件中采取捕诉合一具有一定的合理性。其一，未成年人司法中需要对未成年人采取教育、感化、挽救的方针，耶鲁大学格里费斯教授提出的家庭模式而不是帕卡的对抗模式，更符合未成人司法，由熟悉、理解未成年人的专人统一办理更为合适，换人办理、强调内部制约更适合成年人司法。其二，知识产权、金融类案件专业性非常强，办案难度大，缺乏足够的专业办案人员，采取捕诉合一有一定合理性。其三，一些检察官员额特别少的检察院，人员不够成立多个内设机构，此时可以采取部门合一，人员分开的捕诉合一模式。其四，监察委员会移送审查起诉的案件，由于已经进入审查起诉阶段，且不是由审查起诉部门追捕，相对适合采取捕诉合一的模式。

---

① 朱孝清：《中国检察制度的几个问题》，《中国法学》2007年第2期。

（三）公诉部门直接提前介入，引导侦查取证，提高案件质量

事实上，密切侦诉关系是提高案件办理质量的常用办法。比如，我国1996 年控辩式庭审方式改革确立了检察院的举证责任，对公诉案件的质量提出了更高要求。1999 年，检察院内部捕诉分离之后，弱化了对侦查取证的引导和监督。于是，2000 年，最高人民检察院、公安部联合颁布了《关于公安机关刑侦部门、检察机关批捕部门、起诉部门加强工作联系》的通知，开始"检察引导侦查"制度，以"批捕为主，以诉为辅"介入侦查活动过程。①

笔者认为，在当前以审判为中心的诉讼改革背景下，确实需要加强对侦查的引导和监督。然而，如果由批捕检察官介入侦查，必将影响其批捕的中立性，而由公诉部门行使则完全符合公诉权的权利性质。事实上，只有公诉部门最清楚案件公诉的质量要求，案件在法庭上可能出现什么问题，具有更好地引导侦查取证的能力。全国检察机关第五次公诉工作会议提出，公诉部门要加强介入侦查、引导取证工作，通过出席现场勘查、参加讯问和案件讨论等方式，对收集证据、适用法律提出意见，监督侦查活动是否合法。② 由于法律赋予检察院提前介入的职权，无论是批捕检察官还是起诉检察官，都代表检察院，未必一定要批捕检察官介入侦查。未来改革，需要打破阶段化思维，应当采取由公诉部门直接介入引导侦查取证的模式，提前介入、审前亲历审查、引导侦查取证都由公诉检察官实施，承担批捕职能的检察官不再引导侦查。虽然没有批捕权作为保障，但只要充分行使侦查监督权同样会产生较好的效果。同时，应当强化侦查机关服务公诉的意识，不以逮捕、侦查终结作为工作成效的标准，而以是否完成指控任务作为检验侦查成效的重要标准。

第四节 审查逮捕听证化程序改革

近年来，最高人民检察院试图改变传统"背对背"的书面行政化逮捕决策方式，在各地试点推行审查逮捕听证化改革，有的地方检察院也主动推动审查逮捕听证化改革。审查逮捕听证是指人民检察院办理审查逮捕案件，以组织召开听证会的形式，就是否决定逮捕听取各方意见的案件审查活动。该项改革受到了学术界的充分肯定，被寄予厚望。有学者认为，其有利于革除我国审查逮捕程序的传统弊端，保障犯罪嫌疑人权利，是以

---

① 陈乃保、杨正鸣、徐庆天：《侦捕诉联动机制的实践价值》，《法学》2006 年第 5 期。

② 郑赫南：《以证据为核心提高公诉质量和效率》，《检察日报》2015 年 6 月 8 日。

审判为中心的应有之意和逻辑延展。① 特别是，在当前捕诉合一的背景下，可将之作为审查逮捕实体化倾向的防范机制。2021 年 11 月，最高人民检察院发布了《人民检察院羁押听证办法》（以下简称《听证办法》），对包括审查逮捕听证在内的羁押听证改革进行了统一的规范。然而，审查逮捕听证改革的现有实践和规范仍存在一些问题，值得深入探讨。

需要说明的是，审查逮捕的听证审查本应放在羁押制度章节中，因为我国犯罪嫌疑人逮捕前往往被刑事拘留，审查逮捕实质上是审查是否继续羁押。按照捕羁分离的体制，审查逮捕和羁押应当分离，逮捕只发挥到案功能，采取不同的程序配置。然而，我国逮捕实质上具有羁押候审功能，审查逮捕听证化改革，实质上是要满足判断是否羁押犯罪嫌疑人时的程序需求，其实质是羁押听证程序。

一、寄予厚望的审查逮捕听证化改革

审查逮捕听证化改革的内在逻辑认为，羁押功能的实现与审查逮捕程序之间存在内在密切关系。将羁押作为司法权，则需要采取诉讼化的审查方式，而诉讼化方式最主要的表现之一就是听证化。听证化审查是和羁押司法化功能密切联系的，之前行政化、书面化的审查方式，不适合司法的运行方式。域外各国对于羁押采取听证化方式当无争议。而我国审查逮捕采取"阅卷加讯问"的审查方式，配之以内部审批，呈现出行政化、书面化的特点：主要由检察官审阅相关书面案卷，部分特殊案件应当讯问犯罪嫌疑人，提出拟处理意见，由检察长或者检察委员会审批作出决定。该程序中听取律师意见、听取被害方意见都不是必经程序。

这种审查方式至少存在以下几个问题：其一，没有充分保障犯罪嫌疑人获得听证的权利。羁押是剥夺犯罪嫌疑人人身自由的重要决定，如果不保障听证权，其不符合正当程序的要求。其二，由于没有专门对是否具有羁押必要性进行审查，很容易为我国传统"重实体、轻程序"的羁押审查实体化现象提供空间，传统模式中"构罪即捕"现象是明证。其三，由于缺乏专门程序，对于羁押必要性缺乏对抗化的程序，很多问题未"辩明"。相对于传统书面的审查方式，由于听证审查面对面的交流，更容易把握各方的诉求以及各方的观点，并且可以通过语言沟通，化解各方的矛盾和不满，达到作出合理决定的目标，同时也给辩方提供了充分发表不予逮捕意见的机会，满足了辩方申请司法救济的权利，满足羁押程序的正当性要求，有助于

---

① 闵春雷：《论审查逮捕程序的诉讼化》，《法制与社会发展》2016 年第 3 期。

降低未决羁押率。

　　长期以来，我国审查逮捕的行政化审查方式备受争议，学界将我国未决羁押率过高的成因归于该审查方式。20 世纪末 21 世纪初即有学者指出要针对检察机关的审查批准逮捕程序进行听证化改造，① 以降低审前未决羁押率。但是，其并未引起实务界的充分回应。2012 年《刑事诉讼法》修改，增加规定了人民检察院审查批准逮捕时在一定条件下讯问犯罪嫌疑人和听取辩护律师意见的程序（第 86 条）。这在一定程度上促进了逮捕审查程序的"司法化"或"诉讼化"。然而有学者指出，其是一种"背对背"式的意见听取程序，检察机关对案卷书面审查，辩护律师无法进行面对面的质疑、反驳，其改革效果并不理想。逮捕审查应从行政化的准司法程序逐渐迈向控辩式的司法程序。② 有学者认为，2012 年《刑事诉讼法》修改，检察机关办案方式的适度司法化成为更为迫切的课题，逮捕程序改革的听证化已经达成共识，③ 使其成为检察机关行使审查逮捕权的程序保障。

　　随着近年来审前未决羁押率的下降，最高人民检察院试图通过听证化审查方式进一步降低未决羁押率，审查逮捕听证化的需求快速发展。2015 年《关于逮捕社会危险性若干问题的规定（试行）》第 4 条规定羁押必要性审查可以采取听证的方式进行；2016 年《人民检察院办理羁押必要性审查案件规定（试行）》对于检察院羁押必要性审查的程序进行了细化。2016 年 9 月，最高人民检察院发布《"十三五"时期检察工作发展规划纲要》，要求"围绕审查逮捕向司法审查转型，探索建立诉讼式审查机制"。2019 年《人民检察院刑事诉讼规则》第 281 条规定，对有重大影响的案件可以采取当面听取侦查人员、犯罪嫌疑人及其辩护人等意见的方式进行公开，这实际上在比较高的司法解释层面肯定了审查逮捕听证化。从而，逮捕听证化审查成为检察机关现阶段的重要改革举措，推进逮捕听证化审查向深入发展。2020 年 10 月，最高人民检察院印发的《人民检察院审查案件听证工作规定》对审查逮捕听证、羁押必要性审查听证作出进一步规定。2021 年 11 月，最高人民检察院发布了《人民检察院羁押听证办法》，对审查逮捕听证、羁押必要性审查听证、延长侦查羁押期限听证进行了统一规范，进一步规范和细化了听证程序。

---

　　① 参见郝银钟：《论批捕权的优化配置》，《法学》1998 年第 6 期；叶青、周登谅：《关于羁押性强制措施适用公开听证程序研究》，《法制与社会发展》2002 年第 4 期；郭松：《质疑"听证式审查逮捕论"——兼论审查逮捕方式的改革》，《中国刑事法杂志》2008 年第 5 期。
　　② 马静华：《逮捕率变化的影响因素研究——以新〈刑事诉讼法〉的实施为背景》，《现代法学》2015 年第 3 期。
　　③ 龙宗智：《检察机关办案方式的适度司法化改革》，《法学研究》2013 年第 1 期。

　　一直有观点主张将逮捕权转归法院，学界的不少意见认为，审查逮捕诉讼化改造中检察机关作为审查逮捕权主体的中立性、公正性仍然存疑。① 但是我国刑事诉讼法一直让检察机关行使审查逮捕权。实际上，审查逮捕的诉讼化程序构建远比主体选择更加紧迫，否则即使法院决定逮捕也会流于行政化的办案模式。② 质言之，构建以检察官居中听审、两造对抗的"听证化"审查模式，有利于引入辩方对抗，保障犯罪嫌疑人的辩护权，实现逮捕审查的正当化，也有助于降低审前羁押率。羁押听证有利于贯彻落实少捕慎诉慎押刑事司法政策，依法保障犯罪嫌疑人、被告人的合法权利，减少不必要羁押。根本的目的，是要通过听证审查，准确把握犯罪嫌疑人的社会危险性和羁押必要性，准确适用羁押措施。③ 特别是，不少学者将审查起诉的听证化作为论证捕诉合一的关键因素，认为捕诉合一改革可能导致检察院不中立，社会危险性审查难以实现，增加了审查逮捕听证化改革的必要性。④ 审查逮捕听证化成为捕诉合一改革后的关键问题，⑤ 是保证批捕质量的重要诉讼程序和办案机制，⑥ 不失为当下逮捕制度再改革最具可行性的改革方案。⑦

　　我国对审查逮捕听证化改革寄予厚望，期待其能降低审前羁押率，避免"捕诉合一"改革出现新的审查逮捕实体化问题。然而，据笔者观察，部分地方检察院的审查逮捕听证化尚处于典型个案阶段，要实现上述期望还需要进一步完善。同时，现有审查逮捕听证化的程序设计还有一些核心问题存在争议有待解决。

二、审查逮捕听证化改革的现状

　　笔者曾经参与所在地检察院的研讨会，收集了检察院实践中审查逮捕听证的案例，同时收集了各地审查逮捕听证化的规范性文件。根据笔者调研，从实践来看，审查逮捕听证化并未成为审查逮捕的常规工作，听证化审查基本上属于个别案件，其所占比例非常低。目前，从规范文件来看，我国审查逮捕听证化的基本特点是：

---

① 刘计划：《逮捕审查制度的中国模式及其改革》，《法学研究》2012 年第 2 期。
② 闵春雷：《论审查逮捕程序的诉讼化》，《法制与社会发展》2016 年第 3 期。
③ 史兆琨：《羁押听证办法出台的背后》，《检察日报》2022 年 1 月 11 日。
④ 张泽涛：《构建中国式的听证审查逮捕程序》，《政法论坛》2018 年第 1 期。
⑤ 郭烁：《捕诉调整："世易时移"的检察机制再选择》，《东方法学》2018 年第 4 期。
⑥ 陈卫东：《审查逮捕听证改革实践价值与理论基础》，《检察日报》2019 年 4 月 15 日第 3 版。
⑦ 李训虎：《逮捕制度再改革的法释义学解读》，《法学研究》2018 年第 3 期。

（一）适用审查逮捕听证化的案件范围争议大

从各地审查逮捕听证化的规范文件来看，审查逮捕听证化主要表现为三类案件：一是社会危险性存在争议的案件。二是辩方对是否符合逮捕的实体条件提出异议的案件。三是有重大社会影响，采取听证审查可以取得较好社会效果的案件。

对于听证案件范围是否包括逮捕刑罚条件和证据条件的争议，各地并不相同。多数地方审查逮捕听证的案件主要是社会危险性存在争议而不是案件事实和证据存在争议。2016年《上海检察机关侦查监督部门逮捕公开审查工作操作规范》第2条规定，审查逮捕公开审查的案件要求"事实清楚、证据确实，但存在社会危险性争议"。2016年《丰台区人民检察院审查逮捕案件公开审查工作办法（试行）》也将审查逮捕听证化审查案件范围限制在，事实清楚、证据确实充分，对犯罪嫌疑人是否具有社会危险性存在争议的案件。最主要的担心是，案件仍处于侦查之中，公开审查可能会导致案件事实和证据情况泄露，如果事实证据尚不清楚，可能存在较大的办案安全问题。相反，另外一些检察院的逮捕听证审查并不限制在社会危险性审查上。2017年《河北省人民检察院关于审查逮捕案件公开审查工作的指导意见》第2条规定，对于案件事实、适用法律方面存在较大争议或在当地有较大影响，都可以组织有关人员进行公开审查。

2021年《听证办法》第3条规定，具有下列情形之一，且有必要当面听取各方意见，以依法准确作出审查决定的，可以进行羁押听证：需要核实评估犯罪嫌疑人、被告人是否具有社会危险性，未成年犯罪嫌疑人、被告人是否具有社会帮教条件的；有重大社会影响的；涉及公共利益、民生保障、企业生产经营等领域，听证审查有利于实现案件办理政治效果、法律效果和社会效果统一的；在押犯罪嫌疑人、被告人及其法定代理人、近亲属或者辩护人申请变更强制措施的；羁押必要性审查案件在事实认定、法律适用、案件处理等方面存在较大争议的。其中，第1项就是社会危险性审查；第2项、第3项以案件的社会影响、办案效果为标准，似乎不限于社会危险性审查；第4项申请变更强制措施和第5项羁押必要性审查都不属于审查逮捕的听证。后面四项都没有将案件限制在社会危险审查上，似乎刑罚条件、事实证据条件存在争议也属于听证对象。但是，客观而言，其规定非常模糊，容易产生争议，尚有待明确，比如，辩方对逮捕实体条件提出异议，该案不是重大社会影响，也不涉及公共利益等领域，依据上述条文就容易被排除出听证范围。

（二）审查逮捕听证化的启动采取职权主义模式

听证审查不能扩张到所有案件，因为对于没有争议的案件没有启动听证审查程序的必要性，而且，审查逮捕一般要在 7 日内完成，检察官要阅卷，制作法律文书，完成内部审批，时间已经非常紧张。如果召开听证会就要联系各方，协调好各方时间，定好期日，必然进一步加剧办案期限不足，这决定了不可能对所有的案件乃至大量案件采取听证审查方式。

从现有规范性文件来看，听证化审查并非刑事诉讼的强制要求，规范性文件中用的都是"可以"听证审查，所以即使符合规范性文件中可以听证化审查的案件范围，也可以不进行听证化审查。实际上，从立法来看，检察机关对案件是否采取听证化审查方式，拥有完全的决定权，呈现职权主义的启动模式，这有助于检察机关控制案件的范围。但是，也可能会出现"案件选择的随意性与选择性比较明显"[1]的问题。当然，检察机关决定采取听证化审查需要各方参与，一般会征求公安机关、犯罪嫌疑人、辩护人的意见。从实践来看，多数听证化审查案件是基于辩方申请。[2]然而，虽然犯罪嫌疑人和律师可以申请审查逮捕听证化审查，但是实践中犯罪嫌疑人申请听证化审查多数得不到回应，不容易获得认可。

既然听证化审查选择行使，那么如何选择至关重要。从笔者观察来看，其主要表现为以下几种类型。一是促进和解型。该种类型主要是因为犯罪嫌疑人与被害人之间未达成和解或者谅解协议，但双方都有类似意愿，于是通过公开听证提供双方交流的场合和机会。二是舆论宣传型。检察院已经决定对该案犯罪嫌疑人是否逮捕，由于该案具有非常大的社会意义，能够体现出检察院公正司法、为社会服务、为民做主的特点，需要逮捕犯罪嫌疑人以满足社会需求。三是听取意见型。检察院对案件犯罪嫌疑人是否逮捕心存疑虑，或者辩方强烈要求公开审查，从而采取听证化审查听取意见。四是化解矛盾型。河北省人民检察院审查逮捕听证化审查案件的范围包括发现公开审查逮捕有助于化解矛盾的。检察院已经有是否逮捕的初步决定，然而辩方、被害人沟通不畅，或者与公安机关沟通不是非常顺畅，为了化解各方对案件的不同意见，于是召开听证审查。

---

① 周新：《审查逮捕听证程序研究》，《中外法学》2019 年第 4 期。

② S 市自 2013 年开始探索逮捕公开审查以来，以职权启动的案件居多，共 232 人，依犯罪嫌疑人及其辩护人申请启动的共 141 人。还有部分地区将被审查者及被害人的法定代理人、近亲属纳入申请启动主体范围。周新：《审查逮捕听证程序研究》，《中外法学》2019 年第 4 期。

（三）羁押听证程序参与主体多元化，由检方、侦查方、辩方、被害方、社会方多方参与

《听证办法》第 7 条规定，除主持听证的检察官外，参加羁押听证的人员一般包括参加案件办理的其他检察人员、侦查人员、犯罪嫌疑人、被告人及其法定代理人和辩护人、被害人及其诉讼代理人。实践中一旦决定启动该程序，会通知公安机关、律师参与，多数案件中会邀请人大代表、政协委员、人民监督员、人民调解员、专家学者或者社区代表参与。

从实践来看，被害人与犯罪嫌疑人并不是常见的参与主体。一方面，很难得到看守所的配合，无法将犯罪嫌疑人从看守所提出，也无法在看守所召开审查逮捕听证会。另一方面，犯罪嫌疑人出席听证会也存在一定的办案风险，从而使得犯罪嫌疑人在多数案件中并非听证审查主体。但是，由于犯罪嫌疑人的辩护人不能参加听证就不能充分保障犯罪嫌疑人权利，一般允许辩护人参与。同时，由于审查逮捕听证处于侦查程序之中，法律上并未赋予被害人参与程序的权利，是否让被害人参与取决于各地对政策的把握或案件的需要。《听证办法》采用"一般"参与的表述，表明上述主体参与程序并非"必须、强制"，也为这些实践做法提供了持续下去的空间。

（四）审查逮捕听证以不公开为原则，公开为例外

基于逮捕听证处于侦查阶段，案件的许多信息仍处于保密之中，在论证是否需要逮捕时可能涉及证据等侦查秘密，尽管其属于非关键事实，但从合法性的角度确实不适宜对社会公开，因此听证化审查不宜采取公开审查的方式，不能允许公民自由旁听，也不应当向媒体公开。但同时，有学者认为，在案件有较大社会影响或关注度高的情况下，由社会人士参与听证审查有利于舆情控制。[①] 从我国司法实践来看，很多听证案件确实属于社会严重关切，虽然出于侦查保密原则，不能公开很多案件信息，一般不能采取公开审查的方式，但是要求社会代表人士参与有助于回应社会质疑，使处理决定得到更多的社会支持，这也是司法公开的一种间接方式，有助于实现司法的民主可问责性。基于此，听证也需要一定范围的公开，比如对犯罪嫌疑人家属、被害人及其诉讼代理人公开，也可以邀请人大代表、政协委员等参与听证，《听证办法》第 3 条有类似的规定。所以，《听证办法》第 7 条明确，除了邀请参会的人员，该程序原则上也不对社会公众公开，当然人民检察院认为有必要公开的，经检察长批准，听证活动可以公开进行。

---

① 周新：《审查逮捕听证程序研究》，《中外法学》2019 年第 4 期。

(五)审查逮捕听证建立了"听取意见式"的调查程序

一般而言,听证会在检察官主持下,听取侦查机关、犯罪嫌疑人及其辩护人、被害人及其法定代理人与诉讼代理人的意见,再决定应否对犯罪嫌疑人进行逮捕。听证会上,检察院承办检察官担任主持人,主持人宣布公开审查逮捕程序开始;宣布案由以及公开审查的内容、目的,告知当事人有关权利和义务,并询问是否申请回避。案件承办检察官阐述案件基本情况,并对相关法律问题进行解释和说明。然后,由公安机关发表意见,论证案件的社会危险性,结合犯罪嫌疑人所涉罪行和人身危险性情况发表观点。再由犯罪嫌疑人及其辩护人、亲友发表意见,并出示相关证据材料。被害人也可以发表意见。检察官可以询问各方意见,经检察官许可各方可以互相提问,最后由检察官宣布公开审查结束。

从现有的规范性文件来看,听证会一般限制辩论,《听证办法》第17条也没有规定各方可以辩论。上述北京丰台检察院制定的规范性文件规定,只有"必要时可以就争议问题进行适当辩论"。从这些程序设计来看,现有程序设计并没有建立侦查机关与辩方对抗,检察官居中的三方诉讼结构,几乎不展开对证据的质证,也没有对抗。其主要是让不同意见充分展示,检察官最终作出判断的审查方式。审查逮捕听证化只是审查逮捕的一种新的审查方式,并没有实质上改变之前审查逮捕单向审查的状况,现有审查机制很难达到诉讼化的标准。

三、审查逮捕听证化改革的反思

目前,我国审查逮捕听证化无论从规范性文件的制定还是司法实践都取得了长足的进步,但是其很多内容也值得进一步反思。

(一)审查逮捕听证化不包括逮捕的实体条件,无法满足审查逮捕的功能需要

审查逮捕需要审查刑罚条件、证据条件与社会危险性条件,前两个可称之为实体条件。实践中,不将刑罚和证据等实体条件作为听证对象主要有四个方面的原因:一是因为我国审查逮捕的证据标准本身就很高,检察官一般也采取较高标准,重点审查实体证据,将案件实体作为听证化审查对象没有必要。二是在侦查阶段,证据仍属于保密之中,不能对社会公开,而目前审查逮捕听证化改革中引入了满足公众需求、舆论宣传等重要功能,两者之间存在内在矛盾。三是我国侦查阶段被告人没有证据知悉权,根据我国《刑事诉讼法》,整个侦查阶段案情、证据处于高度保密之中,

律师此时没有阅卷权，即使会见犯罪嫌疑人也只能了解案情，不能核实证据，也就是不能将证据内容泄露给犯罪嫌疑人，犯罪嫌疑人没有阅卷权，也没有证据知悉权。因此，现有法律框架下无法对证据条件进行听证化审查。四是对刑罚条件和事实证据条件听证，容易造成审查逮捕听证审查审判化。

然而，实践中对实体条件把握较高，并非不存在个别案件突破逮捕实体条件的现象，保密问题不能成为实质性障碍，只要限制抗辩的程度就能避免审判化。无论英美法系还是大陆法系，决定是否羁押都将是否有合理根据作为羁押的重要条件，没有合理根据根本不能作出逮捕决定，自然也就无法羁押。权威的解释认为，审查羁押听证是通过听证审查加强和规范检察机关羁押审查工作，根本目的在于通过听证审查准确把握犯罪嫌疑人的社会危险性和羁押必要性，准确适用羁押措施。[①] 我国目前多数地区的审查逮捕听证化仅限于社会危险性审查，这导致犯罪嫌疑人及其律师无法通过对逮捕实体条件的质疑而启动听证审查，对犯罪嫌疑人权利保护不足，无法满足审查逮捕的功能需要。

（二）犯罪嫌疑人不参与听证程序难于实现羁押程序的正当化

在审查逮捕听证过程中，是否赋予犯罪嫌疑人有权出席听证会是个问题。如果审查逮捕的功能是抓拿犯罪嫌疑人，以满足侦查的需要，逮捕只是到案措施，就不需要进行听证。[②] 相反，如果逮捕是羁押措施，决定犯罪嫌疑人是否以羁押的方式等待审判，则其是对犯罪嫌疑人权益的重大剥夺，应当保障其参与程序的机会，没有理由不让其到场，否则违反正当程序中的程序参与原则。很明显，我国现行法律将逮捕的功能主要定位为羁押措施，审查逮捕是审查是否羁押而不是是否将其抓拿归案，因此应当保障犯罪嫌疑人出席听证会的权利，这是正当程序的要求。特别是，羁押决定的作出需要对社会危险性作出判断，而犯罪嫌疑人人身社会危险性不通过听证很难作出判断。所以，羁押决定将严重影响犯罪嫌疑人权利，不听取其意见就作出决定，无法满足程序正义中的程序参与性要求，因此应当对犯罪嫌疑人听证审查，赋予犯罪嫌疑人出席听证的权利。现有法律中，不能将犯罪嫌疑人提出看守所，检察机关没有保障安全的听证场所，都不是阻止其有权出席听证的理由。

---

① 张晓津、刘中琦：《〈人民检察院羁押听证办法〉的理解与适用》，《人民检察》2022年第4期。
② 当然，如果逮捕回归事前预防功能，则需要捕羁分离，建立相对独立的羁押审查程序，并在羁押程序中完成听证化审查。

（三）部分检察院听证审查存在形式化现象，没有发挥预设功能

首先，启动听证化审查的案件数量较少，一个县级检察院一般只有两三件，占比很低。其次，有些检察院选择没有争议的案件听证化审查，无非为了应付考核，作用极其有限。由于听证化审查程序较为复杂，要联系公安机关、律师、看守所，准备听证化设备、程序，还要联系社会人士，有的还需要接送、接待，聚在一起还要考虑很多复杂的问题，其耗费的时间成本非常高。根据笔者调查，多数检察官不愿意启动该程序，因此实践中一些检察官没有动力开展该工作。但为了应付考核，一些检察院会选择数个案件进行公开听证审查，其往往选择的是没有争议的案件。这类案件听证化审查没多大意义。再次，如前所述，辩论程序的缺乏也导致听证审查的形式化。相关的规范性文件明文反对辩论，其不是通过对程序性事实举证、质证的方式进行，更没有建立相应的证明制度，各方只是陈述观点缺乏实质性交锋。由于不能对证据进行质证，即使是社会危险性审查也只是简单发表意见，很容易走过场。最后，一些地方检察院听证程序不让犯罪嫌疑人到庭，犯罪嫌疑人也没有律师辩护，辩护方无法组织有效的对抗，甚至不能依法论证己方观点，听证难免走过场。

（四）审查逮捕听证的落实迫切需要公安机关、司法行政部门的配合

首先，听证化审查需要公安机关的积极参与，但公安机关并不愿意过多参与该类审查。对公安机关而言，其依法报捕，以书面方式说明逮捕理由，就完成了自己的工作，是否批捕是检察机关的职责，其没有职责必须参与听证程序。而且，之前的书面理由往往较为简单随意，一旦听证化审查，需要多做许多工作避免被动。所以，如果只是个案式的工作，公安机关尚能配合完成，一旦要大面积铺开，除非最高人民检察院和公安部联合下发文件，否则公安机关一般不会积极参与。

其次，审查逮捕听证化还需要看守所的配合。将犯罪嫌疑人提出看守所或者在看守所开听证会不符合现行规范性文件，可能诱发不安全问题，存在较大困难，需要看守所配合。最合适的方法是让犯罪嫌疑人接受视频听证，这也需要看守所配合完善视频提审设备。众所周知，当前检察院在审查逮捕、审查起诉时都可能视频提审，法院还有可能在线开庭，而看守所的会见室极其短缺，提审室也是供不应求，具备视频提审、视频开庭技术要求的房间何其珍贵，在看守所听证得不到看守所的配合恐怕很难完成。在听证化审查仅是检察机关单方推行的改革的情形下，其很难获得看守所的充分配合。

最后，社会危险性审查专业性非常强，没有专业人士的帮助很难充分说理、辩护，否则难免形式化。因为多数犯罪嫌疑人在审查逮捕时被羁押，欠缺相关法律知识，无力就逮捕问题提出抗辩。[①] 多数案件中犯罪嫌疑人并无辩护律师，迫切需要法律援助律师的支持，这需要司法局的配合，现行制度中并无提供法律援助的表述，不能满足程序需求。

（五）审查逮捕听证地点制约了程序运行

对于未被羁押的犯罪嫌疑人可以在检察机关的特定场所采取听证措施。为了保障已经羁押的犯罪嫌疑人权利，一些地方在看守所进行听证。2017年《河北省人民检察院关于审查逮捕案件公开审查工作的指导意见》第4条规定，需要已被羁押的犯罪嫌疑人参加公开审查，应当在看守所进行。2021年《听证办法》第17条也规定，犯罪嫌疑人、被告人被羁押的，羁押听证应当在看守所进行。犯罪嫌疑人、被告人未被羁押的，听证一般在人民检察院听证室进行。但是，检察机关单方出台的规范性文件不能约束公安机关，很多地方的公安机关看守所不配合在所内听证，检察院只能在其办案区听证，这也导致被羁押的犯罪嫌疑人、被告人无法参与听证。

四、审查逮捕听证化改革的完善

如前所述，审查逮捕听证化改革迫切需要公安机关、司法行政部门的支持，检察机关"单兵突进"，推动的审查逮捕听证化改革在改革路径上存在缺陷，很难取得实质性的理想效果。因此，需要重整思路，采取与公安机关、司法行政部门联合出台相关改革举措的方式，才能更好地保障改革的效果。同时，从制度构建的角度，应当从以下角度对其予以完善。

（一）规范程序启动事由实现审查逮捕听证化的功能定位

笔者认为，应当将听证程序建构为犯罪嫌疑人的程序权利，犯罪嫌疑人有权申请公开听证，这是其重要的理论基础与功能定位。基于这个逻辑前提，审查逮捕听证的启动事由需要注意以下几点：

其一，明确犯罪嫌疑人申请听证审查的权利。审查逮捕权是司法权，关系到公民人身自由这一宪法基本权利，应当以司法的方式进行，在听取羁押行为的利益方和非利益方双方的意见后公正作出决定。[②] 由于审查逮捕听证化主要为了保障辩方申请司法救济的权利，因此一般而言对于辩方对逮捕条件提出明确异议的案件，应当采取听证化的审查方式。听证属于

---

① 李训虎：《逮捕制度再改革的法释义学解读》，《法学研究》2018年第3期。
② 龙宗智：《审查逮捕程序宜坚持适度司法化原则》，《人民检察》2017年第10期。

犯罪嫌疑人权利,在犯罪嫌疑人提出申请的前提下,应当依法及时启动,满足程序正义的要求。当然,犯罪嫌疑人放弃听证程序也是可以的。[①] 实际上,我国《刑事诉讼法》第88条已经明确,犯罪嫌疑人要求当面陈述意见的,检察机关必须提审讯问犯罪嫌疑人;将犯罪嫌疑人申请听证作为启动理由之一,正是该规则理念的重要延伸。不应当将听证程序理解为办案机关的一种办案方式,可以选择随意行使。同时,不能要求被告人认罪才展开听证程序。实践中,部分检察院对于不认罪的案件,不采取听证审查的做法是不正确的。

当然,如果所有逮捕的案件辩方都提出申请,都要听证,其对办案机关的压力也是非常大的,同时从我国现行条件来看,并没有充分资源对所有案件进行听证审查。从我国刑事诉讼实践来看,在多达80%以上的案件中,犯罪嫌疑人认罪认罚,一般而言其不会申请听证审查,所以即使犯罪嫌疑人申请听证审查作为启动理由也不会导致不可承受之重。同时,现有将其限制在犯罪嫌疑人对是否羁押存在较大争议的案件是合适的。笔者认为应当细化听证化审查的案件范围,只有对某些特定案件强制展开听证审查才能有效落实审查逮捕听证化的精神,比如犯罪嫌疑人申请听证。在此基础上,赋予检察机关选择是否听证的权力。

其二,听证程序不应基于公安机关对拟不逮捕决定的异议而启动。对于犯罪嫌疑人申请听证审查,检察机关拟作出不逮捕决定的案件,可以直接告知犯罪嫌疑人,犯罪嫌疑人必然放弃申请听证程序。但是公安机关可能会提出异议,此时面临是否启动听证程序的问题。现有实践并不否定可以基于公安机关的异议而启动,《听证办法》第3条也规定"羁押必要性审查案件在事实认定、法律适用、案件处理等方面存在较大争议的",都可以听证审查,并不限于辩方的异议。

笔者认为,这是不妥的,听证应当基于辩方的诉求而启动或者依职权启动,对于检察机关拟作出不捕决定的,不能基于听取公安机关的意见而举行听证审查。权威解读认为,我国专项活动中的听证后不羁押率达到80%以上,因此要特别注意不能把羁押听证错误理解为"不羁押前的听证"。[②] 有学者指出,对拟不捕案件采取逮捕听证程序,有违诉讼经济性原则,也不符合诉讼的价值和理念。[③] 因为审查逮捕听证主要是满足辩方的

① 陈卫东:《逮捕程序司法化三题》,《人民检察》2016年第21期。
② 张晓津、刘中琦:《〈人民检察院羁押听证办法〉的理解与适用》,《人民检察》2022年第4期。
③ 张全涛:《逮捕听证制度的实践分析与制度完善研究——基于对123起逮捕听证试点案例的考察》,《四川理工学院学报(社会科学版)》2019年第1期。

司法救济权，不是基于向公安机关解释说理，不能为了满足公安机关的需求而选择听证程序。公安机关的不同意见可以通过内部沟通的方式，而不是采取让辩方说服公安机关的方式。而且，审查逮捕听证都是公安机关报请逮捕的案件，从而公安机关与犯罪嫌疑人之间形成对立关系，如果听证也要满足公安机关的异议权，可能会进一步压缩犯罪嫌疑人获得不逮捕的机会。

其三，听证程序不能基于被害人申请而启动。被害人不是听证程序的启动主体，《听证办法》第3条也没有规定被害人可以申请启动听证审查程序。根据《刑事诉讼法》的相关规定，在审查逮捕程序中并没有听取被害人意见的规定，被害人在审查之日起才有权委托诉讼代理人并被听取意见。所以，并不需要保障被害人的听证启动权，甚至无须提供程序参与机会。

但是，笔者经过调查发现很多案件中被害人可能对是否逮捕极为关注，很多案件中检察官将其作为是否羁押的决定性因素，其也成为制约检察机关采取取保候审措施的重要原因，[①] 不解决被害人程序参与问题很难化解采取逮捕替代性措施的障碍。从调查来看，实践中的部分听证正是为了满足被害方诉求，通过提供双方协商的平台，化解双方矛盾，为取保候审提供条件。因此，从化解矛盾纠纷的角度出发，从追求案件处理效果的角度出发，听证程序可以通知被害人参与，促进双方和解或者赔偿。

其四，严格限制仅仅为满足检察职能宣传、向公众释疑而公开听证。这是由羁押审查的功能所决定的，逮捕实质是对犯罪嫌疑人人身自由的剥夺，才应当听证，该权利属于犯罪嫌疑人，而不是向社会公众进行交代或者宣传检察职能。案件社会影响较大也不应当成为听证审查的情形。所以，有学者主张，之前检察机关听证逮捕程序中邀请人大代表、政协委员、新闻媒体等参加的做法，与该改革程序初衷相悖，应当明确禁止。[②] 然而，笔者认为对于社会严重关切，以及听证审查有助于实现良好办案效果的案件，可以听证审查，但是听证程序的启动应当基于辩方的启动，即使检察机关依职权启动，也是因为其对于是否逮捕尚存疑问，需要通过听证审查得到清晰的答案。

（二）应当明确案件事实证据的争议属于审查逮捕听证的案件范围

《听证办法》第3条对于逮捕实体条件，比如案件事实证据的争议，是

---

① 谢小剑：《我国羁押事实的适用现状及其规范化》，《法律科学》2017年第4期。

② 张泽涛：《构建中国式的听证审查逮捕程序》，《政法论坛》2018年第1期。

否属于听证对象较为模糊。笔者认为，羁押听证解决的问题正是在没有司法授权下将犯罪嫌疑人抓拿归案之后，迅速被带至司法官面前，决定是否需要羁押。犯罪嫌疑人有权对事实和证据提出异议，以论证不应当被逮捕。此时，检察机关需要对案件的证据进行审查，以判断是否符合逮捕的证据条件、刑罚条件，也判断是否有羁押必要性。将逮捕实体条件排除在外的做法不符合刑事羁押的功能配置。尽管证据条件审查在我国并不是严重问题，但不意味着犯罪嫌疑人无权对其质疑，特别是我国绝对不捕、存疑不捕也有一定的比例，更印证了对实体条件听证的必要性。

另一个重要的限制在于，刑事案件在侦查阶段遵循保密原则，案件的事实和证据不能对外公开。这影响了逮捕实体条件争议作为听证案件范围，同时也影响了审查逮捕听证中证据的出示。然而，侦查秘密原则绝非一概排除任何公开，排除一切外来监督，因为这将导致侦查程序的封闭化，① 现行《刑事诉讼法》对侦查阶段证据保密的限制可能需要适当放开。实际上，当决定是否逮捕时，证据往往已经收集完成，此时适当对犯罪嫌疑人、律师开放部分证据并不会妨碍诉讼的顺利进行。

因此要授权犯罪嫌疑人有权对刑罚条件、事实证据条件进行质疑，听证审查应当包括逮捕实体条件是否符合法定条件。我国《刑事诉讼法》第88条已经明确将是否符合逮捕条件存在疑问作为"应当讯问"犯罪嫌疑人的三大理由之一，将其作为听证范围符合该立法理念。《听证办法》第9条有大量关于出示证据材料的规定，实际上就是授权办案机关可以在听证中出示证据材料，从而为逮捕实体条件争议案件的听证审查提供依据，审查逮捕不公开进行也为之提供了程序保障。实际上，最高人民检察院公布的3件典型案件也涉及证据问题。②

当然，对逮捕实体条件进行听证时，应该排除无关人士参与，只能在侦查机关、辩护人的参与下听证。不能以侦查不公开原则为由，在涉及案件罪证的调查时要求犯罪嫌疑人和辩护人暂时退庭。③ 根据《听证办法》第10条的规定，涉及国家秘密、商业秘密、侦查秘密和个人隐私案件的羁押听证，参加人员应当严格限制在检察人员和侦查人员、犯罪嫌疑人、被告人及其法定代理人和辩护人、其他诉讼参与人范围内。笔者认为逮捕实体条件的听证也应当遵循上述规则。

---

① 程雷、吴纪奎：《侦查秘密原则初步研究》，《山东警察学院学报》2006年第4期。
② 史兆琨：《羁押听证办法出台的背后》，《检察日报》2022年1月11日。
③ 万毅：《审查逮捕程序诉讼化改革的背景与框架》，《人民检察》2017年第10期。

（三）以在线方式保障犯罪嫌疑人参与审查逮捕听证会

从我国当前审查逮捕听证化程序来看，并未要求确保犯罪嫌疑人参与，内在原因在于犯罪嫌疑人被羁押在看守所，审查逮捕听证并不属于将犯罪嫌疑人从看守所提出的法定理由，而在看守所进行听证化审查也较为困难。笔者主张，审查逮捕听证化应当保障犯罪嫌疑人的参与权，前几年这个问题不好解决，近年来各级检察院、法院、看守所在视频提审方面有了很大的进步，在线审判已经从民事行政案件逐渐走向刑事案件，因此犯罪嫌疑人在看守所视频参与诉讼活动的技术条件已经具备，其正当性也渐渐获得认可。检察机关已经探索运用远程视频系统，让犯罪嫌疑人在线参加审查逮捕听证程序。① 进一步的改革应当明确，对于被羁押的犯罪嫌疑人，可以在看守所通过视频方式参加审查逮捕的听证化审查，对于没有被羁押的犯罪嫌疑人有权直接线下参与听证会。

（四）保障犯罪嫌疑人获得律师帮助的机会

除了出席听证会，犯罪嫌疑人还有一项重要的权利就是获得律师的帮助。审查逮捕听证与是否构成犯罪不同，社会危险性判断事由具有很大的特殊性，其是论证一个可能发生的程序性事实，犯罪嫌疑人并不能有效的应对，只有律师介入才能展开充分的论证。因此有学者主张对于审查逮捕听证程序中没有辩护律师的犯罪嫌疑人提供法律援助，实行指定辩护制度，律师为履职具有有限的阅卷权和社会危险性事项的调查取证权。② 在条件具备时可以采取该制度改革措施。当前，辩护律师在侦查阶段介入的很少，但是值班律师可以介入提供帮助，笔者认为应当明确在听证化审查时，犯罪嫌疑人有权获得值班律师的帮助，应当安排值班律师出席听证会，为犯罪嫌疑人提供帮助。问题在于，侦查阶段辩方没有阅卷权，可能无法对与证据相关的逮捕条件进行质疑。可行的方法是在听证中，由侦查机关举证证明证据条件是否符合，从而由辩方根据控方理由和证据当庭提出反驳。如果审查逮捕听证要赋予辩护律师或者值班律师阅卷权则需要刑事诉讼法作出修改。

（五）允许公安机关与犯罪嫌疑人之间存在一定程度的对抗

在外观构造上，听证审查宜采取"等腰三角形"的诉讼构造，检察官在

---

① 周新：《审查逮捕听证程序研究》，《中外法学》2019 年第 4 期。
② 张云鹏：《"捕诉合一"背景下诉讼化审查逮捕程序的完善与建构》，《辽宁师范大学学报（社会科学版）》2020 年第 3 期。

侦查机关和犯罪嫌疑人之间保持中立地位。[①] 听证程序中，允许公安机关与犯罪嫌疑人之间一定程度的对抗。现行实践基本上否定了公安机关与犯罪嫌疑人之间的对抗，程序主要是听取各方意见，意见若充分表达，听证也就完成了，不希望双方展开对抗。因为双方对抗可能加剧双方的矛盾，未必有利于作出是否逮捕的决定。听证审查需要公安机关的配合，一旦听证审查对抗化必然引起公安机关的抵触，特别是不逮捕决定，仍需要公安机关的配合，否则其申请复议、复核，会导致程序过于复杂，从而使犯罪嫌疑人难于获得取保。然而，这也导致审查逮捕没有围绕焦点问题展开对抗式的辩论，没有辩论很难对问题论证清晰，与学界所预设的审查逮捕诉讼化的改革相距甚远。从世界各国的羁押立法看，审前羁押一般对审前程序进行诉讼形态设计，使之形成侦辩对抗、由司法官居中裁决的格局。[②] 因此，我国应当允许公安机关、犯罪嫌疑人就审查逮捕与否展开适当辩论，应当规定经检察官许可，参与人可以互相提问、辩论。但是，不应当将其设计成类似于审判程序的对抗程序，一是限制辩论的次数，以不超过两轮为限；二是限制辩论的重点，辩论应当围绕是否逮捕展开；三是限制辩论发言的时间，所有对实体条件的辩论应当简明扼要，每人发言不要超过 20 分钟；四是不采取直接言词原则，限制证人等其他诉讼参与人参与听证。

我国应当明确公安机关证明羁押理由的责任。现有制度淡化了公安机关对犯罪嫌疑人符合逮捕条件应当承担的证明责任。[③]《听证办法》第 9 条明确了"侦查人员围绕听证审查重点问题，说明犯罪嫌疑人、被告人需要羁押或者延长羁押的事实和依据，出示证明社会危险性条件的证据材料"。但是，也规定"犯罪嫌疑人、被告人及其法定代理人和辩护人发表意见，出示相关证据材料"。实际上，这模糊了公安机关证明羁押理由的责任，需要进一步明确。笔者认为，在审查逮捕诉讼化审查中，有建立证明制度的必要性。由于检察院并不是证据收集主体，只是事后审查，如果证据收集主体不承担证明职责，则必然会导致其羁押必要性方面的证据收集积极性不高，进而影响羁押必要性审查功能的实现，因此应当由公安机关证明羁押必要性，这样才能促使公安机关积极收集羁押必要性事实。[④] 由于羁押必要性属于预防性事实的证明，其并未发生，因此几乎无法达到，也不

---

① 徐建波、万春、熊秋红等：《检察机关审查逮捕质量与诉讼化改革》，《人民检察》2011 年第 13 期。

② 孙谦：《司法改革背景下逮捕的若干问题研究》，《中国法学》2017 年第 3 期。

③ 王贞会：《我国逮捕制度的法治化进程：文本、问题与出路》，《社会科学战线》2019 年第 1 期。

④ 吴影飞：《审查逮捕听证的侦查应对》，《山东警察学院学报》2021 年第 1 期。

第三章　我国刑事羁押的功能与程序设置

第一节　捕羁分离：相对独立的功能、理由与证明程序

一、审查逮捕与羁押程序分离

我国理论界普遍将"逮捕与羁押不分"视为羁押率居高不下的根本原因，并以"逮捕与羁押相分离"作为我国羁押制度的改革方向。[①] 也有学者持相反观点，认为我国逮捕和羁押措施本身已经分离，"只不过我国的逮捕被称为刑事拘留而羁押被称为逮捕"，因此其认为我国刑事强制措施体系与域外并无实质差别，无需捕羁分离。[②] 然而，正如第一章所述，根本不应当将刑事拘留作为常规到案措施，这不符合司法审查原则，这种观点并不成立。

实际上，现代刑事诉讼中，国家公权力在审前阶段对公民人身自由的重大干预可大致形成"两段式"结构：一是以查获犯罪嫌疑人、制止犯罪和及时讯问为目的的强制到案；二是保证犯罪嫌疑人、被告人出席审判，防止实施阻碍证据发现或其他社会危险性行为的候审羁押。[③] 对犯罪嫌疑人审前人身自由的保障，包括事前的"逮捕前置主义"和事后的"羁押必要性"审查，通过双重审查程序设置能够更加充分保障犯罪嫌疑人权利。因此，应当实现捕羁分离，使逮捕回归事前预防功能，并满足控制犯罪嫌疑人、被告人的需要。

有不少学者提出了批捕与羁押分离的改革建议，但是没有充分揭露其

[①]　卞建林教授指出，审前羁押制度的改革应当实现逮捕与羁押相分离，将逮捕定位于羁押的前置程序并设置独立的羁押审查程序以控制羁押适用。卞建林：《论我国审前羁押制度的完善》，《法学家》2012 年第 3 期。还可参见陈瑞华：《未决羁押制度的理论反思》，《法学研究》2002 年第 5 期；陈卫东：《我国检察权的反思与重构——以公诉权为核心的分析》，《法学研究》2002 年第 2 期；杨依：《我国逮捕的"结构性"错位及其矫正——从制度分离到功能程序分离》，《法学》2019 年第 5 期。

[②]　易延友：《刑事强制措施体系及其完善》，《法学研究》2012 年第 3 期。

[③]　杨依：《我国逮捕的"结构性"错位及其矫正——从制度分离到功能程序分离》，《法学》2019 年第 5 期。

内在机理。笔者认为，之所以需要捕羁程序分离，内在机理在于两者功能上的差异，以及由此带来不相容的程序需求。逮捕的功能在于对侦查机关强制犯罪嫌疑人到案的事前预防性审查，由于时间紧迫，且一旦到案后只能短暂羁押犯罪嫌疑人，其程序配置应当较为简便、易行，以满足侦查需要；羁押却是犯罪嫌疑人到案后，通过听证程序审查其是否存在妨碍、逃避诉讼的可能，是否需要以剥夺人身自由的方式等待审判，甚至可能长期剥夺其人身自由，此时必须建立听证程序，且需要审查是否有社会危险性等羁押理由，因此对羁押的程序控制标准应当高于逮捕。逮捕和羁押两种制度在功能上存在实质不同，其程序要求也不一样，如果采取同样的程序配置，必然导致实践中程序与功能的冲突。因此，实现羁押与逮捕的分离，配置不同的程序，是我国逮捕制度改革的必由之路。

对于如何实现捕羁分离也存在不同的学术观点。有学者主张，重新整合现有强制到案措施，明确逮捕的候审羁押属性[1]，并全面优化逮捕的程序控制机制。"应当在整个限制人身自由强制措施体系之下，实现强制到案功能和候审羁押功能的彻底区分，并在此基础之上依据二者不同的价值倾向和程序特征形成应有的程序控制方向。"[2] 笔者认为，刑事拘留属于紧急状态下的到案措施，审查逮捕属于常态下的到案措施。基于审查批捕具有事前预防羁押权滥用的功能，我国应当将逮捕必要性从逮捕条件中分离，在审查逮捕时主要审查实体方面的证明标准和比例要求，不审查羁押必要性或者推定具有羁押必要性，[3] 逮捕后只能短暂控制犯罪嫌疑人、被告人，[4] 随后必须立即送看守所羁押，并及时启动羁押必要性审查程序，此时的重点在于审查社会危险性，以决定是羁押还是取保候审。同时，建立独立的羁押必要性审查程序、诉讼化的羁押听证审查程序、羁押后的定期复查制度。

---

[1] 这种观点一个重要的理由就是从现实来看，我国允许通过行政违法调查措施、拘传、刑事拘留实现到案功能，同时域外英美国家为了有效控制犯罪也通过无证逮捕制度满足强制到案需要，因此逮捕只需要发挥羁押候审的审查功能。然而，该观点不符合我国宪法对于逮捕制度的功能定位，也不利于对警察权的控制，这一点在论证刑事拘留的功能定位时已经做了详细的论述。

[2] 杨依：《我国逮捕的"结构性"错位及其矫正——从制度分离到功能程序分离》，《法学》2019年第5期。

[3] 日本采取的是反面控制的方式，除非"显然没有逮捕必要"（日本《刑事诉讼法》第199条），就是有逮捕必要，这种控制标准也是极低的。[日]田口守一：《刑事诉讼法》，刘迪、张凌、穆津译，法律出版社2000年版，第48页。

[4] 美国逮捕后送至治安法官的时间一般不超过24小时、德国为48小时、日本为72小时、英国为96小时。参见孙长永：《侦查程序与人权保障》，中国方正出版社2000年版，第76~85页。

二、刑事羁押的功能与羁押理由

我国《刑事诉讼法》并无独立的羁押措施,其中出现的羁押字眼,多指拘留、逮捕之后犯罪嫌疑人、被告人人身自由被剥夺的状态。我国并无条文界定刑事羁押的功能,学界一般将其等同于逮捕的功能。根据《刑事诉讼法》第 81 条的规定,具体确定了具有社会危险性的情形,这些理由即羁押理由。《刑事诉讼法》第 82 条规定了紧急条件下的刑事拘留,公安机关对于现行犯或者重大嫌疑分子,在法定情形下,可以先行拘留。显然,从立法前后关系来看,以逮捕为常态,以刑事拘留为例外。根据我国法律,羁押一词出现在拘留、逮捕之后的后续程序中,拘留、逮捕之后立即送看守所羁押。公安机关拘留之后最长羁押期限一般为 37 日,检察机关侦查拘留之后最长羁押期限一般为 17 日,逮捕之后一般最长羁押期限是 7 个月。在审查起诉和审判期间,刑事羁押附随于办案期限,并不存在独立的羁押期限,这导致刑事羁押期限可能非常长,为办案提供了有力的强制措施保障。

我国刑事羁押的主要功能是剥夺犯罪嫌疑人、被告人的人身自由,保障刑事诉讼的顺利进行。从性质上讲,其属于剥夺人身自由的措施。在没有定罪的情况下,剥夺公民人身自由,显然存在公民基本权利的宪法保障的问题。宪法上的比例原则、无罪推定原则都要引入刑事羁押制度构建之中,比如,正是基于无罪推定原则,对犯罪嫌疑人、被告人以取保为原则,羁押为例外。联合国《公民权利和政治权利国际公约》第 9 条第 3 款规定,等候审判的人受监禁不应作为一般原则,但可规定释放时应保证在司法程序的任何其他阶段出席审判,并在必要时报到听候执行判决。[①] 对于羁押理由需要重点关注以下问题。

1. 预防性羁押的正当性。从立法而言,实现羁押功能的主要制度是刑事拘留和刑事逮捕。刑事拘留没有充分界定刑事拘留的理由,但《刑事诉讼法》第 81 条的逮捕制度界定了刑事羁押理由,羁押理由主要分类为三个方面:其一,预防性羁押。其主要表现为避免犯罪嫌疑人继续犯罪以及危害社会,包括避免继续犯罪、继续实施危害公共安全的行为、打击报复被害人、举报人、控告人。其二,防止可能毁灭、伪造证据,干扰证人作证或者

---

① 联合国《保护所有遭受任何形式羁押或监禁的人的原则》第 39 条也规定,除了在法律规定的特殊案件中,经司法机关根据司法利益决定羁押外,被追诉者有权在等待审判的过程中被释放。审前释放的理由在于犯罪嫌疑人在审前被羁押对其行使辩护权,调查案件事实,争取缓刑判决,回归社会都非常不利。[美]伟恩·R.拉费弗、杰罗德·H.伊斯雷尔、南西·J.金:《刑事诉讼法》(上册),卞建林、沙丽金等译,中国政法大学出版社 2003 年版,第 717 页。

串供的妨碍诉讼行为。实际上，避免被害人等受到打击报复，也是防止妨碍诉讼行为的体现。其三，防止逃避诉讼的自杀、逃跑行为。这三个角度，都是保障刑事诉讼顺利进行的重要方面。那么，这三个方面的理由与刑事羁押的功能之间关系有待分析。

三个理由中争议最大的是预防性羁押。预防性羁押在理论上一直备受争议。严格来说，其有点偏离刑事羁押的功能。如果刑事羁押的功能主要是防止妨碍诉讼的行为，则继续危害社会可能无法用于论证刑事羁押。质疑的理由是其有违无罪推定原则。预防性羁押的主要理由是犯罪嫌疑人可能继续实施危害社会的行为，但该行为并没有发生，基于无罪推定原则，不能对犯罪嫌疑人采取强度类似于刑罚的刑事羁押类剥夺人身自由的措施。然而，基于历史传统，以及实践需要，世界上许多国家和地区都通过立法的方式明确规定了预防性羁押制度。

2. 刑事羁押是为了避免妨碍诉讼的行为，而不是取证手段。刑事羁押手段能否为了获取证据，即刑事羁押的功能是否包括获取证据，特别是获取口供，是较为常见的争点问题。在刑事羁押类制度的设计过程中，以及刑事羁押的实践当中，常常可以看到刑事羁押类强制措施出于获取口供而采取，比如，实践中常常将犯罪嫌疑人不认罪作为逮捕的适用理由，指定居所监视居住、监察留置在实践中变成获取口供的手段。特别是，《刑事诉讼法》在强制措施的功能定位上已经有重大突破，强制措施被赋予满足侦查需要的重要职能。指定居所监视居住是以"案件的特殊情况或者办理案件的需要"作为适用条件之一，从而该立法直接赋予强制措施以满足办案需要的功能，这已经突破传统对强制措施作为预防性措施的定位。监察法中监察留置甚至明确以犯罪事实调查为适用前提，将其定位为类似于侦查取证手段的调查措施。当然，立法在界定该问题上显得相对模糊。

然而，以获取证据作为刑事羁押类强制措施的功能，必然产生几个问题：其一，可能造成控辩失衡。控辩平衡是刑事诉讼中非常重要的原则，因为只有控辩平衡，才能充分保障犯罪嫌疑人人权，才能有效制约国家权力滥用，防止出现侵害犯罪嫌疑人权利的行为，避免冤假错案。然而，一旦控方有权力为了获取证据，可以采取措施剥夺犯罪嫌疑人人身自由，犯罪嫌疑人将被羁押失去对抗能力，刑事诉讼的天平严重倾斜于控方，从而导致冤假错案。这一现象在欧洲中世纪和我国古代司法制度普遍存在，为现代刑事诉讼的大忌。其二，可能违反无罪推定、不得强迫自证其罪等原则。根据无罪推定原则，犯罪嫌疑人在未被定罪之前被假定为无罪，也就是假定其未从事犯罪行为，强迫其供述显然不合逻辑，从而不得强迫犯罪嫌疑人供述。因此，如果刑事羁押是为了获取犯罪嫌疑人口供，迫使犯罪嫌疑人提供证据，显然与之矛盾。有学者指出，逮捕不是获取自白，迫使犯罪嫌疑人、被告人合作，方便侦查的手段。"这一实务隐性的逮捕事由，实际上是把逮捕、羁押当作压力，已经侵犯了被追诉人陈述自由的权利。"[①] 其三，从我国现行制度来看，刑事羁押与侦查措施分离，如果刑事羁押具有获取证据的功能，必然违反现行《刑事诉讼法》的条文配置，也违反一贯禁止"以捕代侦"的司法理念。

有学者提出，从诉讼保障功能延伸出证据收集功能，但证据收集功能从属于诉讼保障功能，具有依附性和次要性。我国羁押被作为获取口供的最佳途径，还被赋予刑罚预支、法制教育等目的，均不具有正当性。[②] 显然，其肯定刑事羁押的证据收集功能，只不过其认为该证据收集功能具有依附性和次要性，且不能成为获取口供的最佳途径。笔者认为，诉讼保障功能不能延伸出证据收集功能，刑事羁押可能为证据收集提供很好的空间和环境，但是其是附带效果，而不是目标。

更深层次的问题是，羁押能否为了满足讯问的需要而采取。在我国答案是明显的，我国有传唤、拘传制度满足讯问的需要，刑事羁押往往在获取口供之后，因此其不具有满足讯问的功能。相反，西方许多国家并无我国的拘传制度，其依靠逮捕满足强制讯问的需要。

3. 刑事羁押是预防性措施而不是惩戒性措施。刑事羁押主要是防范还没有出现的妨碍诉讼、继续危害社会行为，不是对犯罪嫌疑人已经实施犯罪行为的惩戒。比如犯罪嫌疑人逃跑之后被抓获，检察官基于将来其可能继续逃跑而对其羁押，之前逃跑行为只是证明其将来可能逃跑的证据，而不是进行惩罚的理由。据此，羁押的证明对象与犯罪事实有明显区别，前者未发生，多数并无直接证据，只能靠情况证据推断，而后者犯罪事实已经发生，存在较多的相关证据。同时，羁押事实属于程序性事实，区别于作为实体事实的犯罪事实。当然也不能绝对切断犯罪事实和羁押证明的关系，比如刑事逮捕的条件就包括有证据证明有犯罪事实。

4. 刑事羁押与否是决定以何种方式等待审判，即以羁押还是自由的方式等待审判，而不是到案措施。许多国家都对到案措施与羁押措施进行区分，采取逮捕前置主义，逮捕主要作为到案措施。目前我国逮捕主要作为

---

① 刘学敏：《逮捕的法定事由研究》，《中国刑事法杂志》2012 年第 12 期。

② 姚莉、邵劭：《论捕后羁押必要性审查——以新〈刑事诉讼法〉第 93 条为出发点》，《法律科学》2013 年第 5 期。

羁押措施，也有学者认为其既是到案措施也是羁押措施，[①] 然而实践中基本上都在犯罪嫌疑人到案，甚至被拘留后决定是否逮捕。我国逮捕作为羁押措施的功能十分明显，刑事拘留的处境也类似，往往在其他行政性到案之后，获取口供之后采取，也类似于羁押措施。

5. 刑事羁押不是满足社会情绪的措施。虽然，《刑事诉讼法》第 81 条第 2 款规定，批准或者决定逮捕，应当将犯罪嫌疑人、被告人涉嫌犯罪的性质、情节，认罪认罚等情况，作为是否具有社会危险性的考虑因素。但是，刑事羁押主要考量的不是犯罪的社会危害性，而是犯罪嫌疑人的人身危险性。社会对犯罪的反应，与犯罪嫌疑人可能继续危害社会不是一个层面的问题，因此不能将社会情绪，比如民意、民愤作为是否羁押的判断标准。实际上，在 2018 年《刑事诉讼法》修改草案中，曾经将社区影响作为是否羁押的因素，最终将之删除，正是该理念的反映。有很多案件中会产生较大的民愤或者社会同情，在这类案件中，需要特别注意刑事羁押措施的采取必须隔离上述民意，保持其行使的独立性。不羁押犯罪嫌疑人可能引起社会强烈批评也不构成羁押的理由，不能以牺牲犯罪嫌疑人权利去满足社会情绪。正因为此，刑事羁押不属于社会控制、维稳工具。我国刑事羁押受到社会舆论的影响，对于一些社会舆论影响较大的案件，不会作出取保决定，甚至各级人民检察院在其向人大所作的年度工作报告中，都有批捕数量、起诉数量的成绩汇报，这是不妥的。有学者指出，对被告人采取取保候审是否足以防止发生社会危险性的判断，是一个动态的判断过程。在治安形势严峻的情况下，判断犯罪嫌疑人、被告人发生社会危险性的可能性更大；在敏感时段，基于维护社会秩序的需要，对足以防止发生社会危险性的判断更为谨慎。这是宽严相济刑事政策逮捕中的具体体现。[②] 这种观点将刑事羁押与社会治安形势联系起来，将刑事羁押带来的社会治安效果作为评价因素，显然在判断是否羁押时引入了社会效果因素，这不妥当。

同理，羁押理由、羁押事实仅限于犯罪嫌疑人可能继续危害社会，如果因为不羁押可能导致他人实施危害社会的行为，比如被害人的上访、被害

---

① 杨依：《我国逮捕的"结构性"错位及其矫正——从制度分离到功能程序分离》，《法学》2019 年第 5 期。

② 审判阶段羁押必要性的继续审查。最高人民法院《关于贯彻宽严相济刑事政策的若干意见》中规定，"要根据经济社会的发展和治安形势的变化，尤其要根据犯罪情况的变化，在法律规定的范围内，适时调整从宽和从严的对象、范围和力度"。最高人民检察院《关于在检察工作中贯彻宽严相济刑事司法政策的若干意见》中也作了同样内容的规定："检察机关贯彻宽严相济的刑事司法政策，就是要根据社会治安形势和犯罪分子的不同情况，在依法履行法律监督职能中实行区别对待，注重宽与严的有机统一。"

人要自杀、伤害他人,都不构成羁押的理由。然而,实践中被害人上访往往成为羁押理由,这不妥当。

6.刑事羁押不是满足被害人要求的工具。许多案件中,被害人受到犯罪侵害,存在较大损失,而犯罪嫌疑人不愿意赔偿或者赔偿能力不足,实践中就会出现利用刑事羁押施加压力,促使犯罪嫌疑人家属赔偿的做法。一些案件中,危害性并不大,但是被害人漫天要价,犯罪嫌疑人无法获得被害人谅解或者和解,从而无法被取保候审。实际上,应当明确刑事羁押不是满足被害人要求的工具,不赔偿被害人并不是羁押的理由。同理,缓解被害人情绪是做好案件矛盾化解工作、实现刑事司法良好社会效果的重要方面,但同样与被追诉人的社会危险性无关,司法机关不能仅因为被害人情绪激动就逮捕不应当逮捕的被追诉人。[①]

三、羁押理由类型与羁押事实

在羁押必要性审查标准的把握上,必须注意将羁押理由和证明羁押理由的事实、涉嫌犯罪的事实和羁押事实加以区分。所谓羁押理由,是指由法律规定的适用羁押措施的事由。所谓羁押事实,是指适用羁押刑事强制措施的事实基础,是证明羁押理由得以成立的事实根据。[②] 我国长期以来存在"构罪即捕"现象,原因之一是将论证逮捕理由的事实及犯罪事实混为一谈,简单地将犯罪事实等同于逮捕事实,进而又把逮捕事实等同于逮捕理由,实践中缺乏逮捕必要性证明机制,只要行为人构成犯罪,就有社会危险性,就有逮捕必要。[③] 羁押事实概念的缺失与我国"构罪即捕"现象密切相关,羁押事实概念的提出具有将非常抽象的羁押理由"具象化"的功能,把看不见的、不容易理解的,变得看得见、容易理解,为羁押必要性审查落地提供了可行的路径。

"构罪即捕"以及"一押到底"在很大程度上反映出我国羁押适用的不节制。有来自实务部门的专家指出,羁押率高的重要原因是现行制度下逮捕必要性条件难以把握。[④] 笔者在前文中指出,我国存在职权配置与程序完善两条不同的解决路径,程序完善是我国立法的最终选择。2012年《刑

---

① 孙力、罗鹏飞:《审判阶段羁押必要性的继续审查》,《国家检察官学院学报》2012年第6期。

② 林志毅:《关于捕后羁押必要性审查的几个理论问题》,《烟台大学学报(哲学社会科学版)》2012年第4期。

③ 张兆松:《论羁押必要性审查的十大问题》,《中国刑事法杂志》2012年第9期。

④ 曾勉:《中国境遇下羁押必要性审查的难题及其破解——以羁押必要性审查配套制度的构建为中心》,《政治与法律》2013年第4期。

事诉讼法》修改肯定了从程序出发的改进路径，进一步界定了羁押事实，最终写入 2019 年《人民检察院刑事诉讼规则》。对于羁押事实的实证研究较少，但是也不乏部分研究具有较高的价值。[①] 实际上，刑事强制措施的理论与实践存在较大差异，"两张面"现象较为严重，实践中存在很多非法定的羁押事实。这些实践中存在的羁押事实和理由构成下面分析的对象。

（一）预防性羁押事实

预防性羁押事实主要包括三种情形：1. 可能实施新的犯罪的[②]。2015年最高人民检察院、公安部《关于逮捕社会危险性条件若干问题的规定（试行）》第 5 条首次界定了论证"可能实施新的犯罪"的羁押事实。犯罪嫌疑人"可能实施新的犯罪"，应当具有下列情形之一：案发前或者案发后正在策划、组织或者预备实施新的犯罪的；扬言实施新的犯罪的；多次作案、连续作案、流窜作案的；一年内曾因故意实施同类违法行为受到行政处罚的；以犯罪所得为主要生活来源的；有吸毒、赌博等恶习的；其他可能实施新的犯罪的情形。2019 年《人民检察院刑事诉讼规则》第 129 条几乎原封不动的照搬了其中情形，然而其表述发生了变化，其表述为：犯罪嫌疑人具有下列情形之一的，可以认定为"可能实施新的犯罪"。显然，《人民检察院刑事诉讼规则》更具有开放性，包含上述情形以外的情形，而且只是"可以"而非"必须"具备上述情形，属于选择型羁押事实。尽管由于兜底条款的存在，导致这种区分影响不大，但其立法倾向非常明显，扩大了检察院的认定裁量权。

其存在以下问题：其一，"扬言实施新的犯罪的"可以羁押与我们传统上不处罚言论，仅处罚行为的法律原则背离，其正当性值得商榷。其二，还有一些词语需要界定，比如同类违法行为、恶习、犯罪所得、主要生活来源。笔者认为"同类违法行为"应当是指与违法行为、犯罪行为类似，比如涉嫌盗窃的犯罪嫌疑人一年内曾经因为盗窃而被行政处罚；"恶习"应当指吸毒、赌博成瘾，非常频繁，难于戒除，导致无法正常生活的，才会迫切需要通过犯罪行为获取钱财；"犯罪所得"的界定相对清晰，实践中一般指通过犯罪获取的财物；"主要生活来源"应当是指家庭除犯罪所得之外无其他财产满足生活需要。其三，"以犯罪所得为主要生活来源"应当理解为将来也需要靠犯罪所得作为其主要生活来源。由于部分犯罪是以犯罪所

---

① 张吉喜：《如何客观评估"逮捕必要性"——基于 3825 件刑事案件的实证研究》，《人民检察》2012 年第 7 期。

② 即犯罪嫌疑人多次作案、连续作案、流窜作案，其主观恶性、犯罪习性表明其可能实施新的犯罪，以及有一定证据证明犯罪嫌疑人已经开始策划、预备实施犯罪的。

得为主要生活来源,"以犯罪所得为主要生活来源"可能扩大适用,成为滥用羁押的理由。比如非法传销相关犯罪中的参与人,组织卖淫罪中发广告者,其主要通过参与犯罪获取工资,然而其系通过简单劳动获得生活所需,不应认定为该羁押事实。事实上,只要肯劳动并非不能生存,很难认定其将来必然以犯罪所得为生活来源。其四,具备上述事实并不必然构成羁押理由,仍然需要综合评估,比如虽有吸毒、赌博恶习,但家中家财万贯,未必有继续犯罪的较大可能。其五,《刑事诉讼法》第 81 条第 3 款规定:有证据证明有犯罪事实,可能判处徒刑以上刑罚,曾经故意犯罪或者身份不明的,应当予以逮捕。"曾经故意犯罪"成为再次犯罪时的羁押事由。曾经故意犯罪与可能继续犯罪之间具有关联性,是因为经过改造之后,仍然继续犯罪,说明继续犯罪的可能性增大。然而,曾经故意犯罪并不能直接推出其可能继续犯罪,德国明确规定被告以前确定的有期徒刑判决不得作为考量因素。[①] 特别是,很多案件中再次犯罪间隔时间可能长达 20 年,作为论证羁押的理由不合理,也必然扩大羁押的适用。我国将之作为羁押理由,甚至强制羁押的事由不妥。

2. 有危害国家安全、公共安全或者社会秩序的现实危险。可用于证明该理由的事实包括,2019 年《人民检察院刑事诉讼规则》第 130 条规定列举了 4 种犯罪嫌疑人具有的情形[②],可以认定为"有危害国家安全、公共安全或者社会秩序的现实危险"。与上一种情形类似,上述情形都只是考量因素,而不应当是决定因素。有学者主张,危害社会的重大违法行为的表述过于模糊,不应将该情形作为羁押的理由。[③] 特别是,危害社会秩序的现实危险表述得过于含糊,导致很容易满足该条件。比如,实践中维稳常常用以论证该羁押事实,然而维稳内涵较为模糊,与维权之间关系界定不清,不是一个适当的羁押事实。

3. 有一定证据证明或者有迹象表明犯罪嫌疑人可能对被害人、举报人、控告人实施打击报复的。该羁押理由主要限于对特定对象的人身自由打击报复,《人民检察院刑事诉讼规则》第 132 条规定,犯罪嫌疑人具有

---

① [德] 克劳思·罗科信:《刑事诉讼法》(第 24 版),吴丽琪译,法律出版社 2003 年版,第 285~286 页。

② 《人民检察院刑事诉讼规则》第 130 条:"……(一)案发前或者案发后正在积极策划、组织或者预备实施危害国家安全、公共安全或者社会秩序的重大违法犯罪行为的;(二)曾因危害国家安全、公共安全或者社会秩序受到刑事处罚或者行政处罚的;(三)在危害国家安全、黑恶势力、恐怖活动、毒品犯罪中起组织、策划、指挥作用或者积极参加的;(四)其他有危害国家安全、公共安全或者社会秩序的现实危险的情形。"

③ 陈永生:《逮捕的中国问题与制度应对——以 2012 年刑事诉讼法对逮捕制度的修改为中心》,《政法论坛》2013 年第 4 期。

下列情形之一的，可以认定为"可能对被害人、举报人、控告人实施打击报复"：扬言或者准备、策划对被害人、举报人、控告人实施打击报复的；曾经对被害人、举报人、控告人实施打击、要挟、迫害等行为的；采取其他方式滋扰被害人、举报人、控告人的正常生活、工作的；其他可能对被害人、举报人、控告人实施打击报复的情形。这些羁押事实也存在第一种情形类似的一些问题，这里不赘述。退赔损失与不会打击被害人具有一定的关系，可以推断出其一般不会打击被害人，据此实践中刑事和解、赔偿损失都是极为重要的非羁押事实。然而，实践中将不赔偿损失作为非常重要的羁押事实值得商榷，其可能导致非自愿认罪，有违无罪推定原则，因此不赔偿损失不应成为羁押事实。

（二）可能实施妨碍诉讼行为的羁押[①]

2019 年《人民检察院刑事诉讼规则》第 131 条规定，犯罪嫌疑人具有下列情形之一的，可以认定为"可能毁灭、伪造证据，干扰证人作证或者串供"：曾经或者企图毁灭、伪造、隐匿、转移证据的；曾经或者企图威逼、恐吓、利诱、收买证人，干扰证人作证的；有同案犯罪嫌疑人或者与其在事实上存在密切关联犯罪的犯罪嫌疑人在逃，重要证据尚未收集到位的；其他可能毁灭、伪造证据，干扰证人作证或者串供的情形。此外，犯罪嫌疑人在看守所羁押不遵守看守所的规定，也可以视为可能实施妨碍诉讼行为的羁押事实。[②]

主要包括几种情形：其一，曾经或者企图毁灭、伪造、隐匿、转移证据的。对比而言，增加了隐匿证据和转移证据两项，而 2012 年《人民检察院刑事诉讼规则（试行）》没有如此规定。隐匿证据容易引起争议，松尾浩也教授指出，"隐匿罪证的危险是相当抽象的要件，对其认定要相当慎重"。[③]比如不供述是否构成隐匿证据，如果构成则可以将羁押作为迫使其供述的理由，这显然不合理。相反，隐匿实物证据，比如案件中存在关键的会计账簿，犯罪嫌疑人将其藏起来，认为犯罪嫌疑人可能继续隐匿证据，从而构成羁押事实。此外，在危险驾驶罪中拒绝抽血、尿检的检测行为，是否属于隐

---

① 《刑事诉讼法》第 79 条规定的可能毁灭、伪造证据，干扰证人作证或者串供的，根据 2012 年《人民检察院刑事诉讼规则（试行）》的规定，是指"即有一定证据证明或者有迹象表明犯罪嫌疑人在归案前或者归案后已经着手实施或者企图实施毁灭、伪造证据，干扰证人作证或者串供行为的"。

② 叶衍艳：《审查起诉阶段羁押必要性审查工作机制的建构》，《国家检察官学院学报》2012 年第 6 期。

③ ［日］松尾浩也：《日本刑事诉讼法》（上卷），丁相顺译，中国人民大学出版社 2005 年版，第 107 页。

匿证据,构成羁押事实呢?答案是肯定的,其属于隐匿证据的行为,且并不会违反不得强迫自证原则。

其二,在一些罪名中,本身就是以毁灭、伪造、转移证据作为构成要件,如果都认为符合该条则无法取保,比如销赃等犯罪事实直接构成羁押事实。因此,如果上述情形属于犯罪构成的,应当降低其论证羁押的比重。

其三,试图影响证人作证。这既包括在以前的犯罪案件中,也包括在本案涉嫌的犯罪案件中实施了妨碍诉讼行为,比如实施恐吓、收买证人、被害人行为。有学者指出,被告人采取的与证人接触的辩护措施,不能被认为属于本项的逮捕依据。[①] 同理,不能将辩护对侦查造成了阻碍作为羁押事实。不能将辩方行使辩护权造成对侦查的妨碍,作为妨碍诉讼行为的表现,作为羁押事实,这可能遏制辩护权的行使。

其四,有同案犯未抓获,证据尚未完全固定。笔者认为,将其作为羁押事实不合理,因为同案犯在逃只是可能妨碍诉讼行为的可能,其只是一种考量因素,而不是必然因素。同理,同案犯已经抓获,也仅是一种考量因素,其不能直接推论犯罪嫌疑人可能实施串供的行为。

(三)企图自杀或者逃跑的,即犯罪嫌疑人归案前或者归案后曾经自杀,或者有一定证据证明或有迹象表明犯罪嫌疑人试图自杀或者逃跑的

2019年《人民检察院刑事诉讼规则》第133条规定,犯罪嫌疑人具有下列情形之一的,可以认定为"企图自杀或者逃跑":着手准备自杀、自残或者逃跑的;曾经自杀、自残或者逃跑的;有自杀、自残或者逃跑的意思表示的;曾经以暴力、威胁手段抗拒抓捕的;其他企图自杀或者逃跑的情形。有几个问题需要关注:

其一,《人民检察院刑事诉讼规则》第133条显然扩张了《刑事诉讼法》的内容,将自残纳入其中,而自残的内涵急需界定,否则会扩张羁押事实。

其二,与之前类似,仅凭"意思表示"就作为羁押事实,显然扩张了法律责任的范围。

其三,该可能自杀或者逃跑包括在以前涉案时曾经自杀或者逃跑过,然而如果间隔时间过于久远,则其推定机制不合理,现行规定不做区分不合适。

其四,可能逃跑还需要更加具体的事实作为论证。关于"逃跑的危险",松尾浩也教授认为,要结合"案件的性质、犯罪嫌疑人的生活状态、是

---

① 刘学敏:《逮捕的法定事由研究》,《中国刑事法杂志》2012年第12期。

否有过逃跑经历等"来判断。[①] 在司法适用中,审查机关必须考量犯罪嫌疑人可能逃跑的所有积极因素与消极因素。其中积极因素包括:预期刑罚很高、曾经逃跑过、无固定的家庭或职业、无固定住处、有海外关系、具备外语能力等。消极因素主要包括:年龄大、有阻碍逃跑的疾病、有良好的所在地社会关系、紧密的家庭关系以及固定的住所等。[②]

其五,在我国,在本地无住所的外地犯罪嫌疑人普遍不予取保,已成为司法实践的一种强势推定。[③] 这是因为,大部分外来务工人员要么无法提供保证人,要么无力缴纳保证金,[④] 多数在本地无固定住所,[⑤] 更为重要的是存在对"流动人口"的歧视,在某些办案人眼里"流动"本身就是风险,有风险就要羁押。笔者认为,并不是所有外地被告人都存在脱逃的风险,简单以地域区分,不符合宪法平等保护的理念,关键在于其是否能够提供相对固定的住所,与其是否外地户口并没有直接关系。以中国当下而言,降低未决羁押率的关键之一在于降低外地人的高未决羁押率。

其六,"身份不明"这一事实本身就说明犯罪嫌疑人、被告人不愿意交代其真实身份,其隐藏着较大的不稳定因素,逃避刑事追诉的风险极高,对此种情形规定为羁押理由是妥当的。

(四)重罪羁押

一般而言,重罪的犯罪嫌疑人为了逃避刑罚,显然更容易实施上述各种妨碍诉讼的行为,其风险系数非常大。实践来看,对于犯罪性质恶劣以罪名为标准,一些严重的暴力犯罪,比如故意杀人、故意伤害致人重伤或者死亡、强奸、抢劫、贩卖毒品、放火、爆炸、投毒罪,被认为是不能取保的。对于犯罪情节严重的人也不能取保,比如盗窃、诈骗救命钱等。我国 2018 年《刑事诉讼法》第 81 条第 3 款规定:对有证据证明有犯罪事实,可能判处十年有期徒刑以上刑罚的,应当逮捕。然而,这是否构成一项绝对的羁押理由是受到质疑的。在合众国诉塞勒农(United States v. Salerno)案中,美国联邦最高法院指出,即使严重犯罪也要有基于个案的危险性评估程

---

① [日]松尾浩也:《日本刑事诉讼法》(上卷),丁相顺译,中国人民大学出版社 2005 年版,第 108 页。

② 刘学敏:《逮捕的法定事由研究》,《中国刑法杂志》2012 年第 12 期。

③ 董启海、张庆凤:《对外来人员适用取保候审之探索》,《国家检察官学院学报》2008 年第 3 期。

④ 孙力、罗鹏飞:《审判阶段羁押必要性的继续审查》,《国家检察官学院学报》2012 年第 6 期。

⑤ [日]松尾浩也:《日本刑事诉讼法》(上卷),丁相顺译,中国人民大学出版社 2005 年,第 225 页。

序。直接将涉嫌某种特定罪行作为可保释的例外将违反联邦宪法。[①] 笔者认为，涉嫌犯罪的轻重应当成为衡量是否妨碍诉讼的重要理由，然而其应该作为一项重要的权衡事项，而非决定性事项。国内学者指出，即使涉嫌重罪时，仍然必须考虑是否有逃避刑事程序的危险，如果有事实状况足以排除逃跑或毁证的可能性，也可以不羁押。[②]

（五）转逮捕式羁押

在我国还存在较为特殊的转逮捕式羁押，即犯罪嫌疑人违反了取保候审、监视居住义务而转为羁押。我国 2018 年《刑事诉讼法》第 81 条第 4 款规定："被取保候审、监视居住的犯罪嫌疑人、被告人违反取保候审、监视居住规定，情节严重的，可以予以逮捕。"转逮捕式羁押在世界发达法治国家和地区的法律中都有所体现。[③]

（六）否定羁押的事实

《人民检察院刑事诉讼规则》规定了否定羁押的事实[④]，这些否定羁押的事实并没有出现在 2015 年最高人民检察院、公安部《关于逮捕社会危险性条件若干问题的规定（试行）》之中。其中，第 1 项属于案件本身的社会危险性，第 2 项、第 6 项、第 7 项属于犯罪嫌疑人的人身危险性，第 3 项、第 4 项涉及犯罪嫌疑人积极赔偿损失，修复与被害人之间的关系，甚至获得被害人和解。犯罪嫌疑人积极赔偿、获得被害人谅解，而刑事和解则基本可以消除犯罪嫌疑人继续危害社会、妨碍诉讼的可能。第 5 项是新增的否定羁押的事实，犯罪嫌疑人认罪认罚的案件，人身社会危险性显著降低。实践中，解除羁押的理由十分常见，比如刑事和解、赔偿、重大疾病等，其重点

---

① [美] 伟恩·R. 拉费弗等：《刑事诉讼法》（上册），卞建林、沙丽金等译，中国政法大学出版社 2003 年版，第 729 页。

② 刘学敏：《逮捕的法定事由研究》，《中国刑法杂志》2012 年第 12 期。

③ 根据学者梳理，在法国，如果受审查人故意逃避司法监督义务，那么可以对其实行先行羁押。在日本，如果被告人在保释期间经传唤无正当理由而不到场，或者违反对住居的限制或法院规定的其他条件时，法院可以撤销保释，并且将被告人收监。在英国，"如果犯罪嫌疑人未能遵守附加的保释条件，可以向法官提出申请，将该犯罪嫌疑人予以羁押"。参见林志毅：《关于捕后羁押必要性审查的几个理论问题》，《烟台大学学报（哲学社会科学版）》2012 年第 4 期。

④ 犯罪嫌疑人涉嫌的罪行较轻，且没有其他重大犯罪嫌疑，具有下列情形之一的，可以作出不批准逮捕或者不予逮捕的决定：属于预备犯、中止犯，或者防卫过当、避险过当的；主观恶性较小的初犯，共同犯罪中的从犯、胁从犯，犯罪后自首、有立功表现或者积极退赃、赔偿损失、确有悔罪表现的；过失犯罪的犯罪嫌疑人，犯罪后有悔罪表现，有效控制损失或者积极赔偿损失的；犯罪嫌疑人与被害人双方根据《刑事诉讼法》的有关规定达成和解协议，经审查，认为和解系自愿、合法且已经履行或者提供担保的；犯罪嫌疑人认罪认罚的；犯罪嫌疑人系已满十四周岁未满十八周岁的未成年人或者在校学生，本人有悔罪表现，其家庭、学校或者所在社区、居民委员会、村民委员会具备监护、帮教条件的；犯罪嫌疑人系已满七十五周岁的人。

在于考察否定羁押的理由是否出现，而这些事实对羁押必要性的影响，是否导致继续羁押不具有必要性，并未重点审查。有几个问题值得注意：

其一，上述所有羁押事实都是积极性事实，即犯罪嫌疑人可能实施特定行为，而不是消极性事实，即犯罪嫌疑人做了某事实而不是不做。不能将消极事实用于论证羁押性，因为消极性事实容易被司法机关用于逼迫犯罪嫌疑人采取特定行为。比如，犯罪嫌疑人不肯赔偿被害人，不应作为羁押的理由，因为不能将羁押作为促使犯罪嫌疑人赔偿的措施，然而如果将不予赔偿作为羁押事实必然逼迫犯罪嫌疑人赔偿，而赔偿意味着认罪，有违"不得强迫自证其罪"。

其二，维护企业正常发展。2014 年双峰县政府以红头文件的形式，以企业发展为由向娄底市委政法委"请求"将已逮捕的李某某取保候审。①其引发了企业发展是否应当成为羁押事实的争议。当前，我国连续出台保护企业发展的司法政策，要求对民营企业家可捕可不捕的不捕，显然犯罪嫌疑人所在企业的发展成为否定羁押的重要事实。企业发展等社会因素与犯罪嫌疑人的人身危险性关联不大，其不捕的理由主要从批捕可能对社会公共利益的损害得到论证。实际上，从企业合规建设的角度，很多国家都建立了合规不起诉制度，对于涉嫌犯罪的企业，在其满足合规条件时做不起诉处理，显然也是考虑不起诉对社会公共利益的保障。

其三，犯罪嫌疑人认罪认罚首次引入该体系。我国《刑事诉讼法》明确规定应当将认罪认罚作为是否羁押的重要裁量因素。笔者认为，犯罪嫌疑人认罪认罚后，其人身危险性明显降低，从而构成非羁押事实。犯罪嫌疑人认罪可以作为非羁押事实，因为其认罪意味着妨碍诉讼的可能性大大降低，但是，不能以犯罪嫌疑人不认罪、沉默、说谎等事实论证对犯罪嫌疑人有羁押的必要。尽管因为沉默、说谎意味着其抗拒刑事诉讼，但是刑事诉讼将羁押作为预防性手段，而不能将羁押作为侦查手段来迫使犯罪嫌疑人作出供述，这将违反不受强迫自证其罪的宪法基本权利。同时，正是因为让犯罪嫌疑人认罪不属于羁押的功能，因此不能将犯罪嫌疑人不认罪作为羁押事实。

其四，未成年人家庭、学校或者所在社区、居民委员会、村民委员会不具备监护、帮教条件，作为主要羁押事实，增加了取保候审的难度。实际上，具有帮教条件，并非犯罪嫌疑人能决定，应该认为只要具有取保条件，国家应当创造帮教条件，使其具备监管条件，这是无罪推定所衍生出的国

---

① 《湖南双峰县发红头文件为嫌犯请求取保候审》，载人民网，http://legal.people.com.cn/n/2014/0417/c42510-24905892.html。

家义务。

其五,犯罪嫌疑人的自首、立功等表现,说明犯罪嫌疑人配合诉讼,人身危险性大大降低,可以作为否定羁押的事实。

其六,羁押不利于犯罪嫌疑人的基本生活,比如未成年人、老年人或残疾人、重大疾病、正在怀孕、哺乳的,都可能导致不适宜羁押,这是人性的需要,也是比例原则的考量。

其七,犯罪嫌疑人已经羁押的时间超过了涉嫌犯罪可能判处的刑期、超过了法定办案期限是一项绝对排除羁押的因素。

四、羁押的功能与审查程序的构建

羁押的功能决定了羁押理由,羁押理由又决定了羁押事实,羁押事实必须与羁押理由之间具有证明关系。严格来说,羁押理由属于程序性证明对象,而羁押事实往往属于该证明对象的证据事实。因此,必须从羁押事实证明与程序功能实现的角度,构建适当的羁押必要性审查程序。

(一)羁押与否的审查程序

目前我国的审前羁押控制程序包括三部分:狭义的审查批准和决定逮捕程序;新增的捕后羁押必要性审查制度;强制措施变更程序和延长侦查羁押期限的审查程序。后两者共同构成了逮捕后羁押必要性审查程序,其功能显然是为了做羁押与否的审查,都属于羁押与否的审查程序。

我国逮捕必要性审查以及后续的羁押必要性审查主要由检察院采取书面审查的方式完成,在特定情况下,才需要听取犯罪嫌疑人意见[1],也只有在辩护律师提出要求的情况下,才听取律师意见。这是行政化的审查方式。《人民检察院刑事诉讼规则》第281条规定,对有重大影响的案件,可以采取当面听取侦查人员、犯罪嫌疑人及其辩护人等意见的方式进行公开审查。这实质上肯定了审查听证化的审查方式。很明显,如前文所述,如果逮捕的功能是羁押,而羁押的后果是剥夺犯罪嫌疑人人身自由,对于这种基本权利的剥夺,如果不采取听证的方式,甚至不提审听取犯罪嫌疑人

---

[1] 《人民检察院刑事诉讼规则》第280条第1款规定:"人民检察院办理审查逮捕案件,可以讯问犯罪嫌疑人;具有下列情形之一的,应当讯问犯罪嫌疑人:(一)对是否符合逮捕条件有疑问的;(二)犯罪嫌疑人要求向检察人员当面陈述的;(三)侦查活动可能有重大违法行为的;(四)案情重大、疑难、复杂的;(五)犯罪嫌疑人认罪认罚的;(六)犯罪嫌疑人系未成年人的;(七)犯罪嫌疑人是盲、聋、哑人或者是尚未完全丧失辨认或者控制自己行为能力的精神病人的。"第280条第3款规定:"办理审查逮捕案件,对被拘留的犯罪嫌疑人不予讯问的,应当送达听取犯罪嫌疑人意见书,由犯罪嫌疑人填写后及时收回审查并附卷。经审查认为应当讯问犯罪嫌疑人的,应当及时讯问。"

意见，显然不足以保障其权利。更为重要的是，羁押的功能需要通过羁押事实来论证，而羁押事实的重点在于评估犯罪嫌疑人的社会危险性，不会见犯罪嫌疑人，听取犯罪嫌疑人的陈述，如何能判断犯罪嫌疑人的社会危险性。因此，功能的实现与程序设置具有密切关系，对于实现到案功能的逮捕而言，显然不需要建立听证程序。相反，对于羁押功能的逮捕而言，则应当建立听取犯罪嫌疑人意见，甚至听证的制度。从我国实践而言，刑事逮捕绝大多数发挥羁押功能，羁押必要性审查程序应当采取听取犯罪嫌疑人意见的听证程序。因此，应当扩大我国提审讯问犯罪嫌疑人的案件范围，强化检察院推行的审查逮捕听证化改革，让犯罪嫌疑人到场听证。

（二）对羁押事实需要建立证明程序

在我国司法实践中，羁押必要性的证明相对简化，证明标准、证明责任等规则未予明确建立。对于必要性羁押理由的成立，有关国家和地区也普遍要求以相应的事实证明。德国的羁押命令须同时记载羁押理由及构成羁押理由的事实。[1] 在法国，作出"实行先行羁押裁定"，法官应当具体说明有哪些理由可以担心证据被湮灭、担心对证人施加压力、重新实行犯罪以及当事人可能不到案。[2] 从最近几年的法律发展来看，我国显然试图建立羁押必要性的证明制度，法条写明要有"证据或迹象"表明，但是仍主要采取检察院查明的方式，属于广义上的证明制度。然而，这种查明程序容易产生问题：一是由于检察院并不是证据收集主体，只是事后审查，如果证据收集主体不承担证明职责，则必然会导致其羁押必要性方面的证据收集积极性不高，进而影响羁押必要性审查功能的实现。因此，侦查部门在移送批准逮捕、批准延长侦查羁押期限、移送审查起诉时，必须在案件材料里论证是否有羁押必要性。[3] 当然，若检察机关主动启动羁押必要性审查程序，应由其继续承担证明责任。实践中，证明责任容易出现偏离，本应由公安机关证明有社会危险性，在事实上变为由检察机关反证无逮捕必要性、无社会危险性。[4] 这种现象不合理。

二是羁押的功能是预防性措施，是未发生的事实，导致其证明羁押与

① 林志毅：《关于捕后羁押必要性审查的几个理论问题》，《烟台大学学报（哲学社会科学版）》2012 第 4 期。
② [法] 贝尔纳·布洛克：《法国刑事诉讼法》（第 21 版），罗结珍译，中国政法大学出版社2009 年版，第 407 页。
③ 姚莉、邵劲：《论捕后羁押必要性审查——以新〈刑事诉讼法〉第 93 条为出发点》，《法律科学》2013 年第 5 期。
④ 曾勉：《中国境遇下羁押必要性审查的难题及其破解——以羁押必要性审查配套制度的构建为中心》，《政治与法律》2013 年第 4 期。

否的证据都只具有有限的相关性，很难说是直接证明。其必然显示出非常大的主观性，因此，其证明力评估、影响力评估，可以采取与犯罪事实认定不同的模式，比如采取量化分析的方式，来限制其主观性。因此，需要对未发生的事实建立相应的量化评估系统，一些学者对此予以研究，相关成果值得肯定。[1] 我国实践中有一些检察院在探索，甚至有的检察院探索通过人工智能系统进行评估，但总体而言，并未形成有效的羁押必要性审查评估体系，还值得进一步探索。

三是从证明标准而言，由于羁押必要性属于预防性事实的证明，其并未发生，因此几乎无法达到，也不需要达到事实清楚、证据确实充分的程度，因此其作为程序性事实，与实体性事实的犯罪事实的证明要有区分，其证明标准不必达到事实清楚、证据确实充分的程度，只需要高度盖然性就可以羁押。根据德国法的规定，必须有一定的事实认定有"逃亡之虞"，并且可能性高，达到优势的可能性程度。[2] 美国政府负有以"清晰的和有说服力的证据"证明确保安全而具有羁押必要性的责任。但是，如果被告人被控以严重的毒品犯罪、枪支犯罪，或者被告人以前曾受过可以羁押的犯罪指控等，那么，政府将从有羁押必要性的可反驳推定中受益。[3] 因此，不必过高要求证明标准。

当然，证明标准也不能过低，否则无法发挥对羁押予以控制的功能。目前，我国实践中审查人员自然倾向于放弃对必要性进行"理性而又动态的判断"，而是将"可能"理解为较低的发生概率，直接简单、粗略地套用后面的羁押理由即可完成必要性审查。[4] 因此，还需要解决证明标准过于随意、过低的问题。

（三）羁押必要性审查内容有限

有学者发现在审查逮捕时间有限、材料欠缺的情况下，检察机关要说明无逮捕必要性几乎是不可能完成的任务。[5] 为了配合较短时间内审查该

① 社会学上的风险评估理论和统计学上的数学建模理论为构建审查逮捕社会危险性评估量化模型提供了方法，SPSS统计分析软件为构建评估量化模型提供了工具。其运算过程非常复杂，远非本书篇幅所能解决。初步的研究请参见王贞会：《审查逮捕社会危险性评估量化模型的原理与建构》，《政法论坛》2016年第2期。
② 参见许泽天：《羁押事由之研究》，《台湾法学》2009年第2期；刘学敏：《逮捕的法定事由研究》，《中国刑事法杂志》2012年第12期。
③ [美]约书亚·德雷斯勒、艾伦·C.迈克尔斯：《美国刑事诉讼法精解：第2卷（刑事审判）》（第4版），魏晓娜译，北京大学出版2009年版，第107页。
④ 朱志荣：《羁押必要性审查制度研究》，《西南政法大学学报》2014年第5期。
⑤ 曾勉：《中国境遇下羁押必要性审查的难题及其破解——以羁押必要性审查配套制度的构建为中心》，《政治与法律》2013年第4期。

事项，应当适当缩减证明对象，比如实体事实并不是主要审查对象，侦查监督也不在该程序辐射范围内。同时，降低证明标准也是满足该程序功能要求的途径。

（四）羁押理由的可变性，实行分段式羁押

由于羁押审查程序的功能在于判断是否有必要羁押等待审判，是一种预防性事实的发生可能性，预防性事实发生可能性会随着时间变化而变化，随着事实和证据的变化而发生变化，其不像已经发生的犯罪事实，可以一次性完成证明，因此羁押必要性审查程序只能判断决定以后的一段时期内是否有社会危险性，而无法保证之后较长时期内是否有社会危险性，因此羁押必要性审查程序应该随着时间的推移，而再次启动。我国审前羁押的时间相对较长，采取分段式羁押制度是非常合适的。我国台湾地区就采取分段羁押、定期审查制度。目前我国侦查羁押采取了分段延长制度，然而审查起诉和审判阶段的羁押期限等同于办案期限，这不合理。笔者建议，在审查起诉和审判阶段，羁押一般也以一个月为期限，需要延长时，应当再次审批决定。

第二节　我国审前未决羁押率的现状及其下降成因分析

一、引言

（一）研究背景

审前未决羁押率（以下简称"羁押率"）是指在法院定罪之前，被羁押的犯罪嫌疑人、被告人，占该时间点处于刑事诉讼程序中的犯罪嫌疑人、被告人的比例[①]。基于无罪推定的理念，任何人未被法院判决有罪之前，应被推定为无罪。刑事司法应当以取保为常态，羁押为例外，犯罪嫌疑人、被告人有获得取保候审的权利。然而我国长期以来羁押率过高，成为各界致力解决的问题。有学者根据《中国法律年鉴》公布的数据，用批准、决定逮捕的人数除以提起公诉的人数，大致测算出全国起诉时的平均羁押率（有的称之为"捕诉比"），2005年以前我国羁押率一直高达90%以上，之后逐渐下降，在1990—2009年，全国检察机关羁押率为93.76%。[②]

[①]　一些研究用逮捕率表示审前未决羁押率，笔者认为这很容易让人误以为是报捕案件的逮捕比例，因此本书使用羁押率概念。

[②]　刘计划：《逮捕审查制度的中国模式及其改革》，《法学研究》2012年第2期。

一些研究解释了为何我国羁押率维持较高的水平，比如刑事逮捕保障侦查的功能容易异化成为侦查的附庸，[①] 异化为打击、严控犯罪、维护社会稳定的工具。[②] 有学者认为，其是由于侦查机关未承担证明责任和犯罪嫌疑人诉讼地位客体化造成的，[③] 也有学者从羁押事实误用的角度解释了我国羁押率较高的成因。[④] 还有学者认为我国超高羁押率的由来是缺乏中立的司法审查机制，逮捕与羁押不分离，[⑤] 缺乏有效羁押必要性审查制度和羁押替代性制度[⑥] 等。

近年来，已经有不少研究揭示出我国羁押率下降的现象。[⑦] 我国一些地区的羁押率下降至约40%。笔者根据1990年至2020年最高人民检察院向全国人民代表大会工作报告中的数据，统计了羁押率的变化，用逮捕人数除以起诉人数，大致算出我国的羁押率。整体而言，我国羁押率一直在下降，从2004年开始下降趋势十分明显，特别是2012年《刑事诉讼法》修改之后，2013年大幅度降至66.43%；之后相对稳定，2016年降至59.08%，2017年又有所回升，2019年为66.17%，2020年降至53%[⑧]（见图3-1）。

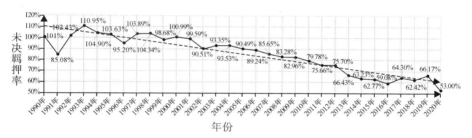

图 3-1 1990—2020 年未决羁押率走势图[⑨]

① 左卫民、马静华：《侦查羁押制度：问题与出路》，《清华法学》2007年第2期。
② 梁玉霞：《逮捕中心化的危机与解困出路——对我国刑事强制措施制度的整体讨论》，《法学评论》2011年第4期。
③ 李昌林：《审查逮捕程序改革的进路——以提高逮捕案件质量为核心》，《现代法学》2011年第1期。
④ 谢小剑：《我国羁押事实的适用现状及其规范化》，《法律科学》2017年第4期。
⑤ 陈瑞华：《审前羁押的法律控制——比较法角度的分析》，《政法论坛》2001年第4期。
⑥ 郭烁：《徘徊中前行：新刑诉法背景下的高羁押率分析》，《法学家》2014年第4期。
⑦ 马静华：《逮捕率变化的影响因素研究——以新〈刑事诉讼法〉的实施为背景》，《现代法学》2015年第3期。
⑧ 根据2021年最高人民检察院的工作报告，基于2019年下半年之后，认罪认罚案件的大量增加，适用率超过85%，审前羁押率降至2020年的53%。根据2022年最高人民检察院的工作报告，全年批准逮捕各类犯罪嫌疑人868445人，提起公诉1748962人，以捕诉比计算，2021年我国审前羁押率下降至49.6%。
⑨ 1990年至2020年，最高人民检察院的工作报告中缺了2012年的数据，引用了中国法律年鉴上的数据。

我国降低羁押率，提升人权保障程度已经取得了很大的成绩，然而对于如此重大积极的变化，由于受资源限制，学术上对于羁押率下降的成因缺乏实证化的调查分析。针对性的主要文献仅有一篇，其实证研究发现，检察机关对逮捕瑕疵案件的考核增强造成轻罪逮捕数量的急剧下降，这是导致逮捕数和逮捕率下降的关键性因素；由于指控式审核机制的作用，逮捕必要性审查对减少不当逮捕发挥了一定作用，但效果低于预期；至于"司法化"的审查逮捕程序，无论是讯问犯罪嫌疑人，还是听取辩护律师的意见，对逮捕决定的影响均较为有限。[①] 该研究卓有成效。然而，其未以整个诉讼阶段为对象，且沿用捕诉比计算审前羁押率不够准确；调查并未针对具体罪名展开，导致羁押率下降的影响性因素分析不够深入、具体。相反，有学者认为我国羁押率下降的主因是危险驾驶罪等轻罪名的扩张，并不认可检察机关的社会危险性审查发挥了主要作用。因此，从学术角度，迫切需要实证调查，解释分析我国羁押率下降的成因。

2021 年 1 月，最高人民检察院针对我国严重暴力犯罪持续下降，法定、轻刑犯罪不断增加但审前羁押率一直较高的问题，对认罪认罚的轻罪案件积极推行"以非羁押为原则，羁押为例外"。本节研究具有重要的实践价值。

（二）研究方法

解释我国羁押率下降的成因，首先需要对羁押率下降的现状进行统计分析。现有多数研究方法都是用捕诉比来计算羁押率，该研究方法存在许多问题：其一，用捕诉比计算羁押率会产生一定的偏差，未决羁押率主要关注审查起诉时的羁押率，本应用审查起诉时处于羁押状态的数据，却使用了审查逮捕时的逮捕数据，之前逮捕普遍化时该研究方法尚可，当前强制措施变化较大，导致该方法不准确。其二，其未将刑事拘留作为羁押统计的对象，使问题简单化。其三，强制措施具有可变性，强制措施会随着诉讼进程而发生变化。在侦查阶段、审查起诉阶段、审判阶段，羁押率都有所不同。现有研究没有揭示出审前强制措施的变化，未展示不同阶段节点羁押率的变化。

本节要解决上述研究缺陷，试图从几个重要的节点，描述出羁押措施的适用情况，比如审查逮捕时、移送审查起诉时、移送起诉后，同时不仅关注逮捕，拘留也是重要的羁押手段，也将纳入羁押率的考察范围。进一步，

---

① 马静华：《逮捕率变化的影响因素研究——以新〈刑事诉讼法〉的实施为背景》，《现代法学》2015 年第 3 期。

已经有很多研究指出案件类型与羁押率下降有着密切关系，比如罪名、是否为未成年人案件、是否刑事和解，本节试图通过统计发现上述关系的定量特征。

羁押率最合理的计算方法，是真正统计某个时间点处于羁押状态的人数与在案被追诉人的比例。然而，公开的数据很难获得，这也是无法准确计算羁押率的真正原因。根据调查，笔者发现随着案件管理系统的开发，目前检察院审查逮捕、审查起诉的基础数据中会统计受案时的强制措施，用羁押人数除以审查起诉受案人数可以算出审查起诉时的羁押率。

有几个问题需要说明：其一，本节以基层司法机关为调查对象，因为其案件众多，决定了我国羁押率的主要面貌，相反市级以上司法机关所管辖案件量刑较重，很难被取保，不适宜成为调查对象。其二，受条件限制，上述对象分属不同地区，同一地区的其他司法部门情况，通过对法官、检察官访谈予以了解。其三，为了确保调查样本的多样性，本调查对象选择了不同经济发展程度的三个区域的司法机关。Q 区检察院、B 区检察院是位于南昌市经济较为发达的都会区检察院，R 县检察院位于经济不够发达的郊县区城市①。之所以选择这几个司法单位，是因为其在调查地所在省份具有典型代表性，虽然同属某一省份，其在全国亦有典型代表性。② 其四，对于 R 县、Q 区和 B 区检察院，主要通过案管系统，调取其 2014—2020 年审查起诉和审查逮捕基础数据。为配合数据统计，笔者访谈了 15 名检察官，6 名法官及 2 名公安侦查人员。

二、我国审前未决羁押率下降的基本特点

（一）审查起诉时羁押率大幅下降，经济发展不同的城市之间分化严重

由于报捕的案件中，检察院对部分案件认为无社会危险性而不批捕，公安机关只能在取保的状态下移送审查起诉，同时，公安机关预测不会被批捕，更多的案件不报捕直接起诉，所以审查起诉时羁押率大大下降。

---

① Q 区区域面积约 43.2 平方公里，人口约 32 万，2019 年完成地区生产总值约 388 亿元，财政总收入完成 45.57 亿元。B 区地域面积为 160 平方公里，全区常住人口总数为 52.97 万人，2019 年完成地区生产总值 530.1 亿元，财政总收入完成 67.4 亿元。R 县位于江西省东北部，信江中下游，辖 4 个乡 7 个镇，总面积 932.8 平方公里，总人口 38.51 万人，2020 年，全区实现地区生产总值 164.45 亿元，财政总收入 25.96 亿元。

② 实证论文的代表性往往会引起争议，但是客观而言，实证调查无法穷尽所有资源，只能抽取部分样本展开分析。本书通过查阅文献，收集其他地域数据确保本文数据的代表性。同时，吸收了最高人民检察院部分业务厅局的意见，在一定程度上保障了结论在全国的代表性。

2014 年之后三地的羁押率稳中有降：R 县检察院审查起诉时的羁押率平均约为 40%；相反，在 Q 区 2014 年至 2017 年审查起诉时的羁押率高达 70%，之后由于危险驾驶类案件的大量增加使未决羁押率降至 51%，但 2020 年有所上升；B 区稳中有降，平均约为 73%（见图 3-2）。

该数据表明都会区与郊县区检察院审前羁押分化严重，两者相差高达 30%。由于在审查起诉阶段，强制措施变化的概率非常小，捕后羁押必要性审查解除羁押的案件极个别，取保转为羁押的案件也极少，可以认为该状态、比例将持续整个审查起诉阶段。由于城市的案件基数大，且 2021 年羁押率数据还在下降，上述数据的平均值表明我国羁押率平均约为 50%，这和其他的调研数据吻合。

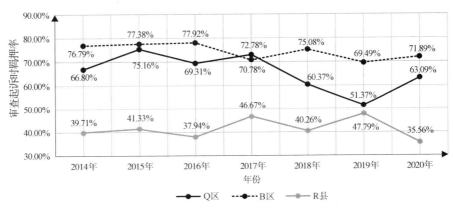

图 3-2　Q 区、B 区与 R 县审查起诉时羁押率 2014—2020 年走势图

（二）批准逮捕率仍处于高位，不能反映未决羁押率

尽管羁押率在下降，但批准逮捕率仍维持高位，三地的逮捕率平均高达 85%，B 区稳中有升，Q 区逮捕率不断攀升，R 县变化较大（见图 3-3），但是不排除个别年份逮捕率有明显的降低。1998 年至 2010 年上半年间，我国逮捕率长期高达 90%；[1] 2012 年《刑事诉讼法》修改之后，检察机关提高了社会危险性以及其他不捕判断标准，这导致了检察院逮捕率的下降，之后逮捕率又回升。事实上，Q 区的数据非常说明问题，该区检察院逮捕率在 2012 年、2013 年有所下降之外，又呈逐渐回升的状态，背后的原因是检察院和公安机关磨合之后，公安机关按照检察院的要求调整了报捕标准，逮捕率自然稳步上升。

---

① 李昌林：《审查逮捕程序改革的进路——以提高逮捕案件质量为核心》，《现代法学》2011 年第 1 期。

这里有一个很有意思的现象，R县的逮捕率高达90%，羁押率却很低，约为40%，而Q区的逮捕率也达90%，羁押率却相对较高，约为70%。这更加说明，逮捕率的高低并不能反映羁押率。从2014年起，我国的羁押率基本维持，变化很小说明公安机关、检察院对逮捕标准达成一致，随着认罪认罚从宽制度的推进，各级检察机关从严把握逮捕标准，我国羁押率可能面临一轮新的下降。但是，不能将逮捕率作为长期考核指标，否则会对审前羁押制度造成反向破坏。

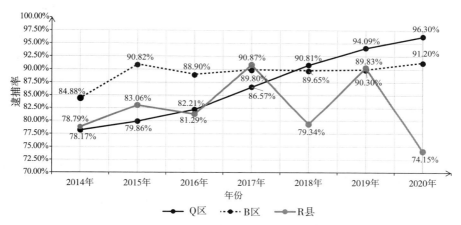

图3-3 Q区、B区与R县逮捕率2014—2020年走势图

（三）刑事拘留适用普遍

大多数犯罪嫌疑人在案件侦查初期被刑事拘留，之后有些被取保直诉，有些被转为逮捕。所以，尽管审查起诉时的羁押率大幅度下降，但是诉讼过程中，嫌疑人曾经被拘留逮捕过的比例非常高。2012年《刑事诉讼法》修改之后，报捕案件仍以刑事拘留作为常规前置措施。在报捕案件中，Q区、B区、R县报捕时被拘留的比例高达97%以上，只有极个别的案件以取保或者监视居住的状态报捕。只有很少案件在诉讼过程中未采取拘留措施。有调查表明，2013年1月至2014年3月，东、中、西部地区各选取一个基层法院，刑拘率为93%。[①]

（四）不捕直诉以及未采取羁押措施的案件增加

不捕直诉是指公安机关在侦查终结后，以非逮捕状态，移送检察院审查起诉。Q区、B区的不捕直诉案件约占审查起诉案件的30%，而在R县

---

① 孙长永、武小琳：《新〈刑事诉讼法〉实施前后刑事拘留适用的基本情况、变化及完善——基于东、中、西部三个基层法院判决样本的实证研究》，《甘肃社会科学》2015年第1期。

甚至高达 60%（见图 3-4）。不报捕直诉的案件并非都处于取保状态，还有部分案件嫌疑人处于监视居住和拘留状态，但是其所占的比例非常低，犯罪嫌疑人多数被取保候审。事实上，不捕直诉率与羁押率成反比关系，不捕直诉案件增加也是羁押率下降的重要原因。

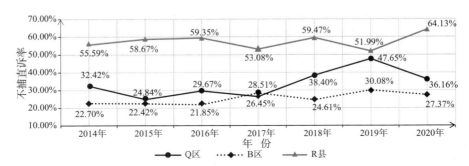

图 3-4　Q 区、B 区与 R 县不捕直诉率 2014—2020 年走势图

（五）审查逮捕后，羁押措施很少被改变，但法院在审判阶段将许多取保案件转逮捕

笔者访谈了被调查检察院的有关部门，逮捕之后极少数被取保。在逮捕之后，解除羁押措施的比例很低，一般不超过当期的 5%。[①]

法院并不会基于羁押必要性审查，主动为被告人取保候审，但是一旦被告人和被害人之间达成和解协议，导致案件有可能被判处缓刑的，一些被告人会在开庭前被取保候审。从调查来看，这只有极个别的案件。相反，取保在审判阶段转羁押有一定比例。通过调取公安机关执行法院逮捕决定书的数据，Q 区 2017 年为 48 人、2018 年为 74 人、2019 年为 90 人、2020 年 1 月至 11 月为 63 人，至少四分之一的取保者被转羁押。这是因为，我国法院担心被告人在审判阶段脱逃，导致作出的判决无法执行，于是法院对取保的被告人决定逮捕。调研时，检察官们普遍对此表示不满，甚至向法院提出过建议，但是法院仍坚持其做法，甚至一些危险驾驶罪的案件，为了保障拘役的执行也转逮捕，比如 2019 年 Q 区法院决定逮捕 90 人，其中就有涉嫌危险驾驶罪的 63 人。

---

① 笔者对 Q 地区的羁押必要性审查实效的研究也表明，捕后羁押必要性审查取保的案件比例一般不超过 5%，参见谢小剑：《羁押必要性审查制度实效研究》，《法学家》2016 年第 2 期；中国人民大学开展的归口试点研究，其数据较高，达到 9.2%，参见陈卫东：《羁押必要性审查制度试点研究报告》，《法学研究》2018 年第 2 期。试点改革很容易引起办案机关的重视，从而推高制度运行效果。

（六）不同罪名的羁押率差异较大

由于十大罪名所占比重较大，其取保候审率对羁押率的影响较大，对其统计具有较大意义。占比最多的十大罪名，在都会区和郊县区有所不同，但盗窃罪、故意伤害罪、走私、贩卖毒品罪、容留他人吸毒罪、危险驾驶罪、交通肇事罪、诈骗罪、寻衅滋事罪，稳居前几位，排在后面的罪名各地有所不同，比如偏远的县城排在后面的有非法捕捞水产品罪、滥伐林木罪，都会区则无这些罪名。而且，与都会区危险驾驶罪稳居第一不同，郊县区开设赌场罪、交通肇事罪数量可能超过危险驾驶罪。

三地十大罪名不同的取保率主要分为四个层次：第一层次是危险驾驶罪，部分偏远县域的非法捕捞水产品罪、滥伐林木罪取保率将近100%。第二层次是故意伤害罪、交通肇事罪、寻衅滋事罪、开设赌场罪取保率在40%～70%，其中经济发展程度不同的城市上述罪名取保率相差20%。第三层次是盗窃罪取保率在15%～20%。第四层次毒品类犯罪，其取保率不超过5%。但也有例外，比如诈骗罪取保率R县为50%，Q区为20%，而在B区不超过5%。

（七）各罪名取保候审集中度高，占审查起诉案件的比重并不高，各罪名对羁押率下降贡献有限

Q区取保候审的十大罪名中，危险驾驶罪、盗窃罪、故意伤害罪、交通肇事罪、容留他人吸毒罪这五个罪名集中度非常高，基本每年都排前几位，其占取保候审的55%～80%，其他五个占10%～20%（见表3-1至表3-3），剩下的罪名分散得更为严重。R县取保候审的十大罪名中，也是危险驾驶罪、故意伤害罪、交通肇事罪、开设赌场罪以及诈骗罪占取保候审的50%以上（见表3-7至表3-9）。整体而言，十大取保罪名占整个取保案件中比例非常高。

表3-1 Q区2020年移送审查起诉的十大罪名及取保率 （单位：人）

2020年十大罪名	走私、贩卖毒品罪	危险驾驶罪	容留他人吸毒罪	交通肇事罪	故意伤害罪	盗窃罪	非法吸收公众存款罪	诈骗罪	伪造、变造、买卖国家机关公文、证件、印章罪	寻衅滋事罪
罪名取保/罪名总数	5/296	205/208	4/93	18/23	10/23	2/21	6/17	5/21	5/12	5/10
罪名取保率/%	1.69	98.56	4.30	78.26	43.48	9.52	35.29	35.29	41.67	50.00

表 3-2　Q 区 2019 年移送审查起诉的十大罪名及取保率　　　（单位：人）

2019 年十大罪名	危险驾驶罪	走私、贩卖毒品罪	盗窃罪	容留他人吸毒罪	故意伤害罪	非法吸收公众存款罪	交通肇事罪	寻衅滋事罪	开设赌场罪	诈骗罪
罪名取保/罪名总数	184/185	1/46	5/44	3/30	3/29	1/25	10/20	4/18	3/15	2/12
罪名取保率/%	99.46	2.17	11.36	10.00	10.34	4.00	50.00	22.22	20.00	16.67

表 3-3　Q 区 2018 年移送审查起诉的十大罪名及取保率　　　（单位：人）

2018 年十大罪名	盗窃罪	危险驾驶罪	故意伤害罪	走私、贩卖毒品罪	容留他人吸毒罪	寻衅滋事罪	非法吸收公众存款罪	开设赌场罪	诈骗罪	交通肇事罪
罪名取保/罪名总数	17/104	86/86	20/42	3/29	2/25	11/21	1/19	8/18	0/16	9/14
罪名取保率/%	16.34	100.00	47.62	10.34	8.00	52.38	5.26	44.44	0.00	64.29

表 3-4　B 区 2020 年移送审查起诉的十大罪名及取保率　　　（单位：人）

2020 年十大罪名	组织卖淫	开设赌场	盗窃	伪造、变造、买卖国家机关公文、证件、印章罪	故意伤害	交通肇事	诈骗	容留他人吸毒	贩卖毒品	危险驾驶
罪名取保/罪名总数	0/25	4/56	49/240	1/36	9/40	20/33	3/52	5/168	9/485	271/274
罪名取保率/%	0.00	7.14	20.42	2.78	22.50	60.60	5.77	2.98	1.86	98.91

表 3-5　B 区 2019 年移送审查起诉的十大罪名及取保率　　　（单位：人）

2019 年十大罪名	非法拘禁	开设赌场	盗窃	寻衅滋事	故意伤害	交通肇事	诈骗	组织卖淫	贩卖毒品	危险驾驶
罪名取保/罪名总数	3/53	8/69	23/227	1/34	20/79	24/39	2/47	1/39	3/75	239/241
罪名取保率/%	5.66	11.59	10.13	2.94	25.32	61.54	4.26	2.56	4.00	99.17

表 3-6　B 区 2018 年移送审查起诉的十大罪名及取保率　　（单位：人）

2018 年十大罪名	非法拘禁	寻衅滋事	盗窃	聚众斗殴	故意伤害	非法持有毒品	诈骗	容留他人吸毒	贩卖毒品	危险驾驶
罪名取保 /罪名总数	11/80	2/37	36/288	7/69	63/159	0/37	3/67	3/57	3/113	102/103
罪名取保率 /%	13.75	5.41	12.50	10.14	39.62	0.00	4.48	5.26	2.65	99.03

表 3-7　R 县 2020 年移送审查起诉的十大罪名及取保率　　（单位：人）

2020 年十大罪名	开设赌场	危险驾驶	交通肇事	盗窃	虚开增值税专用发票	故意伤害	诈骗	妨害公务	串通投标	寻衅滋事
罪名取保 /罪名总数	38/55	26/27	15/22	7/21	14/20	12/20	9/19	4/13	11/12	6/12
罪名取保率 /%	69.09	96.30	68.18	33.33	70.00	60.00	47.37	30.77	91.67	50.00

表 3-8　R 县 2019 年移送审查起诉的十大罪名及取保率　　（单位：人）

2019 年十大罪名	开设赌场	敲诈勒索	交通肇事	危险驾驶	故意伤害	盗窃	非法采矿	虚开增值税专用发票	信用卡诈骗	诈骗
罪名取保 /罪名总数	10/43	9/42	29/37	28/28	15/24	6/24	2/23	11/21	18/20	8/17
罪名取保率 /%	23.26	21.43	78.38	100.00	62.50	25.00	8.17	52.38	90.00	47.06

表 3-9　R 县 2018 年移送审查起诉的十大罪名及取保率　　（单位：人）

2018 年十大罪名	盗窃	交通肇事	故意伤害	危险驾驶	聚众斗殴	诈骗	开设赌场	敲诈勒索	贩卖毒品	寻衅滋事
罪名取保 /罪名总数	8/43	36/43	21/29	24/25	9/23	11/22	15/20	2/17	3/14	7/11
罪名取保率 /%	18.60	83.72	72.41	96.00	39.13	50.00	75.00	11.76	21.43	63.64

　　十大取保候审罪名占同期所有案件的比例，显示了该罪名对羁押率下降的贡献。然而，其比例并不高，一般不超过 5%，占比较高的是 R 县的开设赌场罪、交通肇事罪，有的年份约占 10%（见图 3-5），说明取保候审的分散化。例外是，在经济发达城区危险驾驶罪人数占取保总数比例越来越高，这直接导致羁押率下降 15%～30%。

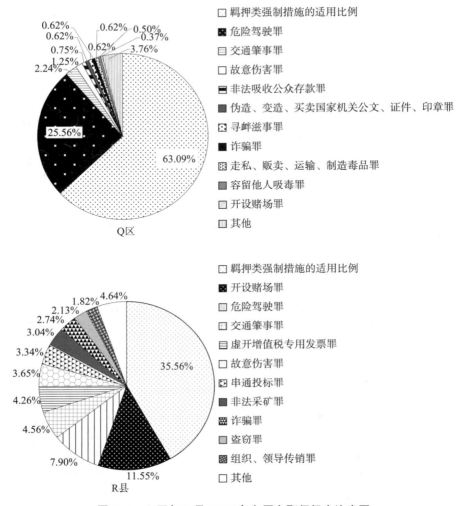

图 3-5　Q 区与 R 县 2020 年各罪名取保候审比率图

上述数据可以勾勒出我国强制措施的基本情况，在侦查过程中，随着证据收集的完善，特别是在获取口供之后，除约 10% 的案件外，其他多数犯罪嫌疑人被采取拘留措施。之后，一部分案件被提请逮捕，报捕中约 15% 的案件不被批准，一部分被取保候审直接移送检察院审查起诉。总体而言，都会区级检察院审查起诉时羁押率约为 70%，而在偏远县级检察院则约为 40%。无论是羁押还是取保，之后强制措施一般不发生大的变化，捕后改变羁押的一般不超过 5%，案件到了法院审判阶段之后，强制措施的变化主要是将取保案件羁押。由于约 10% 的轻微案件被不起诉，整体而言审判阶段的羁押率要高于审查起诉阶段。

三、我国羁押率下降的成因分析

（一）刑事法网扩张导致轻罪罪名增加是羁押率下降的实体因素

客观而言，轻罪越多，取保的可能性越高，从调查来看，随着许多行政违法行为入刑，其刑罚相对较低，导致羁押率有所下降。而羁押率的城市差异也显示出其相关性，经济落后地区的取保率远高于城区，正是因为经济落后地区的轻罪罪名较多。表现有两个重要的因素：

其一，危险驾驶行为入刑。2011 年的《刑法修正案（八）》将危险驾驶写入刑法，由于其最多只能判处拘役，不符合逮捕的刑罚条件，不能逮捕，从而拉低了羁押率。作为城区检察院的 Q 区、B 区，危险驾驶罪成为主要的取保罪名之一，仅该因素导致 Q 区 2017 年羁押率下降 5%，B 区下降 4.2%，近几年危险驾驶罪剧增，导致 Q 区、B 区羁押率下降 15%～30%（见表 3-1 至表 3-6）。即使是偏远地区 R 县也导致羁押率下降 5%～8%（见表 3-7 至表 3-9），两者成正比例关系。根据《最高人民法院 2020 年工作报告》，危险驾驶罪案件 2019 年审结 31.9 万件，跃居第一，占比 24.5%。同时，根据《最高人民检察院 2020 年工作报告》，20 年来严重暴力犯罪的案件明显下降。

然而，如果认为未决羁押率下降的主因是危险驾驶罪的增加也不符合客观事实，有三个理由：一是被调查地区危险驾驶罪占其刑事案件的比例有限，[1] 从而决定了其是降低羁押率的重要因素之一，数据显示即使 2018—2020 年，Q 区、B 区至少还有约 12% 的非该罪名案件被取保（见图 3-6）。二是从 2014 年危险驾驶类案件不多时，羁押率已经大幅下降。三是偏远地区危险驾驶罪案件仅约占取保案件的 7%，未决羁押率下降必定还有其他主要因素。一般来说，危险驾驶案在城市中发案更多，而在偏远县区发案更少，两者差异非常大，从而其推动了城区院羁押率的下降，但几乎不能解释偏远县区院羁押率下降的原因。

其二，近年来，为了应对废除劳动教养制度所带来打击不力的局面，刑法修正案将许多之前行政处罚的行为入罪，比如多次盗窃、扒窃，这些案件取保的概率非常高，也进一步扩大了取保案件数。事实上随着当前电子交易越来越广，盗窃数额三万以上的案件相对较少，从而导致很多案件所能

---

① 2011 年 5 月至 12 月，全国法院一审收受危险驾驶案 12063 件；2012 年至 2014 年，全国法院一审收受的危险驾驶案分别为 64896 件、91042 件和 111490 件。同时，2011 年至 2014 年，全国法院一审收受的全部刑事案件分别为 845714 件、996611 件、971567 件和 1040457 件。参见刘仁文、敦宁：《醉驾入刑五年来的效果、问题与对策》，《法学》2016 年第 12 期。

判处的刑期较短，一旦选择认罪、赔偿、交罚金，就很有可能被取保候审。有学者认为，2013 年最高人民法院和最高人民检察院联合发布的司法解释中，调整了盗窃入罪的标准，使得盗窃案件大量取保。①

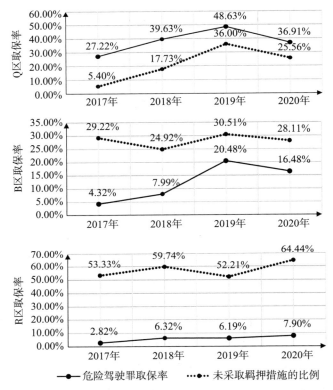

图 3-6　Q 区、B 区和 R 县危险驾驶罪取保率与未采取羁押措施比例对比图

　　然而，从调查来看，盗窃罪是各地区取保候审的主要罪名之一。经济发达地区取保候审的十大罪名都有该罪名，稳居前五位。然而，盗窃罪取保率约 15%，盗窃罪取保候审占所有案件比例可能更低，且不断下降，比如 Q 区从 3.7% 降至 0.3%，B 区从 2.8% 降至 1.94%（见表 3-1 至表 3-6），经济不发达地区取保候审比例更低。由于盗窃罪取保率不高，羁押率较高，其取保并不是羁押率下降的重要原因，相反，其可能构成羁押率维持高位的重要原因。

　　（二）落实从宽刑事政策是政策基础
　　2006 年《中共中央关于构建社会主义和谐社会若干重大问题的决定》

---

　　①　郭烁：《取保候审适用的影响性因素实证研究》，《政法论坛》2017 年第 5 期。

正式提出实行宽严相济的刑事司法政策，强调刑罚处遇的两极化，要求"当宽则宽，该严当严，宽严有度"，要求有区别地对待不同的犯罪嫌疑人，加大犯罪处遇的非监禁化，一些可能判处较轻刑罚的案件采取非羁押的方式办案更符合该理念。实践中，未成年人司法、刑事和解都充分体现了宽严相济刑事政策的精神和要求，对这类案件要求进行更充分地社会危险性审查，从而降低羁押率。

1. 强力推进刑事和解制度，降低了羁押率。其主要有以下重要表现：其一，访谈中多个检察官表示，获得被害人的谅解、和解是获得取保候审的关键。从调查来看，各地取保候审前三的罪名包括故意伤害罪、交通肇事罪、盗窃罪，都是刑事和解的最主要罪名。

其二，刑事和解成为无社会危险性不捕的重要理由。检察院案件管理电子系统特别关注刑事和解导致的不捕，在相对不捕中设置专门栏目予以统计，这反映对刑事和解的高度重视。据笔者统计，2015 年至 2017 年，Q 区刑事和解不捕 55 个，占当期社会危险性不捕的 59%，也就是说因为刑事和解，约 5% 的案件被不批捕。这个数据仅指逮捕时，当事人之间达成和解协议，从而作出不捕决定的数据。

其三，在审查起诉阶段也有不少案件因为刑事和解而不起诉。从调查来看，有的检察院因刑事和解而不起诉的案件占不起诉案件的大多数，比如 B 区；也有的地区所占比例不高，比如 Q 区。但据笔者统计，和解不起诉约占当期案件的 5%，一旦达成和解不起诉，就会取保、释放。

2. 对未成年人的特殊刑事政策。我国长期以来形成对未成年人特殊的刑事政策，实行教育、感化、挽救的方针，坚持教育为主、惩罚为辅的原则，《刑事诉讼法》第 280 条第 1 款明确要求"严格限制适用逮捕措施"。降低未成年人案件的羁押率已经成为一个重要的共识，导致未成年人羁押率明显下降。[1] 其反映出近年我国对未成年人教育挽救的刑事政策，以行政管理的方式强行推行带来的积极变化。比如，未成年人被羁押可能导致其目标考核被负面评价。[2] 该考核一直持续至今。据笔者统计，Q 区未成年犯罪嫌疑人、被告人的取保率约为 42%，均高于同期普通刑事案件取保率约15%。然而，2018 年之后显著下降至 20%，甚至低于同期的取保候审率。

① 张栋：《未成年人案件羁押率高低的反思》，《中外法学》2015 年第 3 期。
② 2016 年，重点考核相对不捕率。本院相对不捕率高于全市未成年人刑事案件相对不捕率的，计 4 分；每超过 1 个百分点的，加 0.25 分（1 分封顶）；低于全市未成年人刑事案件相对不捕率的，减 0.25 分。2017 年本院相对不捕率高于全市未成年人刑事案件相对不捕率的，每超过 1 个百分点的，加 0.25 分（2 分封顶）；低于全市未成年人刑事案件相对不捕率的，减 0.25 分。

B 区未成年犯罪嫌疑人、被告人的取保候审率平均约为 33%（见表 3-10 至表 3-11）。

表 3-10　Q 区未成年人案件数及取保率一览表

年份	未成年人数 / 人	起诉时取保数 / 人	取保率 /%
2020	11	2	18.18
2019	15	3	20.00
2018	9	0	0.00
2017	12	6	50.00
2016	8	5	62.50
2015	31	18	58.06
2014	8	4	50.00

表 3-11　B 区未成年人案件数及取保率一览表

年份	未成年人数 / 人	起诉时取保数 / 人	取保率 /%
2020	69	20	28.98
2019	37	12	32.40
2018	60	24	40.00
2017	71	36	50.70
2016	42	6	14.30
2015	59	19	32.20
2014	55	14	25.50

然而，从历年的数据来看，未成年人案件并不多，每年占所有案件的比例非常低，B 区在 10% 以下，Q 区约为 5%。未成年人案件取保率也并不是特别高。导致羁押率进一步下降的原因，虽然有未成年人刑事政策的贡献，但其贡献有限。

3. 在不同地区取保候审的罪名体现出完全不同的特色，比如在相对偏远的县，一些破坏生态环境的案件得到了较为宽大的处理，其取保候审的比例非常高。据笔者访谈，这是因为当地司法系统高度重视恢复性司法，着重于生态的恢复而不是惩罚，当事人履行"补植复绿"义务成为取保的重要理由。

4. 我国正在推进认罪认罚从宽制度改革，这一项改革会对羁押率的变化产生一定的影响。现行法律已经将认罪认罚作为取保候审的重要考虑因素，理论上认罪认罚从宽制度可能会导致未决羁押率的进一步下降。最高人民检察院提出的"少捕慎诉慎押"政策，与认罪认罚从宽制度改革结合，促使羁押率开始新一轮下降。《刑事诉讼法》已经将认罪认罚作为社会危险性审查的重要考虑因素，2019年下半年起认罪认罚从宽案件的比重提高到80%以上，2020年未决羁押率向下降低13%[①]，新一轮下降即将开始。

（三）捕后轻刑率考核是羁押率下降的重要原因

我国刑事逮捕要求判处徒刑以上刑罚，然而长期以来我国构罪即捕，不重视刑罚条件的审查。2012年《刑事诉讼法》修改之后，被调查检察院开始捕后轻刑率考核[②]；2015年取消了捕后轻刑率的考核。然而，每年的案件质量评查都将其作为重要内容，一旦发现问题就会影响其工作评价，可见检察院仍然重视轻刑率的控制。2018年被调查检察院又重新考核捕后轻刑判决率："捕后轻刑判决率与全市相比，每多一个百分点减0.5分；每少一个百分点加1分。"

捕后轻刑率的考核，会产生两方面的效果：一是轻微的案件不捕，二是无社会危险性的案件更可能不捕，因为轻微的案件多数社会危险性也较低。在我国并未建立有效的社会危险性及其证明制度的基础上，捕后轻刑率的考核可能成为羁押率下降的重要因素。多位检察官在访谈中认为捕后轻刑率是他们对轻罪取保的重要决定性因素。

事实上，从2014年至2020年，Q区的捕后轻刑案件中判处徒刑以下刑罚（不包括缓刑）在不断下降，从29.1%下降至约6.73%。同时，Q区判处徒刑以下刑罚的人数，占审查起诉数量的比例约为30%。B区轻刑率约为28%，逮捕后轻刑约占8%。R县的未羁押比例已经高达60%，仍有约10%的捕后轻刑案件（见表3-12）。这说明：其一，逮捕的案件仍有很多案件判处轻刑，如果加上缓刑则其比例更高。未决羁押率还有一定的下降空间。其二，轻刑案件占比并没有非常高，即使所有的轻刑案件被取保，也只能降低约30%的未决羁押率，说明很多案件取保并不是因为案件轻微。从R县的数据来看，很多重罪案件也被取保。同时，轻刑案件数与同期审查起诉时的羁押率成正比关系，说明轻罪案件的变化可能影响羁押率。其三，从数字上看，轻刑案件中有一定比例的被追诉人被逮捕，这说明轻刑案

---

① 还有疫情的因素。根据最高人民检察院公布的主要办案数据，2020年1月至6月，全国检察机关共批准和决定逮捕各类犯罪嫌疑人280333人，共决定起诉673310人，捕诉比降至42%，说明疫情期间，提高了羁押的标准，这是2020年未决羁押率下降的主要原因。

② 根据其考核标准，轻刑仅指判处徒刑以下刑罚以及做不起诉处理。

件仍有可能被羁押,一定有其他因素介入导致作出取保候审决定。笔者认为认罪态度、交罚金等诉后因素是案件轻刑化的主要因素,还有重要因素是社会危险性,社会危险性高的案件即使是轻刑也会被羁押,从而轻刑案件被取保也要考量社会危险性。这从笔者对检察官的访谈中得到证实。

表 3-12 Q 区、R 县与 B 区的轻刑率 [1]

年份	Q 区				B 区			
	轻刑 / 人数	轻刑率 /%	逮捕轻刑 / 人数	捕后轻刑率 /%	轻刑 / 人数	轻刑率 /%	逮捕轻刑 / 人数	捕后轻刑率 /%
2020	212/758	27.97	32/476	6.73	453/1448	31.28	81/1017	7.96
2019	239/511	46.77	51/262	19.47	105/440	23.86	27/209	12.92
2018	183/487	37.58	51/290	17.59	124/376	32.98	28/149	18.79
2017	115/395	29.11	49/283	17.31	101/418	24.16	16/184	8.70
2016	113/331	34.14	40/216	18.5	116/326	35.58	17/124	13.71
2015	147/432	34.03	80/328	24.3	120/355	33.80	16/141	11.35
2014	87/235	37.02	43/148	29.05	67/305	21.97	6/119	5.04

年份	R 县			
	轻刑 / 人数	轻刑率 /%	逮捕轻刑 / 人数	捕后轻刑率 /%
2020	65/329	19.76	10/115	8.70
2019	105/440	23.86	27/209	12.92
2018	124/376	32.98	28/149	18.79
2017	101/418	24.16	16/184	8.70
2016	116/326	35.58	17/124	13.71
2015	120/355	33.80	16/141	11.35
2014	67/305	21.97	6/119	5.04

(四)社会危险性审查是降低羁押率的关键程序

近年来,检察机关强化了社会危险性审查,该审查导致逮捕率有了一定程度的下降,也倒逼公安机关提高了报捕标准,从而使更多的案件不再报捕。

有学者认为,轻罪逮捕率的下降是羁押率下降的"关键性因素",由于受指控式审查机制的影响,逮捕必要性审查只是羁押率下降的局部影响因

---

① 只收集到 Q 区、B 区强制措施与量刑的对应适用,而且每年都会有一部分案件的刑罚处于空白状态。

素，其功能发挥不如前者。① 笔者认为，轻罪逮捕率下降并不是羁押率下降的唯一主因，因为如前文所述，轻刑案件占比并没有那么高，特别是即使轻刑案件也要社会危险性不高才能被取保，表现为捕后轻刑率仍维持较高比例。同时，扩大刑事法网带来羁押率下降，只是实体法调整带来的自然变化，不能反映出降低羁押率的程序努力。羁押率下降是由于所有案件中都出现了非羁押现象，社会危险性审查功不可没。这可以从以下几个方面证实：

其一，从调查来看，审查起诉时取保候审的案件类型分布范围非常广，基本约占所有罪名的50%，有时甚至达到65%。从各地十大罪名排名来看，排到11位的罪名案件数仅约4个，之后许多罪名可能只有1～2个案件，这个案件可能恰恰不能取保，否则也会成为取保罪名。取保候审已经覆盖了绝大多数的罪名。这说明社会危险性审查全面发挥作用，并不仅仅因为轻罪罪名的增加，而导致羁押率下降。

其二，社会危险性审查是不逮捕的重要原因。从社会危险性审查导致不逮捕的数据来看，导致Q区、B区报捕的案件有8%～15%不捕，从而降低了羁押率。其中，无社会危险性不捕占不逮捕比例的多数。同时，严格的社会危险性审查倒逼公安机关提高了报捕的社会危险性判断标准。特别是，2015年最高人民检察院、公安部联合颁布的《关于逮捕社会危险性条件若干问题的规定（试行）》，要求公安机关在报捕时，提交社会危险性理由，进一步促使公安机关认识到社会危险性对于逮捕的重要意义，导致不捕直诉案件的显著增加，如前所述，各地有30%～40%的案件不捕直诉。

其三，一些严重的犯罪也取保候审，甚至取保候审的案件还不少。据统计，Q区、B区、R县取保的案件中，最终判处徒刑以上刑罚的比例高达30%。比如各地调查中，容留吸毒案甚至走私贩卖毒品案也被取保，说明取保候审的理念已经全面贯彻到刑事司法之中。值得注意的是，2018年之后，取保案件重刑的比例明显下降，和羁押率上升成反比，比如Q区。

其四，捕后羁押必要性审查延续社会危险性审查。从实证调查来看，捕后羁押必要性审查导致大约5%的案件，在逮捕后被取保候审。

（五）取保候审监管手段的提高是主要助推因素

近年来，我国对社会的控制能力更强，一是手机、上网实名制，在网吧

① 马静华：《逮捕率变化的影响因素研究——以新〈刑事诉讼法〉的实施为背景》，《现代法学》2015年第3期。

上网也需要出示身份证，导致犯罪嫌疑人逃跑之后，很难融入现代社会。二是交通方式上，火车票都需要凭身份证购买，甚至购买汽车票都要出示身份证，住宿也必须出示身份证。三是不采取传统通缉方式，而是网上追逃，一旦相关信息暴露，各地办案机关能够很快得到信息，实行抓捕，控制能力更强。在访谈中，一些公安人员表示，不担心逃跑，现在很容易通过网上追逃，抓获犯罪嫌疑人。

特别值得一提的是，公安机关的质量评判标准在 2014 年也发生变化。2013 年中央政法委在《关于切实防止冤假错案的规定》中提出：建立健全科学合理、符合司法规律的办案绩效考评制度，不能片面追求逮捕率等指标。一些地方的公安机关取消了对逮捕数的考核，相反开始考核不起诉案件数，导致公安机关不介意在取保的同时移送审查起诉，即不捕直诉。这是导致羁押率下降的关键因素。[①] 据笔者调查，当地公安机关根据《江西省公安机关执法质量考评实施办法》从 2014 年开始不再考核逮捕率、逮捕数，开始执法质量的考评："考评年度内检察机关决定不起诉和人民法院判决无罪的刑事案件。" 2015 年中央政法委要求各地政法机关对各类执法司法考核指标进行全面清理，坚决取消刑事拘留数、逮捕率、起诉率、有罪判决率、结案率等不合理的考核项目。这推动了公安机关取保直诉，降低了羁押率。

此外，还有一些因素可能降低了羁押率，都在调研中得到证实。其一，我国存在地域歧视，对外地人羁押比例明显较高。[②] 由于外地人在城里的多，所以羁押率较高，而在偏远地区较少，所以羁押率较低，这指明了制约城市羁押率下降的关键因素。同时，城区的恶性案件较多，而偏远地区民风较淳朴，重大案件较少，熟人间犯罪又容易谅解、和解，从而被取保候审。其二，有论者根据《中国法律年鉴》的数据，统计出 2008—2011 年，我国职务犯罪案件逮捕率的年平均值不足 45%。[③] 调查对象B区、D县、R县，职务犯罪也属于取保候审的十大罪名。然而，由于职务犯罪案件每年只有个位数，导致其对当地的羁押率影响有限。

当然，上述因素不是独立存在的，比如轻刑案件既可能在刑罚标准上达不到逮捕标准，也可能是社会危险性发挥作用的重要理由。羁押率下降是上述多种因素共同作用的结果。

---

① 马静华：《逮捕率变化的影响因素研究——以新〈刑事诉讼法〉的实施为背景》，《现代法学》2015 年第 3 期。

② 宋英辉：《关于取保候审适用具体问题的调研分析》，《法学》2008 年第 6 期。

③ 张际枫、孙军：《职务犯罪案件逮捕措施适用状况实证分析》，《人民检察》2013 年第 14 期。

四、我国羁押率下降的进一步路径

审前羁押率过高，羁押期限过长，[①] 仍然是我国刑事司法中的一个问题，最高人民检察院提出"少捕慎诉慎押"的刑事政策非常及时、正确。当前，检察系统已经将降低未决羁押率作为检察机关工作中的重点和难点，有必要采取有效举措降低审前羁押率。这是我国落实无罪推定原则精神内涵的重要体现，任何人被定罪之前都假定为无罪，自然应当享有保释的权利，可以以自由的状态等待审判，降低审前羁押率对于提升我国刑事司法的国家形象大有助益。同时，犯罪嫌疑人、被告人以自由的状态等待审判有助于充分保障犯罪嫌疑人、被告人的辩护权，包括其与律师之间的交流权，更有效地实现控辩平衡。特别是，降低审前羁押率有助于提升犯罪嫌疑人、被告人的人权保障程度，是我国完善人权司法保障制度的重要内容，对于落实十八届三中全会提出的人权司法保障制度有实质性推动作用。而且，降低审前羁押率也有助于缓解我国当前审前羁押场所面临的压力。

我国羁押率是否还有下降的空间是一个重要的问题。有一种观点认为，治安违法行为在我国并不是犯罪行为，而在域外属于轻微犯罪，由于这类案件众多且取保候审的比例非常高，从而域外羁押率低于我国是正常的，因此我国当前羁押率下降空间十分有限。然而，笔者认为，我国羁押率仍有下降的空间。其一，域外羁押率普遍没有超过50%，为10%～30%。[②] 其远低于我国。其二，对检察官的访谈显示，还有很多案件可以不羁押，羁押率还有进一步下降的空间。有统计分析表明，我国判处徒刑以上刑罚人数一直仅占检察机关逮捕人数的 6 成多，[③] 说明羁押率仍有下降空间。其三，与被调查都会区检察院审前羁押率高达 70% 不同，我国有的都会区检察院羁押率降低至约 40%。据统计，2017 年苏州全市检察机关受理的移送审查起诉案件，羁押率为 38.3%。[④] 这说明羁押率还有一定下降的空间。其四，从调查来看，羁押的十大罪名与取保候审十大罪名相似度非常高，比如盗窃、容留吸毒、故意伤害、交通肇事等犯罪，既是取保较多的罪名，也是羁押较多的罪名。一些罪名的羁押率仍有较大的下

---

①　平均每个（实刑）被告人需要被羁押超过 5 个月的时间。参见王禄生：《论刑事诉讼的象征性立法及其后果——基于 303 万裁判文书的自然语义挖掘》，《清华法学》2018 年第 6 期。

②　林喜芬：《解读中国刑事审前羁押实践——一个比较法实证的分析》，载《武汉大学学报（哲学社会科学版）》2017 年第 6 期。

③　刘计划：《我国逮捕制度改革检讨》，《中国法学》2019 年第 5 期。

④　滑璇：《苏州：审前羁押率已降至 38.3%》，《南方周末》2017 年 6 月 6 日。

降空间,比如盗窃罪、诈骗罪等,其中一个重要的原因是对外地人不轻易采取取保候审措施,而这显然可以改变。然而,考虑到我国刑事案件范围确实要小于域外,且我国重视羁押的司法传统,我国羁押率虽有下降的空间,但空间相对有限。

对于降低审前羁押率的路径,已经有不少学者从司法制度层面提出了建议。实际上,降低审前羁押率还存在司法理念、社会环境、内部管理等诸多障碍,需要完善目标管理考评等司法管理制度,建立对取保候审的有效监管措施以及合理的司法责任追究制度,优化羁押审查的诉讼结构,引导社会形成对非羁押措施的舆论环境等。[①] 本节主要针对前述实证调查发现的问题提出对策,笔者认为应当着重做好以下几个方面。

(一)以轻罪案件为中心,适当提高逮捕的刑罚条件

不同的案件类型会极大地影响羁押率,虽然犯罪案件类型不可控,但是案件是否符合逮捕标准是人为可控,提高案件审查逮捕的标准可以降低羁押率。逮捕的标准包括三个方面:一是证据条件,二是刑罚条件,三是社会危险性条件。我国证据条件把握标准较高,并不能通过其降低羁押率,降低羁押率应当聚焦于后两者,并进而倒逼公安机关提高报捕标准。

羁押率的变化受制于案件实体事实变化。轻刑案件既可以认为其不符合比例原则,也可以认为其社会危险性较低,将其作为切入点是一个非常有效的选择。我国将捕后轻刑率作为考核的重要标准,极大降低了羁押率。实际上,我国量刑轻刑化已形成明显趋势,未来应当重视轻罪案件的非羁押化。[②] 笔者也认为,一旦提高轻刑的判断标准就能进一步降低未决羁押率。适当提高刑罚条件是降低羁押率的重要途径。

问题在于轻罪案件的判断标准。有学者主张,未来立法修改应当将逮捕的刑罚标准提高为可能判处三年有期徒刑以上刑罚,如此可使我国逮捕率下降50%以上。[③] 事实上,我国有的地方检察院基于法院对可能判处三年以下刑罚的案件判处刑罚较轻,预测三年以下有期徒刑的,都倾向不捕,其刑罚条件的提高构成被调查检察院逮捕率降低的真正原因。[④] 然而,判

---

① 谢小剑:《捕后羁押必要性审查实效研究》,《法学家》2016年第2期。
② 陶杨:《轻罪案件非羁押化问题研究》,《中国刑事法杂志》2017年第6期。
③ 陈永生:《逮捕的中国问题与制度应对——以2012年刑事诉讼法对逮捕制度的修改为中心》,《政法论坛》2013年第4期。
④ 何永福:《制度供需失衡与低质量的高逮捕率再生产——基于2013年A市检察院逮捕制度运行的实证分析》,《中国刑事法杂志》2015年第3期。

处三年有期徒刑以上的案件才能羁押，显然不能满足办案需要。根据比例原则，只要徒刑以上就符合比例原则的要求，提高到三年徒刑以上已经超过了比例原则。绝对化地要求可能判处三年有期徒刑以上的犯罪嫌疑人才能羁押并不合理。然而，三年有期徒刑逐渐成为我国判断案件轻重的一个非常重要的尺度，特别是刑事速裁程序以三年有期徒刑以下刑罚为适用案件范围；对于认罪认罚可能适用速裁程序的案件，采取取保候审措施完全可行，检察机关可以将三年有期徒刑以下刑罚的案件作为工作重点，结合认罪认罚从宽制度改革，推进该类案件的非羁押化。

同时，从刑罚角度，对于可能判处有期徒刑缓刑的案件，审前羁押不符合比例原则，应当将捕后轻刑率考核的刑罚条件扩大到有期徒刑缓刑案件。当前我国捕后轻刑率考核不包括判处有期徒刑缓刑的案件，长远来看，应当从立法上将逮捕的刑罚条件扩大到有期徒刑缓刑案件，就能较大程度上扩大取保候审的比例。

（二）以司法管理方式推动降低羁押率

几乎所有的研究都关注到司法管理，特别是目标考核对降低羁押率的影响。从调查来看，无论是未成年人特殊政策、刑事和解的不捕，还是轻刑案件的不捕都和目标考核具有重要关系，其是导致羁押率下降的重要因素。因为不捕对办案机关总有一定的风险，这些政策能否被有效执行需要激励机制，除非目标考核的推动，否则这些政策很难有效落实。但是，在以司法管理方式推动羁押率下降的过程中，需要特别注意避免两种现象：一是以结果倒追责任的现象，一旦出现被取保的犯罪嫌疑人脱保的或者有违法犯罪的，就追查责任的做法需要慎重。二是在各种评比、考评乃至专项行动中，过于重视清查不捕案件的现象，一定程度上也导致办案人员优先考虑羁押，未来也需要纠正这种偏向。

（三）继续完善社会危险性审查的程序机制改革

实证调查表明，捕后羁押必要性审查发挥作用有限，只能一定程度上降低审前羁押率，工作的重点仍然是要强化审查逮捕时的社会危险性审查。当然，这并不意味着捕后羁押必要性审查不重要，只是社会危险性审查是工作的重点而已。在审查逮捕阶段，提高社会危险性审查的标准，必定能将其标准传递至公安机关，从而使不捕直诉的案件增加。之前，社会危险性审查已经成为羁押率下降的关键因素，但无论在程序设计还是证明机制仍有很大不足，有必要予以完善。

其一，社会危险性审查需要一个行之有效的证明制度，需要有证明社会危险性的材料，需要明确程序性事实的证明标准、证明责任。在我国司法实践中，社会危险性的证明相对简化，证明标准、证明责任等规则未予明确建立。2015年《关于逮捕社会危险性条件若干问题的规定（试行）》进一步细化社会危险性条件，提出了证据要求，要求公安机关提供证明社会危险性的材料，取得了较好的效果，有助于推进社会危险性审查，需要加以坚持和发展。当然，由于社会危险性审查属于预防性事实的证明，其并未发生，同时其属于程序性事实的证明，应当采取区别于刑事实体事实的证明制度，证明方式、证明标准都会有所差别。

其二，采取听证程序，让犯罪嫌疑人在审查逮捕时发表意见，影响检察机关的决定，对于降低羁押率非常重要。这也是犯罪嫌疑人辩护权的重要体现。如果逮捕的功能是羁押，而羁押的后果是剥夺犯罪嫌疑人人身自由，对于这种严重剥夺权利的行为，如果不采取听证的方式，甚至不提审听取犯罪嫌疑人意见，显然不足以保障其权利。更为重要的是，羁押的理由需要通过羁押事实来查明，而羁押事实的重点在于评估犯罪嫌疑人的社会危险性。不会见犯罪嫌疑人，听取犯罪嫌疑人的陈述，如何能判断犯罪嫌疑人的社会危险性。

当前，我国正在推进的审查逮捕诉讼化改革，可以发挥非常重要的作用。因此，应当结合审查逮捕诉讼化改革，将社会危险性审查作为听证的重要内容。[①] 同时，听证程序最为关键的是保障犯罪嫌疑人及其辩护人的参与权、辩护权，应当通过在线技术，充分保障在看守所羁押的犯罪嫌疑人的程序参与权，使其能够对公安机关提供的证明社会危险性的相关材料发表意见，影响检察官的决定，这样才能影响羁押率，从而更有效地降低羁押率。

（四）全面推行"少捕慎诉慎押"的刑事政策

最高人民检察院提出了"少捕慎诉慎押"的刑事政策，应当大力推行。笔者认为，除了坚持之前刑事和解、未成年人从宽刑事政策之外，可以针对法定犯、过失犯、民营企业犯罪、认罪认罚从宽案件，开展降低羁押率的专项行动。

其一，法定犯、过失犯中犯罪嫌疑人主观恶性较小，对社会的危险性相对较轻，群众的反对意见相对较少，采取非羁押措施不会产生较大的社会危险性。

其二，在我国，民营企业家一旦涉嫌犯罪很难被取保候审。由于民营

---

① 张泽涛：《构建中国式的听证审查逮捕程序》，《政法论坛》2018年第1期。

企业的发展离不开民营企业家的个人能力,民营企业家一旦被羁押,往往导致企业经营陷入困境,对市场经济破坏较大;降低其羁押率,符合中央保护民营经济的精神,符合当前"六稳""六保"的政策需求,可以结合企业合规制度,采取非羁押措施。具体而言:一是公安机关对涉罪民营企业家,慎用拘留等措施;申请逮捕民营企业家时,公安机关应当说明"社会危险性理由",且须提供证明材料。二是各级检察院应当采取专项治理,降低民营企业家的羁押率。对于认罪认罚案件,社会危险性不高,积极配合侦查的民营企业涉案人员,一般不采取羁押措施。三是检察机关要建立健全涉民营企业等刑事案件羁押必要性审查的每案必审制度,完善考核制度,提高羁押必要性审查适用率。公检法要建立羁押必要性审查沟通衔接机制。四是对已经采取羁押措施的民营企业家,在企业遇有重大经营决策时,可以在公安机关的监督下,进行一定的经营管理行为。同时,检察院应当依法履行继续羁押必要性审查职责,案件主要犯罪事实已查清,符合取保候审或监视居住条件的,可依法对其变更为非羁押性强制措施。五是积极推行合规监管改革。2020 年,最高人民检察院启动涉案违法犯罪依法不捕、不诉、不判处实刑的企业合规监管试点工作,目前该项工作已经取得一定成效。最高人民检察院提出要稳慎有序扩大试点范围,以检察履职助力构建有中国特色的企业合规制度。笔者认为,对于愿意积极配合、认真补救并作出合规承诺的涉案企业或者企业家,检察机关可以对犯罪嫌疑人、被告人采取非羁押措施。

其三,当前认罪认罚从宽制度给量刑的轻缓化带来了新的契机,也给取保候审等非羁押措施的适用提供新的可能。推进认罪案件的非羁押化既有现实条件,又有法律支持和政策依据。目前,我国认罪认罚案件的比例已经高达 80% 以上,但是与之配套的取保机制并未一体推行,因此,应当完善认罪案件非羁押化的办案机制,使认罪案件非羁押化真正变成实践,这也是改革的方向。[①]

(五)对特定罪名,都会区与郊县区采取不同对策

当前,笼统地强调降低羁押率,不如实打实地找准羁押率仍然较高,又有降低空间的一些罪名作为重点工作领域,调整诉讼规则,推动羁押率下降。笔者认为,可以找到以下几个工作重点。

其一,从案件类型来看,盗窃罪、诈骗罪属于各地的十大罪名,是能够极大降低羁押率的罪名。目前其羁押率仍然较高,可以完善相关政策,将

---

① 闫召华:《"从速兼从宽":认罪案件非羁押化研究》,《上海政法学院学报》2017 年第 3 期。

其作为羁押率下降的重要对象。就盗窃罪而言，盗窃罪是交罚金判处缓刑的主要罪名，其往往要等到审判才能适用，该实践可能限制了盗窃罪的取保，需要加以改进。当前，认罪认罚从宽制度在审查起诉阶段提出量刑建议，如果密切审查逮捕与审查起诉之间的距离，配套建立财产保证金制度[①]，可以作为降低盗窃罪未决羁押率的重要契机。就诈骗罪而言，犯罪嫌疑人社会危险性不一定很高，只要加强对取保措施的监管，建立有效的监管措施，也可以取保候审。此外，羁押率较高的毒品犯罪也需要考虑是否需要一律羁押。毒品犯罪并非都具有同样的社会危险性，比如非法持有毒品犯罪以及容留吸毒类犯罪，有必要调整政策，对该类犯罪可以取保候审。

其二，我国不同类型城市之间的羁押率明显不同，从调查来看，都会区羁押率明显高于郊县区。实际上郊县区的羁押率已经降至 50% 以下，其下降空间较为有限，相反都会区羁押率高有些是基于对人口流动的"非理性"忧虑，比如调查发现存在对外来人员普遍羁押的现象。只要观念转变就会带来工作上的较大变化，应当以其作为改革重点。

不同城市羁押率特点不同，只有采取针对性措施才能奏效。城市中外地人难以取保候审，主要原因在于他们在当地是无固定住所、无稳定收入、无亲友监护的"三无状态"，这使得执法机关难以监管。其限制了城区案件羁押率的下降，只要完善对其取保的监管措施，比如许多地方联系当地企业成立涉罪外来人员的观护工作平台，引入电子手环，就能极大地降低羁押率。[②] 在疫情期间，杭州市公安局、市检察院、市中级人民法院、市司法局联合会签《对刑事诉讼非羁押人员开展数字监控的规定》，推出羁押码，实现对犯罪嫌疑人的数字监控，非羁押措施大幅上升，取得了非常好的效果。[③] 未来也应当借鉴其做法，采取智能手段提升监管效能，作为降低羁押率的重要方法。

（六）强化对公安机关、法院羁押措施适用的法律监督

从上述调查来看，尽管提起公诉时的羁押率大幅下降，但是多数犯罪嫌疑人被刑事拘留，一些被取保的被告人在审判阶段又被羁押。促使羁押

---

① 江苏省高级人民法院《关于办理认罪认罚刑事案件的指导意见》第 35 条提出，建立"财产刑保证金"制度："量刑建议涉及财产刑，被告人认罪认罚，同意量刑建议的，应当在判决前缴纳不少于量刑建议中建议财产刑数额的保证金，确保财产刑能够得到执行，但被告人确无缴纳能力的除外。"

② 丁正红：《江阴涉罪外来人员适用取保候审的实践与思考》，《中国刑事法杂志》2009 年第 9 期。

③ 方芳、方利利：《非羁码：杭州非羁押犯罪嫌疑人数字监管时代来临！》，https://baijiahao.baidu.com/s?id=1682222826450446745，最后访问日期：2021 年 7 月 5 日。

率下降不仅着眼于批捕权的行使，还要关注整个刑事诉讼的各个阶段。一方面，这是实现检察机关性质、定位的重要体现。我国宪法明确检察机关是专门的法律监督机关，长期以来检察机关一直以法律监督权作为其性质定位，以法律监督机关自居，法律监督是检察机关的重要职能。《刑事诉讼法》也赋予检察机关对刑事诉讼进行法律监督的权力。从法律监督权的角度，检察机关有必要监督公安机关刑事拘留权、法院决定逮捕权行使的合法性，对不合法的进行法律监督。另一方面，刑事羁押制度最根本的目标是保障犯罪嫌疑人、被告人权利，无论是刑事拘留，还是法院决定逮捕都会影响犯罪嫌疑人、被告人权利，检察机关出于人权保障的需要也要加强监督。实际上，三者之间具有联动性，比如有的检察官就反映刚取保的犯罪嫌疑人，一到审判阶段就被逮捕，取保工作就没有动力去做，这也会影响被告人申请取保候审。笔者认为，可以找到以下几个工作重点：

其一，加强对刑事拘留适用的监督。刑事拘留是我国审前羁押的重要手段，刑事拘留率居高不下客观上推高了我国羁押率，降低羁押率不应当以刑事逮捕率作为唯一关注目标，如何降低刑事拘留率也应当成为降低羁押率的重要目标。降低刑事拘留率的途径与降低逮捕率完全不同，刑事拘留完全控制在侦查机关手中，降低刑事拘留率主要要从公安机关入手。长远来看，应当将刑事拘留改造成无证逮捕制度，将紧急状态作为刑事拘留的适用前提。[①] 短期的基本途径：检察机关应当通过工作机制引导公安机关树立"少拘留"的办案理念，刑事拘留不再以办案需要作为刑事拘留的条件，也应考虑是否有羁押必要性，是否有妨碍诉讼等的可能。同时，加强对刑事拘留措施的专项监督，对公安机关采取刑事拘留是否符合法定条件，特别是刑事拘留延长至 30 日的合法性，进行事后审查。

其二，监督公安机关报捕权行使的规范性。不捕直诉的案件数直接影响羁押率的高低，从调查来看，公安机关不捕直诉已经成为降低羁押率的重要原因。因此公安机关对不捕直诉的态度成为羁押率降低的关键因素。检察机关可以引导公安机关强化不捕直诉的理念，帮助其建立不捕直诉的办案机制，同时也应当建立激励机制，比如公安机关的目标考核也应当进一步调整，对社会危险性证明的考核、报捕后轻刑率的考核，都可以引入公安机关的内部管理。

其三，监督法院作出逮捕决定的合法性。《刑事诉讼法》赋予检察机关捕后羁押必要性审查的权力，其包括对法院行使逮捕权是否合法进行审

---

① 谢小剑：《论我国刑事拘留的紧急性要件》，《现代法学》2016 年第 4 期。

查,并提出建议。目前,法院对许多取保的案件转为逮捕,其目的只是使监禁刑得以执行,并不考虑社会危险性审查,有的甚至是为了保障拘役得以执行,明显违反逮捕以判处徒刑以上刑罚为前提。检察院应对此加强法律监督,以捕后羁押必要性审查建议法院改变逮捕决定,以检察建议敦促法院改变该工作方式。

第三节　我国羁押必要性审查的实效及其程序障碍

长期以来,我国审前未决羁押比例过高,有违无罪推定理念,受到学界的一致批评,成为全国人大着力解决的刑事诉讼中的重大问题之一。2012年《刑事诉讼法》修改,将降低我国审前未决羁押率作为其立法的重要目标之一,明确了逮捕社会危险性的具体标准,完善了辩方申请变更强制措施的程序,建立了捕后羁押必要性审查制度。修正案草案说明中明确,这是为了"强化人民检察院对羁押措施的监督,防止超期羁押和不必要的关押",成为此次《刑事诉讼法》修改的一大进步与亮点。学界有很高期望,期待其能较大程度上改变我国"构罪即捕""一押到底"的司法面貌。那么,《刑事诉讼法》关于羁押必要性审查的修改,特别是捕后羁押必要性审查制度,是否发挥实效,其存在的主要障碍以及完善的路径是什么,需要实证的调查与分析。

一、我国羁押必要性审查的实效

《刑事诉讼法》修改之后,羁押必要性审查可以分为职权型审查和监督型审查,前者是指侦查机关、公诉机关、审判机关在办理案件时进行的羁押必要性审查,包括检察机关审查逮捕、审查起诉时的逮捕必要性审查。而监督型羁押必要性审查是指,2012年《刑事诉讼法》第93条规定的捕后羁押必要性审查,其表现为检察机关决定是否向公安机关和法院建议解除羁押。本节的羁押必要性审查主要指由检察机关审查逮捕、审查起诉时的羁押必要性审查和监督型羁押必要性审查,其包括对刑罚条件、证据条件、社会危险性条件的审查。

为了了解2012年《刑事诉讼法》修改后的实施现状,笔者2015年集中实证调查了江西南昌市某城区检察院(以下简称"X区检察院")、江西宜春辖区某县检察院(以下简称"Y县检察院")①,辅助调查了江西省内的另两个检察院,访谈了相关部门的6位检察官,对87位检察官进行问卷调查②。笔者还参加了南昌市人民检察院组织的全市"羁押必要性审查制度"内部论坛,收集了大量的实践信息。

论文成形后,2020年1月又做了补充调查。调查收集了新的数据,了解到2016年检察院负责监所检察的部门承担捕后羁押必要性审查职能后,捕后羁押必要性审查工作并未发生大变化,2015年论文中的观点绝大多数都能成立。从调查来看,我国羁押必要性审查呈现以下特点:

(一)审查逮捕时社会危险性审查工作有实效

由于强化审查逮捕时社会危险性审查,以及捕后轻刑率考核,不捕直诉案件大量增加,起诉时未羁押人数的比例达到约30%,有的甚至达到45%。一方面,虽然逮捕率仍然维持高位,高达80~90%,但近年来检察机关提高了社会危险性以及其他不捕判断标准,这导致了被调查检察院大约有10%的案件不批准逮捕(见表3-13、表3-14)。③

另一方面,江西省检察系统2013年开始强化对捕后轻刑率的考核,同时强调逮捕必要性审查,侦查机关为了维持较高的逮捕率,自行调整了报捕案件的条件,这使大量以前报捕的轻刑案件不再报捕④,而采取取保候审后直接起诉的方式,促使未决羁押率的下降。2019年X区检察院审查起诉时的羁押率降至70%,Y县由于地处偏远,轻刑案件占比较大,捕后轻刑率考核压力大,更是降低至近47%(见表3-13、表3-14)。⑤

这两方面都有效提高了我国职权型羁押必要性审查工作的实效,但同时导致捕后变更逮捕的合适案源减少,降低了通过捕后羁押必要性审查解除羁押的可能性。

---

① X区位于南昌市中部,全区总面积39.2平方公里,总人口44.16万人,系南昌经济较为发达的辖区之一。Y县位于江西省西部,总面积1935平方公里,总人口29万,经济尚不发达。两种不同风格的选择试图扩大本书样本的多样性。

② 2013年下半年笔者所在省举行了全省检察系统侦查监督部门培训,笔者系该培训班的授课老师,笔者利用该机会完成调查问卷,并进行了交流、调研。

③ 对4个省市的7个检察院的调查发现,检察机关2013年逮捕率比照之前两年都有不同程度的降低,其中不捕案件中"无逮捕必要"的比例上升显著。参见张云鹏:《捕后羁押必要性审查制度的完善路径》,《法学》2015年第1期。

④ 这也解释了为什么逮捕率仍维持高位,而审前羁押率却出现显著下降。由于不捕直诉案件的增加,逮捕率高在中国不是问题,羁押率高才是真正的问题,之前的许多研究未能区分两者。

⑤ Y县检察官表示,这几年审查起诉时的羁押率较低并非2011年之前的常态。2012年、2013年该县公安局开展追逃运动,且公安系统清理取保代刑;2014年林业公安局开展追逃运动,凡是主动归案的尽量取保,导致不捕直诉的案件增加,显著降低了审查起诉时的羁押率。

表 3-13　X 区检察院逮捕率、审查起诉时羁押率[①]一览表

年份	报捕人数/人	批捕人数/人	逮捕率/%	移送审查起诉人数/人	审查起诉时羁押的人数/人	取保直诉的人数/人	审查起诉时羁押率/%
2011	833	763	92	916	752	144	82
2012	814	774	95	1129	767	362	68
2013	903	811	90	1001	764[②]	237	76
2014	835	763	91	952	725	227	76
2015	1359	1288	95	1434	1207	227	84[③]
2016	1234	1136	92	1337	1070	267	80
2017	1262	1183	94	1309	1005	282	77
2018	1091	1045	96	1349	1008	322	75
2019	1132	1019	90	1311	923	356	70

表 3-14　Y 县检察院逮捕率、审查起诉时羁押率一览表

年份	报捕人数/人	批捕人数/人	逮捕率/%	移送审查起诉人数/人	审查起诉时羁押的人数/人	取保直诉的人数/人	审查起诉时羁押率/%
2011	118	102	86	149	110	39	74
2012	82	75	91	164	85	79	52
2013	104	88	85	178	84	94	47
2014	92	73	79	197	85	112	43
2015	156	132	85	249	125	124	50
2016	129	106	82	240	96	144	40
2017	137	122	89	233	120	113	52
2018	253	230	91	396	179	217	45
2019	227	201	89	432	204	228	47

（二）我国捕后取保候审的案件较少，"一押到底"的现象并未改变

从调查来看，X 区、Y 县检察院在侦查阶段和审查起诉阶段取保候

---

① 取保直诉的人数，系用移送审查起诉的人数减去审查起诉时羁押的人数。审查起诉时羁押率系用审查起诉时羁押的人数除以移送审查起诉的总人数。

② 审查起诉时羁押的人数与逮捕的人数并不一致，审查起诉时羁押的人数要少于逮捕的人数，是因为一些案件可能不在当地起诉，或者留待下年起诉，或者在审查起诉阶段逮捕收监，这又导致逮捕人数可能小于审查起诉时的羁押人数。

③ 2012 年审查起诉时羁押率较低是因为当地开展信用卡诈骗集中行动，214 人涉嫌轻微信用卡诈骗犯罪，其中 162 人为取保直诉。相反，该检察院所在城市 2015 年，开展"百城禁毒会战"，导致逮捕率、羁押率明显上升。

审的比例相差不大,加起来一般不超过 5%①（见表 3-15、表 3-16），相对于 2012 年之前，并没有太大的变化。在审判阶段，X 区、Y 县检察院没有建议法院解除逮捕的案件，接受访谈的检察官表示在审判阶段没有开展捕后羁押必要性审查的监督工作。这说明我国检察机关更愿意通过逮捕程序来解决是否羁押的问题，而不愿意在捕后改变逮捕决定。

表 3-15 X 区检察院捕后羁押必要性审查解除羁押② 一览表

年份	批捕人数/人	审查起诉时羁押的人数/人	捕后侦查阶段取保候审			审查起诉阶段取保候审	
			公安征询取保候审意见/人	同意变更/人	变更率/%	取保候审人数/人	变更率/%
2011	763	752	15	11	1.4	11	1.5
2012	774	767	8	7	0.9	25	3.3
2013	811	764	15	13	1.6	21	2.7
2014	763	725	24	16	2.1	9	1.2
2015	1288	1207	19	15	1.2	5	0.4
2016	1136	1070	8	7	0.6	2	0.2
2017	1183	1005	10	7	0.7	2	0.2
2018	1045	1008	16	15	1.4	8	0.8
2019	1019	923	15	12	1.2	1	0.1

表 3-16 Y 县检察院捕后羁押必要性审查解除羁押一览表

年份	批捕人数/人	审查起诉时羁押的人数/人	捕后侦查阶段取保候审			审查起诉阶段取保候审	
			公安征询取保候审意见/人	同意变更/人	变更率/%	取保候审人数/人	变更率/%
2012	75	85	1	1	1.3	1	1.2
2013	88	84	4	4	4.5	1	1.2
2014	73	85	1	1	1.4	1	2.4

---

① 笔者辅助调查的鹰潭市检察系统 2013 年捕后侦查阶段解除羁押 7 人，变更率 1%，审查起诉阶段解除羁押 8 人，变更率 1.3%；2014 年捕后侦查阶段解除羁押 12 人，变更率 1.9%，审查起诉阶段解除羁押 1 人，变更率 0.1%。而辅助调查的安福县检察院在捕后侦查机关解除羁押时根本不征求检察院意见，检察院也未主动建议侦查机关解除羁押，所以没有数据。2013 年审查起诉阶段解除羁押 9 人，变更率 4.6%；2014 年审查起诉阶段解除羁押 7 人，变更率 3.5%。Y 县由于办案数量少，一个案件都可能引起数据较大变化。

② 被调查当地机关要求，公安机关捕后侦查阶段取保候审，需要征得检察院同意。捕后侦查阶段的数据来自《变更强制措施审结案件登记表》，该表格还显示了解除羁押的案件类型。审查起诉阶段取保候审人数来自该单位的取保候审决定书以及释放证。捕后侦查阶段变更率系用同意变更人数除以批捕人数。审查起诉阶段变更率系用该阶段取保人数除以审查起诉时羁押人数。

续表

年份	批捕人数/人	审查起诉时羁押的人数/人	捕后侦查阶段取保候审			审查起诉阶段取保候审	
			公安征询取保候审意见/人	同意变更/人	变更率/%	取保候审人数/人	变更率/%
2015	132	125	9	9	6.8	2	1.6
2016	106	96	7	7	6.6	2	2.1
2017	122	120	6	6	4.9	3	2.5
2018	230	179	14	14	6.1	2	1.1
2019	201	204	4	4	2.0	9	4.4

（三）捕后监督型羁押必要性审查虚置，捕后职权型羁押必要性审查解除羁押极少

尽管立法明确检察机关有捕后羁押必要性审查的监督职责，但是检察机关对此相对消极。

第一，X区、Y县检察院捕后侦查阶段解除羁押一般约在 2%，且都是由公安机关主动建议，检察院被动审查。从调查来看，在侦查阶段全是公安机关决定变更逮捕前，以征询检察机关意见的形式提出，在检察院同意变更后解除逮捕措施。严格来说，其并不是适用第 93 条的羁押必要性审查，因为其并不由检察机关向公安机关建议，而是反过来。我国办案机关解除羁押的权力在 2012 年《刑事诉讼法》修改之前就已经存在，与监督型的羁押必要性审查无关。

第二，侦查阶段捕后解除羁押的比例，在《刑事诉讼法》修改前后变化不大，X区增加的也不过约 1 个百分点。

第三，在审判阶段，X区没有在检察机关建议下解除羁押的案件，说明了对法院的监督型羁押必要性审查呈虚置状态。笔者调查的Y县检察院的情况也是如此。

第四，即使是侦查机关提出解除羁押的建议，还有部分案件检察机关不同意变更。2013 年X区检察院不同意公安变更逮捕的有 2 名犯罪嫌疑人，2014 年不同意变更逮捕的有 8 人。比如X区在一起非法经营案中，检察院以犯罪嫌疑人在本地无固定住所为由，不批准变更逮捕申请。

第五，在审查起诉阶段，检察院也有义务依职权审查羁押必要性，然而检察院没有接到申请一般不会启动捕后羁押必要性审查。从调查来看，审查起诉阶段解除羁押，基本上都是由犯罪嫌疑人及其家属或辩方律师

申请，但解除羁押的案件较少，X区检察院仅2.1%，2014年甚至下降至1.2%。

（四）解除羁押的事实主要是刑事和解或身体有疾病不适合羁押

有观点认为，捕后羁押必要性审查也应当审查逮捕时的决定是否妥当，[①] 从实践来看，捕后羁押必要性审查并未审查逮捕时的妥当性。此外，除证据、刑罚有变化的案件外，捕后羁押必要性审查不会再对证据是否符合法定要求以及刑罚条件进行审查。同时，在实践中，一旦逮捕就推定羁押的根据继续存在，捕后羁押主要审查解除羁押的根据是否成立。

2012年《人民检察院刑事诉讼规则（试行）》第619条列举了8项解除羁押的法定情形：证据、事实发生重大变化；量刑情节变化；社会危险性排除；案情查清、证据固定而可以变更措施；可能超过刑期；羁押期限届满；根据案情和需要变更更加适宜；其他不需要继续羁押犯罪嫌疑人、被告人的情形。然而，由于我国在逮捕时对事实和证据要求很高，要求构罪才捕，这导致在逮捕后刑罚条件、证据条件一般都比较稳定，不容易发生变化。

从调查发现，实践中检察机关捕后往往将重点放在是否出现新的解除羁押事实。解除羁押的事实主要是常见的、已经形成共识的事实，比如刑事和解、重大疾病等[②]，这些情形的出现可能会极大减少量刑或者导致无羁押必要性[③]，而且不会受到各方质疑。比如，X区检察院2013年侦查阶段捕后解除逮捕13人，其中刑事和解有10人，占77%，其余2人因重大疾病不能继续关押，另外有1人涉嫌妨害公务因为政法委建议而变更；2014年侦查阶段捕后解除逮捕16人，其中刑事和解有12人，占75%，其余3人因重大疾病不能继续关押，还有1人系在校学生，在学校出面保证后解除羁押。Y县检察院2012年至2015年4月份，捕后侦查阶段变更逮捕涉及的罪名9件案件中，有6件是因为达成刑事和解，占66%。

[①] 石京学：《羁押必要性审查制度的实施原则及其实现》，《河南社会科学》2013年第6期。

[②] 河北检察系统在实践中的羁押必要性审查重点为可能达成和解、赔偿的案件以及情节较轻的未成年人、老年人犯罪案件。参见樊崇义等：《河北检察机关新刑诉法实施调研报告》，《国家检察官学院学报》2014年第3期。相反，在笔者调查所在地，对未成年人犯罪有不捕率的考核，所以本调查所在地检察院在审查逮捕时就严格把关，可捕可不捕的坚决不捕，一旦逮捕必然存在非常严重的情形，几乎不可能在捕后变更逮捕决定。

[③] 来自北京市海淀区人民检察院的实证调查表明，审查起诉阶段变更强制措施的理由主要是以下四种：因犯罪嫌疑人羁押到期案件尚未审结；因犯罪嫌疑人犯有重大疾病不适合继续羁押；因轻罪案件刑事和解；因情节轻微没有羁押必要。这四类案件占变更总数的96.8%。参见叶衍艳：《审查起诉阶段羁押必要性审查工作机制的建构》，《国家检察官学院学报》2012年第6期。

（五）解除羁押的罪名往往是有被害人的可和解的罪名

从调查来看，由于刑事和解成为解除羁押的主要理由，变更逮捕的案件主要集中在故意伤害、盗窃、交通肇事等有被害人的案件[①]中，存在主动缩小案件范围的现象。Y县检察院捕后侦查阶段变更逮捕涉及的罪名中，故意伤害1人、盗窃1人、掩饰隐瞒犯罪所得1人，交通肇事6人。

（六）多采取针对性的书面审查程序，审查程序较为随意

从调查来看，2016年之前，侦查监督部门和公诉部门是捕后羁押必要性的主要审查主体[②]，但建议公安机关解除羁押的数量极少。2016年之后，承担监所检察职能的部门成为捕后羁押必要性审查的主体，2019年《人民检察院刑事诉讼规则》又将羁押必要性审查的权力重新分配给刑事检察部门，即捕诉一体的部门，从实践效果来看，捕后羁押必要性审查主体变化并未造成更多的不同效果。

公安机关提请逮捕意见书有时会载明提请逮捕的具体理由，但不会提供相应的证据。从调查来看，X区、Y县侦查机关没有另行收集逮捕必要性的证据，相关证据材料都是定罪量刑方面的证据，如前科、在本地是否有固定住所、自首立功等。捕后侦查机关建议解除羁押时，也不会附有证据材料。相反，审查起诉阶段后，解除羁押申请者需要提供相应材料，这些材料即是解除羁押的证据，这些材料针对性强，多由辩方提出[③]。收到申请后，检察院往往仅针对该理由，进行羁押必要性评估，听取办案人、当事人等的意见，核实健康状况，审查有关材料等。

逮捕必要性和捕后羁押必要性审查都未采取听证方式，但审查逮捕必要性时听取了被告人、辩护人的意见，基本上做到了每案必讯。

2012年《刑事诉讼法》第95条规定：犯罪嫌疑人、被告人及其法定代理人、近亲属或者辩护人有权申请变更强制措施。人民法院、人民检察院和公安机关收到申请后，应当在3日以内作出决定；不同意变更强制措施的，应当告知申请人，并说明不同意的理由。2012年《人民检察院刑事诉讼规则（试行）》第148条进一步要求："不同意变更强制措施的，应当书面告

---

① X区检察院处于城区交通肇事的案件全年才7件，一旦和解则取保直诉4件，而3件不具备取保条件。

② 最高人民检察院监所检察厅曾发文《关于人民检察院监所检察部门开展羁押必要性审查工作有关问题的通知》，要求各地力争一年办成1～5件羁押必要性审查案件。但从实践来看，许多地方检察院监所部门是将其它部门建议解除羁押的案件"算作"自己完成的任务。这也是本调查中，未统计监所部门开展羁押必要性审查案件数据的原因。

③ 《人民检察院刑事诉讼规则（试行）》第618条规定：犯罪嫌疑人、被告人及其法定代理人、近亲属或者辩护人可以申请人民检察院进行羁押必要性审查，申请时应当说明不需要继续羁押的理由，有相关证据或者其他材料的，应当提供。

知申请人,并说明不同意的理由。"然而,从调查来看,在侦查阶段辩方几乎没有向检察机关申请取保的案件,在审查起诉后,申请取保的也非常少,这可能是长期"构罪即捕"形成的办案习惯,也反映出侦查机关在是否解除羁押上的主导地位。同时,辩方申请取保的程序权利并未获得有效保障,侦查机关对于同意取保的,超过 3 日后答复非常普遍。检察院若不同意辩方解除羁押的申请,实践中则采取以口头方式作出决定。除此之外,决定程序也非常简单,一般都直接不同意,基本上都没有告知辩方不解除羁押的理由。接受访谈的检察官表示,辩方要申请变更强制措施,都要提出具体的证据证明符合"应当变更"的理由,如果只是"可以"解除羁押决定则很难成功。

通过上述调查,可以看出,我国羁押必要性审查主要体现在审查逮捕工作中,其一定程度上降低了审前未决羁押率。2012 年修改《刑事诉讼法》后捕后羁押必要性审查没有发生重大变化,检察院基本沿袭之前的工作模式,监督型羁押必要性虚置,职权型羁押必要性审查较少。显然,2012 年《刑事诉讼法》修改后第 93 条、第 95 条试图强化捕后羁押必要性审查的立法目的基本未实现,[①] 出现了"程序失灵"问题。对检察官的调查问卷印证了这一结论,对于"刑诉法修改后,捕后羁押必要性的改革是否有成效?"这一问题有 63.65% 的检察官认为没有明显成效,甚至有 30.59% 的检察官认为没有成效。

二、我国羁押必要性审查实施的现实障碍

所谓"刑事程序的失灵"问题,是指刑事程序法在实施过程中普遍存在着被规避和架空的问题。陈瑞华教授认为,这种程序失灵的问题已经成为刑事诉讼制度面临的最大挑战,并指出造成刑事程序失灵的五大原因,主要是法律没有确立有效的程序实施机制,实施成本超出了司法制度的最高承受力,办案人员为避免不利结果而不得不主动规避某些法律程序,与我国法律传统相冲突,现行的刑事司法体制也不适应源自西方的程序设计。[②] 笔者深感认同,通过调查笔者发现羁押必要性审查实施效果不佳恰恰主要基于下述原因。

[①] 对东北三省的调查发现,各级检察机关普遍反映新刑诉法的实施并未导致逮捕率、羁押率的明显下降。参见闵春雷等:《东北三省检察机关新刑诉法实施调研报告》,《国家检察官学院学报》2014 年第 3 期。

[②] 陈瑞华:《刑事程序失灵问题的初步研究》,《中国法学》2007 年第 6 期。

（一）司法管理不科学制约了羁押必要性审查

检察机关一般会将其认为重要的改革放入目标考核中，但笔者2015年调查时江西检察机关只考核监所部门羁押必要性审查工作，而羁押必要性审查的主要职能部门——侦查监督部门和公诉部门，都没有羁押必要性工作的考核①。羁押必要性审查工作开展的好坏并不影响相关部门的业绩。更何况，侦查监督部门、公诉部门的检察官都有繁重的工作压力，"变更强制措施需要内部程序层层审批，一定程度上增加了工作量，导致检察人员对羁押必要性审查的主动性和积极性不高"，②致力于取保又面临办"人情案"的质疑，检察官从而不重视取保候审工作。

相反，检察机关强调对逮捕后续程序处理的考核，对于捕后撤案、捕后不起诉、捕后无罪判决、捕后轻刑率高都要扣分。接受访谈的检察官表示，由于考核导致相关部门更愿意花时间在传统实体事实的把握上，对逮捕必要性审查有所忽视。法院也是如此，法院存在结案率的考评，如果被告人未被羁押就受理案件，在受理案件后可能因为被告人在逃而中止审理，导致无法结案而面临负面考核，所以法院更愿意羁押被告人。

（二）缺乏对取保候审的有效监管措施，检察官担心被事后追责

我国羁押替代措施单一，从调查来看解除羁押后都采取取保候审的方式。然而，我国犯罪嫌疑人被取保候审后往往缺乏有效监管，办案机关普遍担心其逃避、妨碍诉讼，甚至有继续危害社会的行为。在"羁押必要性审查制度的理论和实践"专题研讨会上，宋英辉教授指出，"未决羁押率高并不仅因为观念问题，还因为配套措施跟不上，例如现行的社会管控体系无法保证流动人口在取保、监视居住期间不逃跑"。③同时，我国实践中存在事后追责制度，除了目标考核中的负面考评之外，还有办案责任追究制，这些制度往往以结果论英雄，比如犯罪嫌疑人取保后犯重罪，就强调哪些羁押理由，会倒追检察官"审查不细、把关不严"的责任。调查问卷表明，

---

① 为了应付考核，导致该地许多侦查监督、公诉部门开展的羁押必要性审查案件，计入了监所部门。

② 叶衍艳：《审查起诉阶段羁押必要性审查工作机制的建构》，《国家检察官学院学报》2012年第6期。

③ 陈卫东等：《羁押必要性审查的理论认识与实践应用》，《国家检察官学院学报》2012年第6期。

检察官担心事后追责成为阻碍羁押必要性审查实施的最主要因素①。

（三）缺乏明确的羁押事实标准以及羁押必要性的证明制度

我国羁押必要性审查立法存在缺陷，相关法律条文不具有可操作性，也制约了羁押必要性工作的开展。首先，我国对于何为证明羁押理由的羁押事实，②缺乏明确标准，导致实践中过于保守。其次，我国逮捕的社会危险性以及捕后羁押必要性审查，在《人民检察院刑事诉讼规则》中要求"有证据或迹象表明"，但采取查明而未建立证明制度。这导致，其命运如缺乏证明程序的非法证据排除规则一样，难于发挥作用。最后，由于立法没有明确公安机关对相关羁押事实的证明责任，公安机关延续传统的办案思维，仍然只着重收集证明犯罪实体方面的证据，而对羁押必要性等程序性事实证据收集不够。问卷调查表明，有86%的检察官认为侦查机关对逮捕或者羁押必要性的证据收集，很不够或者几乎没有收集。在缺乏相关证据的情况下，检察机关往往只能作出羁押决定，这样才不会陷于风险之中。有学者也发现，"公安机关轻视、忽视对逮捕必要性相关证据的收集，令检察机关对逮捕必要性条件的审查陷入无米之炊的尴尬境地，直接影响了逮捕必要性条件的有效适用"。③

由于羁押似乎是不证自明的，取保则必须有"高规格"的理由。检察机关必须为其解除羁押决定寻找"无可争议"的羁押事实，比如刑事和解、重大疾病，还要费时费力地证明，以避免将来可能面临的风险。接受访谈的检察官表示，实践中往往多一事不如少一事，不进行羁押必要性审查。

（四）羁押必要性审查诉讼结构失衡，表现为辩方参与不足、受制于被害人，以及审查主体中立性不足，导致其难于实施

其一，羁押必要性审查工作依赖辩方参与，只有辩方充分参与才能提供更为充分的理由，影响办案机关的羁押决定。我国刑事诉讼采取分工负

---

① 调查问题："下列哪三个最重要的因素，导致办案机关不愿意采取非羁押措施？A. 缺乏有效程序及证明制度；B. 羁押必要性适用条件过于模糊；C. 担心与侦查机关的关系；D. 缺乏相关证据；E. 担心逃跑会追究办案人员责任；F. 怕证据会出现变化导致无法定罪；G. 目标考核影响自身利益"结果。表明受调查的检察官选择EFB所占比例最多（见下表）。

A	B	C	D	E	F	G
39.76%	51.81%	32.53%	32.53%	65.06%	57.83%	27.71%

② 所谓羁押理由，是指由法律规定的适用羁押措施的事由。所谓羁押事实，是指适用刑事强制措施的事实基础，是证明羁押理由得以成立的事实根据。参见林志毅：《关于捕后羁押必要性审查的几个理论问题》，《烟台大学学报（哲学社会科学版）》2012年第4期。

③ 樊崇义主编：《公平正义之路——刑事诉讼法修改决定条文释义与专题解读》，中国人民公安大学出版社2012年版，第352页。

责、相互配合、相互制约的原则，侦查机关、公诉部门和审判机关各管一段，检察机关对未处于自己管辖之下的案件，无法知悉案件信息的变化。例如，检察机关作出逮捕决定之后，其无法获知侦查中羁押必要性变更的重要事实，监所部门也只是了解犯罪嫌疑人在看守所内服从监管的情况。一旦进入审判阶段就要进行换押，所有的案卷也移送法院，检察机关同样不了解羁押必要性信息的变化。羁押必要性审查程序的启动依赖辩方参与。

由于犯罪嫌疑人、被告人普遍羁押于看守所无法参与，其近亲属也难于参与，只能依靠辩护人。可是，在审前阶段，律师参与诉讼的比例非常低，据有关统计，我国目前律师参与诉讼的比例约为23%，[①] 而且主要集中于审判阶段，同时指定辩护形式化也导致羁押必要性审查缺乏辩方的有效参与。此外，由于检察机关只有建议权，公安机关、审判机关对其办理案件有最终决定权，于是辩方往往直接向办案机关提出，检察官难为无米之炊，很难启动捕后羁押必要性审查监督工作。

其二，由于过于重视刑事和解，羁押必要性审查受制于被害人。检察机关非常重视被害人意见，如果被害人坚决不同意解除羁押，则检察机关宁愿继续羁押，也不愿意面对来自被害人的压力，这对保障犯罪嫌疑人权利十分不利。不少案件中，被害人以自杀、上访相威胁，或者对民事赔偿漫天要价，将之作为同意取保的条件，压缩了解除羁押的可能。同时，被害人意见成为考察社会危险性解除的"直观表现"。有的检察官谈到，在没有被害人的案件中，由于缺乏该"直观表现"，检察机关不敢作出解除羁押的决定。

其三，诉讼结构失衡还在于羁押必要性审查并未采取听证方式，不同主张并非直接交锋、碰撞、沟通、说服，导致羁押必要性审查面临程序阻力。

（五）检察院受制于公安、法院、地方党政机关、公众舆论

我国检察院对羁押必要性审查仅具建议权，只能建议相关部门解除羁押决定，办案机关仍具有决定权，这制约了羁押必要性审查工作。

在审判阶段，检察院作为公诉机关更加受制于法院的审判权，实践中法院对检察院解除羁押的建议置之不理，检察院缺乏有效的监督手段。通过调查发现，一些取保的犯罪嫌疑人在审判阶段会被法院逮捕。该市院某副检察长表示，当地曾经存在法院在审判阶段对被告人一律收监的做法[②]，如果被告人未被羁押则不受理案件，检察院为此多次与法院沟通，沟通后法院才有所改变，但观念上还存在障碍，这严重阻碍了羁押必要性审查功

---

① 王禄生：《论刑事诉讼的象征性立法及其后果》，《清华法学》2018年第6期。
② 这是担心一旦受理案件，犯罪嫌疑人逃跑导致案件中止审理，会影响结案率的考核。

能的发挥①。这导致即使犯罪嫌疑人在审前被取保，在审判时仍可能会被羁押，而在检察官看来，"检察放人、法院关人"，除去相关手续繁琐不说，由于羁押又要重新抓人、检查身体、送押，干脆不进行羁押必要性审查。

羁押必要性审查还受到公安机关的制约。公安机关仍有逮捕率的考核指标。因为，各地党政机关的首要职责是"维稳"，公安司法机关自然也要服从维护稳定的工作大局，将逮捕作为打击、严控犯罪的强有力手段而常抓不懈。②公安机关在地方上的地位虽然近几年有所下降，但是其仍处于相对强势的地位，检察机关要打破传统思维，改变逮捕决定，会面临来自公安机关的较大阻力。

一旦解除羁押决定，还会面临来自党政、人大系统的质疑。一方面，检察工作属于社会综合治理的重要内容。在一些党政机关领导看来，犯罪嫌疑人就应当被羁押，否则就是社会的不稳定因素，检察机关不逮捕甚至变更逮捕决定，都是不利于社会综合治理的表现。另一方面，检察工作还受到人大监督。一位副检察长向笔者表示，有的人大代表就直接表示不理解，"公安好不容易抓到人，检察机关却要放人"，这导致检察机关在解除羁押时左右为难。

同时，检察工作必须接受社会满意度测评，社会群众不了解法律，其一旦看到犯罪嫌疑人解除羁押被释放了，就以为不再追究刑事责任了，于是就对检察机关的工作不满意，从而影响检察机关的满意度测评。目前，"公众对于非羁押性强制措施的适用以及对逮捕强制措施的变更多解读为不再追责，因此公众很容易将变更强制措施与免除刑罚处罚挂钩，引起公众尤其是被害人一方的情感反弹，进而引发对检察机关执法公信力的质疑"。③这些因素都导致检察院解除羁押面临较大的外部阻力，影响了捕后羁押必要性审查工作的开展。

三、提高我国羁押必要性审查实效的进路

（一）强化逮捕时的羁押必要性审查，进一步降低审前未决羁押率

目前我国审前未决羁押率一般在50%以上，其比例相对域外仍然过高。据全国人大对欧盟六国考察后提供的数据，在英国，被羁押的犯罪

---

① 我国有学者主张将羁押权赋予法院，但是从这种现象可以得出结论，我国法院行使羁押必要性审查未必有利于保障人权。
② 梁玉霞：《逮捕中心化的危机与解困出路——对我国刑事强制措施制度的整体讨论》，《法学评论》2011年第4期。
③ 关振海：《捕后羁押必要性审查的基层实践》，《国家检察官学院学报》2013年第6期。

嫌疑人和被告人大约只占所有犯罪嫌疑人和被告人的 5%。在意大利,在开始审判前,被告人被羁押的比例一般不超过所有被告人的 15%。[①] 美国 1984 年保释法改革,增加了基于防止新的社会危险性而采取的预防性羁押,导致美国联邦系统的审前羁押从 1983 年的 24%,攀升至 2002 年的 48%。[②]

有学者通过数据分析得出结论,被检察机关批准、决定逮捕的人中,真正符合"捕当其罪(刑)"的比例要低于 7 成。[③] 同时,2013 年,全国法院生效判决刑事案件约 105 万件,其中一年以下有期徒刑、拘役、管制、单处罚金的案件约占刑事案件总量的 38%。[④] 即使从可以判处徒刑以下刑罚的角度来看,仍有一大批案件不应当作出逮捕决定。根据调查,以及接受访谈的检察官也表示,有不少案件并不符合社会危险性要求,不应当羁押。问卷调查也印证这种看法,对于"你觉得是否有必要降低我国的审前羁押率?"的问题,选"有必要的"占 80.46%,选"没有必要的"占 19.54%。

考虑到我国没有违警罪,域外的许多轻微犯罪行为在我国作为治安处理案件,这必然提高我国的审前未决羁押率,因此将目标初步定在 40% 是比较妥当的,偏远地区甚至应当更低。从上述调查结论来看,笔者认为降低审前羁押的最好方法是强化逮捕时的必要性审查,而捕后变更相对较难,因此可以在审查逮捕阶段就做好逮捕必要性的审查,以"倒逼"侦查机关提高报捕案件的质量。

(二)建立检察院羁押必要性审查的动力机制

当前,检察机关在羁押必要性审查上不够积极主动,是阻碍该制度实施的重大因素。羁押必要性审查在性质上被定位为与检察机关法律监督权密切相关的"诉讼监督制度"。[⑤] 事实上,学界一直存在否定检察机关法律监督职能,将之当事人化的主张,2012 年《刑事诉讼法》修改不但未采纳该观点,反而进一步强化检察机关的法律监督职能,检察院被赋予审前犯罪嫌疑人权利保护者的角色,这符合检察机关在诞生之日起就作为人权保障者的地位。然而,检察院必须意识到我国大量案件无律师参与,强烈

---

① 郎胜主编:《欧盟国家审前羁押与保释制度》,法律出版社 2006 年版,第 54 页。

② [美]约书亚·德雷斯勒、艾伦·C.迈克尔斯:《美国刑事诉讼法精解:第 2 卷(刑事审判)》(第 4 版),魏晓娜译,北京大学出版社 2009 年版,第 106 页。

③ 刘计划:《逮捕审查制度的中国模式及其改革》,《法学研究》2012 年第 2 期。

④ 仇飞:《专家解读轻微刑事案件速裁试点:正义来得更快了》,《法制周末》2014 年 7 月 10 日。

⑤ 徐鹤喃:《中国的羁押必要性审查——法制生成意义上的考量》,《比较法研究》2012 年第 6 期。

依赖检察院主动行使职能，保障人权，强化羁押必要性审查是 2012 年《刑事诉讼法》赋予检察院的义务，必须充分行使该职能，否则法律监督权的扩张于理无据，只有从这种高度认识，才能真正推动羁押必要性审查工作的开展。

仅有检察机关的观念革新仍不够，各界还需要进一步宣传刑事诉讼理念的重大变化，使党政、人大以及社会公众充分理解，无罪推定理念及其产生的"羁押为例外、取保为常态"的观念。这可能是一个长期的系统工程，但检察机关不能等到环境变化了才去适用，而需要积极引导环境变化，通过积极沟通，在公、检、法、党委、人大形成共识，保障犯罪嫌疑人权利。

为了督促检察机关积极行使羁押必要性审查权，应当建立科学的激励机制。最主要的方式是将羁押必要性纳入相应职权部门的目标考核，对于有力推动捕后羁押必要性审查工作的给予加分；同时，取消对羁押必要性审查的反向制约考核，取消捕后不诉、捕后无罪的负面考核、逮捕率的目标考核[1]。同时，可将考核制度中关于"错不捕"与"办案质量有缺陷"的情形予以对调，减轻办案人员决定不羁押面临的风险和压力。

要建立取保候审的监管机制，增强检察官适用取保候审的决心。羁押必要性审查制度可以减少成千上万不必要的羁押，但是"只要有一件取保后再次犯罪或者侵害证人的'错误'出现，就会成为新闻热点，影响该项制度的继续发展"。[2] 因此，取保候审的监管机制必须随之完善，同时，完善事后追责制度，不能因为犯罪嫌疑人取保后的行为追究检察官责任，更不能因为若干年后犯罪嫌疑人的行为倒追检察官责任，使检察官无后顾之忧。

（三）检察院制定出清晰的羁押事实标准，建立量化评估制度

目前，羁押必要性的理由已经明确，但哪些羁押事实可用于证明羁押理由非常模糊，影响了羁押必要性审查的适用。笔者认为，应当非常细致地明确羁押事实，剔除违反《刑事诉讼法》的羁押事实，比如不认罪、外地户口等，限制一些理由的适用，比如被害人反对后，需要考量是否可能导致犯罪嫌疑人对被害人打击报复。在明确羁押事实之后，通过多方沟通形成

---

① 事实上，外部的环境已经在发生变化，2013 年中央政法委在《关于切实防止冤假错案的规定》中提出：建立健全科学合理、符合司法规律的办案绩效考评制度，不能片面追求逮捕率等指标。2015 年中央政法各单位和各地政法机关对各类执法司法考核指标进行全面清理，坚决取消刑事拘留数、逮捕率、起诉率、有罪判决率、结案率等不合理的考核项目，但实践仍变相存在类似的考核内容。

② 项谷、姜伟：《人权保障观念下羁押必要性审查制度的诉讼化构造》，《政治与法律》2012年第 10 期。

共识,不仅公安机关、检察机关、法院形成共识,而且在检察机关内部的侦查监督、公诉、监所部门也要形成共识。

同时,借鉴现有改革成果,建立量化评估制度。为了使风险评估避免个人偏见和主观随意性,美国现在采用的是"精算方法",罗列各种影响犯罪嫌疑人审前风险的因素,并给不同的因素赋予不同的影响比重,即风险比,然后综合计算出犯罪嫌疑人的审前风险。法官据此作出是否羁押的决定。[①] 我国也有实务部门展开了类似的试点工作。如 2009 年开始在全国 20 个基层人民检察院试点的逮捕必要性审查工作,对各种项目进行评估打分,效果很好。[②]2016 年《人民检察院办理羁押必要性审查案件规定(试行)》第 16 条规定,评估有无继续羁押必要性"可以采取量化方式,设置加分项目、减分项目、否决项目等具体标准"。未来我国应当建立羁押必要性的量化评估制度,检察院应依法确定与羁押相关因素的计分,并制作格式化的《犯罪嫌疑人羁押必要性评估表》,然后由案件承办人依据标准对各羁押事实进行量化分析,根据打分决定是否羁押。

(四)引导侦查机关收集羁押必要性证据,建立羁押必要性证明制度

有学者认为我国审查逮捕率高,"是由于侦查机关未承担证明责任和犯罪嫌疑人诉讼地位客体化造成的"。[③]2015 年 12 月《关于逮捕社会危险性条件若干问题的规定(试行)》第 2 条明确,公安机关侦查刑事案件,应当收集、固定犯罪嫌疑人是否具有社会危险性的证据。从 2016 年初的实践来看,侦查机关仍然很少收集相关证据。笔者认为,釜底抽薪之举是,在逮捕时应当由侦查机关证明羁押的必要性,这样才会推动侦查机关切实收集羁押事实的证据,检察机关决定是否逮捕时才能更加言之有据,这能有效抑制滥捕。例如上海检察机关办理审查逮捕未成年人案件时,"要求公安机关提供未成年人具有逮捕必要性的材料,如监护情况、管控帮教条件、非沪籍未成年人在沪监管证明等。该制度施行后,上海未成年人案件的整体直诉率已经超过半数"。[④] 同时,作出逮捕决定的事实可以构成捕后判断该事实是否变化,是否继续羁押的重要因素。

对于依申请的捕后羁押必要性审查,可以由辩方提供证据说明解除逮

---

① 姚莉、邵劲:《论捕后羁押必要性审查——以〈新刑事诉讼法〉第 93 条为出发点》,《法律科学》2013 年第 5 期。

② 倪爱静:《监所检察:探索建立审前羁押救济机制》,《人民检察》2010 年第 12 期。

③ 李昌林:《审查逮捕程序改革的进路——以提高逮捕案件质量为核心》,《现代法学》2011 年第 1 期。

④ 曾勉:《中国境遇下羁押必要性审查的难题及其破解》,《政治与法律》2013 年第 4 期。

捕决定的必要性，提供相关材料，《人民检察院办理羁押必要性审查案件规定（试行）》也采取了该立法设计。然而，笔者认为该诉讼行为只是辩方的权利，而非其证明责任，可借鉴非法证据排除的程序设计，辩方只需要提供线索或者证据，使决定者认为有可能解除羁押时，启动正式的羁押必要审查程序。此后，应当由侦查机关证明继续羁押的必要性，但采取自由证明的模式，只须达到较高可能性时即可。

（五）优化羁押必要性审查的诉讼结构

其一，克服被害人对羁押必要性的过分影响，羁押必要性审查应当听取被害人意见，但不能受制于被害人。羁押与否从来都以保障人权为先，被害人同意不是解除羁押决定的前提，不应对被害人盲目迁就，当然，在作出解除羁押决定时应向被害人做好释法说理工作。其二，充分保障辩方的程序参与权。需要进一步发挥辩方对检察院羁押审查的影响力，为此应当建立告知以及听取意见制度，充分听取辩方对羁押的意见，从辩方获知更多的案件信息。其三，以负责刑事执行检察的部门作为羁押必要性的审查主体，确保审查主体的中立性。如前所述，侦查监督部门由于工作惯性，不适宜继续审查捕后羁押必要性。对公诉部门而言，由于其处于追诉地位，职能上的冲突使其不适宜行使刑事羁押的最终决定权，相对而言刑事执行检察部门更适宜成为羁押必要性的审查主体。[1] 值得注意的是，2016年《人民检察院办理羁押必要性审查案件规定（试行）》改变了《人民检察院刑事诉讼规则》的有关规定，以刑事执行检察部门作为捕后羁押必要性审查部门。然而，2019年《人民检察院刑事诉讼规则》又将羁押必要性审查的权力重新分配给刑事检察部门，即捕诉一体的部门。笔者始终认为，就检察院内部职能分配而言，负责刑事执行检察的部门更适宜成为羁押必要性审查的主体，但其如果对事实进行充分审查，会导致重复审查。因此，建议负责刑事执行检察的部门听取并尊重负责侦查监督、公诉部门的证据认定、刑期认定，主要审查解除羁押的事实是否成立。有必要加强检察系统内部羁押必要性信息的沟通机制。其四，采取听证程序。为了使辩方意见能得到更充分的尊重，应当通过听证程序公开听取各方意见，在决定中说明羁押的理由，对辩方意见进行充分的回应。

[1] 有研究表明由监所归口审查取得了较好的效果。参见林喜芬：《分段审查抑或归口审查：羁押必要性审查的改革逻辑》，《法学研究》2015年第5期。

第四节　我国羁押事实的误用与高羁押率

羁押作为审前剥夺公民人身自由的预防性强制措施，除符合法定羁押理由以外，还必须具备事实基础，而证明羁押理由成立的事实根据就是羁押事实，比如流窜作案作为可能再犯罪的羁押事实，赔偿被害人作为解除羁押的事实。近年来，我国审查逮捕形成了界定羁押事实，明确羁押理由，以降低未决羁押率的新思路。然而，学界很少对羁押事实及其理由展开实证研究，没有深入探析羁押事实与羁押理由、未决羁押率之间的内在关系。事实上，我国对于何为羁押事实，缺乏明确标准，导致实践中对其认定过于随意。以往之改革，因仅提出目标，未针对实践中的问题，缺乏可操作之策略，而导致改革失败多已有之。因此，通过实证调查，发现羁押事实的实践运用现状，并加以扬弃，以建立规范化评估体系，是非常适当的研究思路。

一、问题意识及其研究方法

（一）我国未决羁押率高的治理新思路

未决羁押率过高是我国刑事司法中的老大难问题，为了改变羁押率过高的现象，学界形成了两种治理思路，一种观点主张从权力配置的司法制度层面，将批捕权划归法院。[①] 另一种有观点认为我国法院并不比检察院更独立、中立，转而主张完善审查批捕程序的中立性，使审查逮捕权回归程序裁决权之"本性"，以降低未决羁押率。[②]

2012 年《刑事诉讼法》修改肯定了从程序出发的改进路径，开拓了一条新思路：通过界定羁押理由与羁押事实以防治滥用羁押权，例如 2012年《刑事诉讼法》第 79 条修改对社会危险性加以明确，《人民检察院刑事诉讼规则（试行）》第 139 条进一步解释了社会危险性的判断事由，2015年最高人民检察院、公安部联合颁布的《关于逮捕社会危险性条件若干问题的规定（试行）》（以下简称《逮捕社会危险性规定》）和 2016 年《人民检察院办理羁押必要性审查案件规定（试行）》，进一步界定了羁押理

---

① 代表性观点可参见孙长永：《通过中立的司法权力制约侦查权力——建立侦查行为司法审查制度之管见》，《环球法律评论》2006 年第 5 期；陈瑞华：《未决羁押制度的理论反思》，《法学研究》2002 年第 5 期；陈卫东、李奋飞：《论侦查权的司法控制》，《政法论坛》2000 年第 6 期；刘计划：《逮捕审查制度的中国模式及其改革》，《法学研究》2012 年第 2 期。

② 代表性观点可参见朱孝清：《中国检察制度的几个问题》，《中国法学》2007 年第 2 期；汪海燕：《检察机关审查逮捕权异化与消解》，《政法论坛》2014 年第 6 期。

由、羁押事实及其审查程序，以降低未决羁押率。2018年《刑事诉讼法》、2019年《人民检察院刑事诉讼规则》修改延续了该改革思路。正如有学者指出："对羁押理由和羁押事实的区分，为羁押措施的适用提供了一种双重审查机制，即第一步审查羁押理由，第二步审查羁押事实，这种审查机制对于提高羁押措施适用的正当性，以及减少羁押措施均具有重要意义。"[①]

2016年《人民检察院办理羁押必要性审查案件规定（试行）》第16条提出以量化评估来强化羁押必要性审查，其明确评估有无继续羁押必要性"可以采取量化方式，设置加分项目、减分项目、否决项目等具体标准"，提出了对羁押事实规范化评估的问题。2016年8月最高人民检察院刑事执行检察厅《关于贯彻执行〈人民检察院办理羁押必要性审查案件规定（试行）〉的指导意见》（以下简称《指导意见》）进一步细化了相关加减分项目内容。其改革方向类似量刑规范化，但正如量刑规范化首先要明确何种量刑事实可增减量刑一样，羁押必要性的量化评估首先必须明确羁押事实是什么，这需要从实践入手，展开实证研究。

（二）法律界定羁押理由与羁押事实的演变

在展开调查之前，必须清楚地梳理我国羁押事实的法律规范，这有助于对比发现羁押事实在实践中的问题。

我国1996年《刑事诉讼法》对于逮捕必要性缺乏具体规定，对于羁押理由与羁押事实更未区分，导致逮捕必要性审查缺失，俗称"构罪即捕"。2012年我国《刑事诉讼法》第79条规定了五种社会危险性的判断标准，明确了羁押理由限于三种情形：一是避免犯罪嫌疑人逃亡；二是避免犯罪嫌疑人实施妨碍诉讼的行为；三是防止出现新的犯罪、危害社会的现实危险以及打击报复行为，但是仍未具体界定羁押事实。随后，2012年《人民检察院刑事诉讼规则（试行）》第139条提出了羁押事实问题，要求上述五项羁押理由均需要"有一定的证据或有迹象表明"，并具体列出了部分羁押事实，然而相关规定仍然较为模糊。2015年《逮捕社会危险性规定》对每一个羁押理由都规定了相应的羁押事实，检察机关只能用该羁押事实去证明羁押理由。自此，对于羁押理由和羁押事实有了较为清楚的规范（见表3-17）。2019年《人民检察院刑事诉讼规则》吸收了2015年《逮捕社会危险性规定》规定的羁押事实。

① 林志毅：《论羁押理由与羁押事实》，《政法论坛》2013年第2期。

表 3-17　法律上列举的羁押事实分类表

法定羁押理由	应当具有下列法定羁押事实之一
可能实施新的犯罪	案发前或者案发后正在策划、组织或者预备实施新的犯罪的
	扬言实施新的犯罪的
	多次作案、连续作案、流窜作案的①
	一年内因故意实施同类违法行为受到行政处罚的
	以犯罪所得为主要生活来源的
	有吸毒、赌博等恶习的
有危害国家安全、公共安全或者社会秩序的现实危险	案发前或者案发后正在积极策划、组织或者预备实施危害国家安全、公共安全或者社会秩序的重大违法犯罪行为的
	曾因危害国家安全、公共安全或者社会秩序受到刑事处罚或者行政处罚的
	在危害国家安全、黑恶势力、恐怖活动、毒品犯罪中起组织、策划、指挥作用或者积极参加的
可能毁灭、伪造证据，干扰证人作证或者串供	曾经或者企图毁灭、伪造、隐匿、转移证据的②
	曾经或者企图威逼、恐吓、利诱、收买证人，干扰证人作证的
	有同案犯罪嫌疑人或者与其在事实上存在密切关联犯罪的犯罪嫌疑人在逃，重要证据尚未收集到位的
可能对被害人、举报人、控告人实施打击报复	扬言或者准备、策划对被害人、举报人、控告人实施打击报复的
	曾经对被害人、举报人、控告人实施打击、要挟、迫害等行为的
	采取其他方式滋扰被害人、举报人、控告人的正常生活、工作的
企图自杀或者逃跑	着手准备自杀、自残或者逃跑的
	曾经自杀、自残或者逃跑的
	有自杀、自残或者逃跑的意思表示的
	曾经以暴力、威胁手段抗拒抓捕的

---

①　2012 年《人民检察院刑事诉讼规则（试行）》第 139 条规定有所不同："犯罪嫌疑人多次作案、连续作案、流窜作案，其主观恶性、犯罪习性表明其可能实施新的犯罪"，该条明显表明并非所有的多次作案等都构成其可能实施新的犯罪，除非其已经形成主观恶性、犯罪习性。2019 年《人民检察院刑事诉讼规则》吸收了《逮捕社会危险性规定》的上述规定。

②　该条增加了隐匿证据和转移证据两项，而 2012 年《人民检察院刑事诉讼规则（试行）》没有如此规定。事实上，隐匿转移证据与隐匿转移赃物应当区别，否则盗窃、诈骗、销赃多数财产犯罪事实直接构成羁押事实。2019 年《人民检察院刑事诉讼规则》吸收了《逮捕社会危险性规定》的上述规定。

从上述法律规定可以发现：一是我国论证羁押理由必须有法定的羁押事实，司法解释用了"应当具有下列情形之一"的表述。二是上述列举的羁押事实并不是封闭的体系，《逮捕社会危险性规定》有兜底条款"其他情形"，明确其他情形也可以作为羁押事实，但从解释学的角度分析，该"其他情形"应当类似于前面列举之情形，属于同一"种"。三是《逮捕社会危险性规定》第 3 条明确，这些羁押事实属于程序性事实，仍要有证据证实。

（三）研究方法

本书采取了实证调查方法，主要通过查阅案卷中的社会危险性审查材料，访谈批捕检察官，参与式观察，获得第一手资料。调查对象为 X 区检察院与 Y 县检察院。X 区系某市中心城区之一，经济较为发达，2015 年审查逮捕 1121 件，样本大且案件类型多；相反，Y 县相对偏远，经济不太发达，民风较为淳朴，恶性暴力案件不多。选择不同类型的调查对象是为了确保调查结论的可靠性。我国羁押事实的运用主要体现在，逮捕时的社会危险性审查和捕后羁押必要性审查之中，由于我国捕后羁押必要性审查的案例较少，用于分析羁押事实适用情况的样本不足，本调查主要以逮捕时社会危险性审查作为调查对象。

调查从 2015 年 11 月 2 日持续至 2016 年 1 月 15 日，时间上跨越了《逮捕社会危险性规定》实施前后。笔者根据实践中常见的社会危险性事实，设计了统计表格，概括了实践中主要的羁押事实以及法律上的羁押事实。然后，通过查阅案卷中，公安机关提请逮捕理由说明书，以及检察机关在审查逮捕意见书中论证逮捕社会危险性的内容[①]，抽样调查了 X 区 2015 年至 2016 年 1 月份共 400 个案件，所有不逮捕的案件 74 件，其中无逮捕必要的案件有 39 件，捕后变更羁押的案件 15 件，再以同样的方法收集了 Y 县 100 个案件的羁押事实运用情况。抽样调查的案件不包括未成年人案件，该类案件由专门的未成年人检察部门办理。最后，对收集的数据进行整理分析，分析以 X 区为主，以 Y 县为辅。2019 年书稿写作期间，笔者还对被调查检察院的检察官进行回访，提交研究报告，听取其意见，以判断之前调查的结论是否成立，从后续调研来看，实践并未发生变化，之前的调查结论仍然成立。

---

① 由于检察官在写逮捕意见书时，并无严格的证明制度，其本能地运用其阅卷后最直观的感受，阐述逮捕理由和羁押事实，从而具有较高的可信性，其可能不规范，但对本调查而言，发现的理由和事实恰恰是实践中最真实的羁押理据。

二、实践中的羁押事实及其特点

（一）运用羁押事实论证羁押理由已经形成制度，但规范性不足

调查表明，检察院已经形成了羁押理由与羁押事实区分的实践，在决定是否羁押时，不仅阐述羁押理由，还会用羁押事实去论证羁押理由。比如，对于"吸毒"的认定，会用犯罪嫌疑人吸毒成瘾认定书和吸毒人员动态管控详细信息去证明。实践中的羁押事实多种多样，超过 21 种（见表3-18）。检察机关审查逮捕意见书中对社会危险性的典型表述，以胡某开设赌场案为例："有证据证明犯罪嫌疑人胡某开设赌场的犯罪事实，可能判处有期徒刑以上刑罚，无固定职业，曾指使他人为其作伪证，曾有故意犯罪被判处刑罚，采取取保候审不足以防止其串供和重新犯罪的可能性，有逮捕必要。"

由于羁押事实并没有严格、清晰的法律依据及制度支撑，导致其适用存在一定的随意性、主观性，特别是法律规定羁押事实"有迹象表明"就可以认定，并不需要充分的证据支持，比如"无生活来源"依赖检察官阅卷之后的感性认知；同时还存在其他许多不规范的问题，在后文论述中都会有所体现。公安机关则未能充分羁押说理，在笔者收集的 400 个案件中，只有 122 个案件有提请逮捕理由说明书。尽管 2015 年出台了《逮捕社会危险性规定》，但被调查检察院的社会危险性审查并无明显变化。

表 3-18　羁押事实一览表

羁押事实		X（400 个案件）			Y（100 个案件）		
		次数/次	所占案件比例①/%	所占各事实比例②/%	次数/次	所占案件比例/%	所占各事实比例/%
可能毁灭、伪造证据或者串供 X区：35 处 Y县：29 处	合伙作案	12	3.00	34.30	24	24	82.75
	同案犯在逃	13	3.25	37.14	5	5	17.24
	有证据未查清	9	2.25	25.71	0	0	0
	已经着手、企图实施	0	0	0	0	0	0
	曾经毁灭伪造证据	1	0.25	2.86	0	0	0

---

① 百分比的计算是羁押事实使用次数除以抽样总案件数的比例。

② 百分比的计算是每个羁押事实的次数除以该羁押理由所有的羁押事实次数。

续表

羁押事实		X（400 个案件）			Y（100 个案件）		
		次数/次	所占案件比例/%	所占各事实比例/%	次数/次	所占案件比例/%	所占各事实比例/%
可能实施新的犯罪 X 区：268 处 Y 县：12 处	有前科、累犯	112	28.00	41.79	8	8	66.67
	有吸毒、赌博等恶习	75	18.75	27.99	3	3	25.00
	无生活来源	33	8.25	12.31	0	0	0
	扬言实施新的犯罪	0	0	0	0	0	0
	曾经被行政处罚	22	5.50	8.21	0	0	0
	案发前或后策划、预备实施新的犯罪	1	0.25	0.37	0	0	0
	多次、连续、流窜作案	25	6.25	9.33	1	1	8.33
企图自杀或者逃跑 X 区：206 处 Y 县：10 处	外来人员	22	5.50	10.68	7	7	70.00
	无固定住所	34	8.50	16.50	0	0	0
	无业	145	36.25	70.39	0	0	0
	逃匿被捕	1	0.25	0.49	3	3	30.00
	抗拒抓捕	4	1.00	1.94	0	0	0
	曾经自杀、逃跑过	0	0	0	0	0	0
	企图自杀、逃跑	0	0	0	0	0	0
有社会现实危险性 X 区：145 处；Y 县：65 处	情节恶劣	69	17.25	47.59	18	18	27.69
	致人轻伤以上	18	4.50	12.41	9	9	13.85
	数额较大	51	12.75	35.17	36	36	55.38
	十年以上	7	1.75	4.83	2	2	3.08
可能对被害人实施打击报复 X 区：14 处；Y 县：54 处	不赔偿	6	1.50	42.86	27	27	50.00
	不和解	8	2.00	57.14	27	27	50.00
	扬言打击报复	0	0	0	0	0	0
	曾经对被害人实施打击报复	0	0	0	0	0	0

（二）羁押事实的实践性强，与法定羁押事实差异甚大

调查表明，X 区检察院的社会危险性审查，除了相关法律之外，主要依据上级检察院出台的地方性司法文件——《常见刑事案件相对不捕标准》。羁押事实的实践性非常强，检察官不愿意用法定羁押事实，更喜欢用实践逻辑。

其一，很多法定羁押事实零适用。调查表明（见表 3-18），扬言实施新的犯罪的，准备、策划对被害人实施打击报复的，案发前或者案发后正在积极组织或者预备实施危害国家安全、公共安全或者社会秩序的重大违法犯罪行为的，曾经或者企图自杀逃跑等大多数法定羁押事实在实践中几乎零适用，完全未作为羁押事实，检察官主要用实践性的羁押事实去证明。

其二，很多实践性的羁押事实，并未出现在立法中。不赔偿、不和解、无业、无固定住所、合伙作案等，法律中并未出现，而其适用比例却很高，成为主要羁押事实；证明犯罪嫌疑人有"企图自杀或者逃跑"时，更多从其是否系外来人员，在本市有无固定住所，有无固定职业等非法定情形去证明。这就面临合法性质疑，唯一合法化的解释是其适用兜底条款——"其他情形"，但一些羁押事实并不符合兜底条款所要求的类似性。甚至，实践性的羁押事实可能偏离法定意图，比如将外来人员作为羁押事实。

其三，两个调查地点，在实践性羁押事实的运用上也存在较大差异。X 区作为重要羁押事实的无业和无生活来源，在 Y 县运用极少；而在 Y 县作为主要羁押事实的合伙作案、不赔偿、不和解，在 X 区并未成为主要羁押事实。这与两地刑事案件特点差异较大有关。

（三）羁押事实运用较为集中，主要有前科、无业、有赌博或吸毒恶习等

羁押事实的运用频率差异非常大，比例高的约达 35%，比例低的在 1% 以下。从表 3-18 可知，有前科、无业、有吸毒或赌博恶习、情节恶劣、数额较大五种情形，成为主要的羁押事实，其占所有羁押事实比例为前科（X 区：41.79%；Y 县：66.7%）、无业（X 区：70.39%；Y 县：0）、有吸毒或赌博恶习（X 区：27.99%；Y 县：25%）、情节恶劣（X 区：47.59%；Y 县：27.69%）、数额较大（X 区：35.17%；Y 县：55.38%）。情节恶劣包含了许多弹性因素，比如主观恶性、持凶器犯罪等。

人身危险性和犯罪本身因素成为重要的羁押事实。人身危险性包括有前科、累犯，有吸毒、赌博等恶习，无生活来源，外来人员，无固定住所，无业，而犯罪本身因素包括合伙作案，多次、连续、流窜作案，情节恶劣，数

额较大等，这些证据比较容易从案件中得出。这是因为，侦查机关并未主动收集其他证明羁押事实的证据，检察院不得不从案件本身较为轻易获得的证据。

同时，在每一种羁押理由中，羁押事实又比较集中。在证明"企图自杀或者逃跑"，X区集中用无业、无固定住所、外来人员这三种事实，特别是无业这一羁押事实在证明该理由中占70.39%；在证明"可能对被害人实施打击报复"时主要集中用不赔偿、不和解这两种事实，两者各占42.86%和57.14%；在证明"可能毁灭、伪造证据或者串供"时主要用合伙作案、同案犯在逃这两种事实，约占71.44%；在证明"有社会现实危险性"时主要用数额较大、情节恶劣这两个事实，约占82.76%。侦查机关在证明犯罪嫌疑人可能实施新的犯罪时所用的羁押事实有268处，集中用犯罪嫌疑人有前科、有吸毒赌博等恶习、无生活来源去证明（见表3-18）。

（四）羁押事实主要是预防性羁押事实

羁押理由非常集中，主要是犯罪嫌疑人企图自杀逃跑、可能实施新的犯罪和具有社会现实危险性，三者占了X区抽样案件的90%以上。其中，可能实施新的犯罪、具有社会现实危险性两种羁押理由占抽样案件的60%以上（见表3-19），这是典型的预防性羁押理由，还有一种预防性羁押理由即可能打击报复被害人，适用比例较低。

表3-19 X区逮捕理由一览表

理由	企图自杀逃跑	可能实施新的犯罪	可能毁灭伪造证据或者串供、干扰证人作证	可能打击报复	具有社会现实危险性
羁押理由使用次数/次	206	268	35	14	145
所占比例/%	30.84	40.12	5.24	2.10	21.71

这至少澄清了一点：有学者认为，侦查羁押常态化是基于侦破犯罪的现实压力、"口供中心主义"的侦查模式，为侦查提供保障是我国未决羁押率高的首要原因，[1] 然而，从本书调查数据来看，事实显非如此。可能伪造证据或者串供、证据体系上不完善、被告人不供述，并未成为主要的羁押事实，保障侦查需要作为羁押理由不超过6%。这印证了有关调查的发现，逮捕之前已经完成证据收集，证据之间的矛盾已经排除，无论是获取口供还

---

① 李昌盛：《为什么不羁押成为例外——我国侦查羁押常态化探因》，《湘潭大学学报（哲学社会科学版）》2009年第2期。

是完善证据体系都不应成为主要的羁押事实。[①]

　　我国羁押事实主要是为了防止出现新的犯罪及社会危险，这可以从羁押的社会防卫功能得到解释。我国一直将羁押作为重要的维稳手段，[②] 避免因为取保出现新的不稳定因素。同时一旦犯罪嫌疑人被取保后再犯罪，对办案人员的事后追责，也导致办案人员对此过于谨慎。

　　（五）否定羁押事实主要为认罪态度好、和解、社会危险性小

　　X 区检察院 2015 年有 74 件不逮捕案件，其中无逮捕必要的 39 件，占不捕案件的 52.7%。表 3-20 显示了检察机关不批准逮捕犯罪嫌疑人的社会危险性事实。在 X 区的 39 件无逮捕必要案件中，共使用羁押事实 61次，从百分比可以看出主要是认罪态度良好、与被害人和解或赔偿、无前科等理由，这类羁押事实约占 67.21%。Y 县检察院也集中在前两种（见表3-20）。较为重要的发现是，犯罪嫌疑人认罪成为相对不捕的重要条件，X区占 38.46%，Y 县甚至是 100%。

表 3-20　无逮捕必要事实所占比例汇总表
（X 区：39 个案件　Y 县：10 个案件）

事实	X		Y	
	次数 / 次	所占总案件比例 /%	次数 / 次	所占总案件比例 /%
与被害人和解或赔偿	14	35.90	7	70
认罪态度良好	15	38.46	10	100
自首立功	0	0	1	10
初犯、从犯	4	10.26	0	0
无前科	12	30.77	0	0
在本市有住所	3	7.69	0	0
在校生	6	15.38	1	10
患有严重疾病	2	5.13	0	0
过失犯罪、临时起意	5	12.82	0	0

三、羁押事实运用不当推高了未决羁押率

　　英国被羁押的被告人大约只占所有被告人的 5%。在意大利，在开始

---

　　① 熊谋林：《从证据收集看审前羁押——基于 A 市的实证研究》，《华东政法大学学报》2016年第 2 期。
　　② 刘计划：《逮捕功能的异化及其矫正——逮捕数量与逮捕率的理性解读》，《政治与法律》2006 年第 3 期。

审判前，被告人被羁押的比例一般不超过所有被告人的 15%。[1]2000 年对前西德各州的统计表明，审前羁押的人数大约只占刑事法院被判决的人数的 4%。[2] 与域外相比，我国审前未决羁押率仍然过高。

我国未决羁押率高的主流解释认为，主要是侦查机关没有对逮捕承担证明责任，以及犯罪嫌疑人诉讼地位客体化造成的，并进而从完善诉讼程序的角度提出进路。[3]实证研究也表明，我国未决羁押率近年来下降主要是因为捕后轻刑率的考核，强化逮捕必要性审查的作用有效，强化逮捕必要性审查仍有较大空间。[4]

笔者认为我国高逮捕率、高未决羁押率与羁押事实误用密切相关，从羁押事实的角度解释才最有说服力，也为改革提供新的路径。

（一）肯定性羁押事实和否定性羁押事实的不均衡性

从羁押事实的运用来看，逮捕理由过多，不逮捕的理由过窄，总共有 20 多种羁押事实构成论证羁押的根据，相反不羁押事实只有 9 种，肯定性羁押事实明显比否定性羁押事实种类更多，更容易符合其标准。这印证了有学者批评 2012 年《刑事诉讼法》"对社会危险性条件列举的范围过广，导致其丧失了应有的限制逮捕适用范围的作用"的观点。[5] 同时，羁押多由单个羁押事实决定，X 区检察院仅凭一个羁押事实对犯罪嫌疑人作出羁押决定的比例为 43%（见表 3-21），而无逮捕必要往往都是基于多个事实，这也体现了适用的不均衡性。

表 3-21　X 区检察院凭单个羁押事实决定羁押的情况统计表

	羁押事实[6]	次数 / 次	所占总案件比例[7]/%
可能毁灭伪造证据、串供（5）	合伙作案	2	0.50
	同案犯在逃	1	0.25
	有证据未查清	2	0.50

---

① 郎胜主编：《欧盟国家审前羁押与保释制度》，法律出版社 2006 年版，第 54 页。

② [德] 托马斯·魏根特：《德国刑事诉讼程序》，岳礼玲、温小洁译，中国政法大学出版社 2004 年版，第 95 页。

③ 李昌林：《审查逮捕程序改革的进路——以提高逮捕案件质量为核心》，《现代法学》2011 年第 1 期。

④ 马静华：《逮捕率变化的影响因素研究——以新〈刑事诉讼法〉的实施为背景》，《现代法学》2015 年第 3 期。

⑤ 其主张废除"企图自杀""有危害国家安全、公共安全或者社会秩序的现实危险"作为逮捕的理由，并提出将 3 年作为适用逮捕的最低刑罚标准。参见陈永生：《逮捕的中国问题与制度应对——以 2012 年刑事诉讼法对逮捕制度的修改为中心》，《政法论坛》2013 年第 4 期。

⑥ 该统计次数不少属于强制性羁押事实，低于表 3-18 数据中次数，是因为尽管其属于强制性羁押事实，但检察官在论证羁押理由时，仍然会列上其他的羁押事实。

⑦ 百分比的计算是羁押事实使用次数除以抽样总案件数的比例。

续表

	羁押事实	次数／次	所占总案件比例／%
可能实施新的犯罪（75）	有前科、累犯	27	6.75
	有吸毒、赌博等恶习	25	6.25
	无生活来源	18	4.50
	曾经被行政处罚	1	0.25
	多次、连续、流窜作案	4	1.00
企图自杀、逃跑（62）	外来人员	2	0.50
	无固定住所	3	0.75
	抗拒抓捕	1	0.25
	无业	56	14.00
具有社会现实危险性（30）	情节恶劣	21	5.25
	致人轻伤以上	2	0.50
	数额较大	6	1.50
	可能判十年以上徒刑	1	0.25
总计		172	43.00

（二）出现了较多强制性羁押事实

强制羁押的事实，导致办案机关丧失判断是否羁押的自由裁量权，必然会抬高未决羁押率。实践中的强制羁押事实表现为以下四个方面：

1. 2012 年我国《刑事诉讼法》第 79 条，确定了三种强制性羁押事实，包括有证据证明有犯罪事实可能判处十年以上有期徒刑，有证据证明有犯罪事实可判徒刑以上刑罚，曾经故意犯罪或者身份不明，必须逮捕。实践中，X 区检察院有前科、累犯是曾经故意犯罪的主要表现形式，共有 112 例，占抽样案件的 28%。

2. 法律上较为模糊的强制羁押事实。2012 年《公安机关办理刑事案件程序规定》第 78 条规定：对累犯，犯罪集团的主犯，以自伤、自残办法逃避侦查的犯罪嫌疑人，严重暴力犯罪以及其他严重犯罪的犯罪嫌疑人不得取保候审。[1]2012 年《人民检察院刑事诉讼规则（试行）》第 84 条规定，人民检察院对于严重危害社会治安的犯罪嫌疑人，以及其他犯罪性质恶劣、情

---

① 该条同时规定："但犯罪嫌疑人患有严重疾病、生活不能自理，怀孕或者正在哺乳自己婴儿的妇女，采取取保候审不致发生社会危险性的；羁押期限届满，案件尚未办结，需要继续侦查的除外。"

节严重的犯罪嫌疑人不得取保候审。然而，什么是严重暴力，什么是严重犯罪，什么是严重危害社会治安，什么是犯罪性质、恶劣情节严重，都较为模糊，这为扩大羁押的适用提供了极大的空间。比如，实践中情节恶劣成为X区检察院羁押的重要事实，占17.25%。

3. 除了法定情形之外，X区所在市检察院制定的《常见刑事案件相对不捕标准》第5条规定"必须逮捕"的情形还包括：因同种类行为受过行政处罚或刑事处罚的；一人犯数罪或多次实施同种类犯罪行为，提请逮捕时只查清了部分犯罪事实，虽然符合相对不捕标准，但其他犯罪事实需进一步补充证据的；犯罪嫌疑人无悔罪表现或拒不退赃退赔的。实践中，曾经接受行政处罚、不退赃退赔、有证据未查清都成为重要的羁押事实，X区检察院至少占13%以上。

4. 长期的工作习惯已经形成一些强制性羁押事实。比如，接受访谈的检察官表示，对于三类案件都会逮捕，主要包括涉黄、涉赌、涉毒的案件；对于外来人员、本地无固定住所的都会逮捕。从调查来看，X区检察院仅外来人员、本地无固定住所占13%以上。

（三）实践性羁押事实的字面标准明显低于法定标准，很容易符合其要求

其一，无生活来源成为可能实施新犯罪的重要羁押事实，其占比为12.31%，而《逮捕社会危险性规定》要求的却是"以犯罪所得为主要生活来源的"。其二，曾经受过行政处罚成为重要的羁押事实，而《逮捕社会危险性规定》明确要求，一年内因故意实施同类违法行为受到行政处罚，前者的适用标准要远远低于后者，前者要求更低。其三，实践中，对于在本地无固定住所基本上等同于在本地是否有户口，把无业也视为无稳定的固定职业，都降低了标准。其四，更为重要的是，很多羁押事实表述较为模糊，也容易达到羁押标准。比如，情节恶劣是重要的羁押事实，但其过于模糊，且在很多犯罪构成中都要求情节恶劣作为罪状表述，于是其在很多案件中都可以轻易具备。正是实践中降低了羁押事实的认定标准，推高了未决羁押率。

（四）否定羁押事实内容受制于被害人意见，而被害人往往反对不批捕、不羁押

实践中，对于可能对被害人打击报复的情形，以不赔偿、不和解作为主要羁押事实，同时将赔偿、和解作为主要的不逮捕理由。X区所在市检察院制定的《常见刑事案件相对不捕标准》第7条规定，犯故意伤害罪，在逮

捕前达成和解协议，并积极履行，获得被害人谅解的轻伤案件，可以作出相对不捕决定。第 8 条规定，诈骗罪也以被害人谅解，逮捕前退赃、退赔作为相对不捕决定的重要情节。虽然这些条文并没有明说不和解、不赔偿必须逮捕，但是，实践中检察官作出不捕决定面临上访及其事后追责的风险，被害人意见成为考察社会危险性解除的"直观表现"，被害人谅解明显形成了对检察官的保护机制，于是，检察官往往将上述条款中的"可以"这一授权式条款理解成"才能"，在达不成上述条件时，不会作出不捕决定。如此则将羁押与否建立在被害人意志的基础上，于是是否羁押并不取决于犯罪嫌疑人本人，而取决于被害人，这必然导致羁押决定受制于被害人意见。不少案件中，被害人以自杀、上访相威胁，或者对民事赔偿漫天要价，压缩了解除羁押的可能。部分案件中被害人成为羁押必要性审查的重要阻力。

从调查来看，不批捕的案件主要集中在可以和解的案件。在没有被害人的案件中，由于缺乏可"免责"的"直观表现"，检察机关不敢轻易作出解除羁押的决定。

（五）羁押事实与羁押理由之间关系评估的随意化

在判断是否羁押时，需要考量羁押事实与"取保不足以防止出现社会危险性"之间的因果关系，这需要对正面和反面的羁押事实进行综合评估，最终判断其羁押必要性。然而，评估过程是相当随意的，接受访谈的检察官表示，其往往只看是否有羁押事实，对于羁押事实和羁押决定之间的因果关系缺乏基本评估。

强制性羁押事实的存在，实质上否定了羁押事实与羁押必要性之间的因果关系论证。大量案件仅凭单一事实就作出羁押决定，也印证了该评估的随意性。X 区检察院，27 种羁押事实在 400 个案件中共使用了 668 次，65 个案子含有三个以上的羁押事实，占 16.25%；172 件案子仅凭一个羁押事实对犯罪嫌疑人作出羁押决定，所占比例为 43%（见表 3-21）。很多案件仅凭无业或无生活来源就作出羁押决定，显示其评估程序较为随意。

（六）羁押事实以消极、否定性事实表述为主，容易符合羁押标准。

实践性羁押事实和法定羁押事实存在两点重大区别：一是羁押事实为否定性表述，很多羁押事实只是将不羁押的事实反过来适用，比如不赔偿、在本地无固定住所、无业、无生活来源等。而法律上往往采取肯定的表述，要求犯罪嫌疑人积极实施一个行为，才构成羁押事实。二是部分羁押事实只是强调案件本身缺乏某种条件，而不是犯罪嫌疑人实施了一个积极的可能妨碍诉讼的行为，其标准明显更低，如同案犯供述不一致、证据尚未收集全就是如此。由于其往往是犯罪嫌疑人实施犯罪的重要原因,比如无业、无固定住所,或者是案件中常见的事实状态,比如有证据未查清、数额较大,导致案件比较容易满足羁押条件。

四、对实践性羁押事实正当性的反思

羁押事实应当具备客观性、相关性和合法性三个条件,由此观之,很多实践性羁押事实都面临正当性质疑。事实上,域外对于可以用何种羁押事实去论证羁押理由仍处于摸索之中,并未形成成熟的制度。虽然部分法定羁押事实值得反思,但其并不占较大比例,例如重罪羁押的正当性受到了较大质疑,然而我国重罪羁押的比例非常低,400个案件只用了7次。问题主要在于实践中很多实践性羁押事实存在较为严重的正当性问题。

（一）将不认罪、不赔偿、不退赃、不和解作为羁押事实,违反了不受强迫自证其罪规则

其一,一些案件中直接将不认罪作为羁押事实,违反不受强迫自证其罪的原则。在涂某开设赌场案中,犯罪嫌疑人不认罪也作为有证据未查清,从而成为羁押事实。但这只是极个别的案件,从调查来看,多数检察官对此有所认识,一般不将其作为羁押事实。

其二,认罪才能不羁押。实践中对认罪的犯罪嫌疑人才会不逮捕,如Y县相对不捕的案件都适用"认罪态度良好"这一羁押事实。2010年江西婺源县检察院制定了《审查逮捕案件适用无逮捕必要条件实施意见》规定,认定犯罪嫌疑人无逮捕必要性必须具备,"犯罪嫌疑人对犯罪行为供认不讳且无其他重大犯罪嫌疑"这个条件。[1] 认罪才能作出相对不捕决定,意味着只要不认罪就不符合取保条件,羁押系其被迫认罪的外部压力,违反了不受强迫自证其罪的原则。

其三,更多的情形是,将不赔偿、不退赃、不和解等变相认罪事实作为羁押事实。X区有6个案件将犯罪嫌疑人不赔偿被害人,8个案件以不和解作为羁押事实,而在信用卡诈骗和非法吸收公众存款案件中,赃物未返还被害人作为羁押事实,已经写入其地方性司法文件中。和解、赔偿成为重要的不逮捕理由,Y县不和解、不赔偿成为重要的羁押事实。这反映出我国以羁押促使犯罪嫌疑人赔偿、致歉被害人,满足被害人需要作为重要功能。然而赔偿、退赃、和解都以犯罪嫌疑人认罪为前提,而审查逮捕时犯

---

[1] 谌芸、郭俊成、程国勇:《江西婺源:细化逮捕必要性标准》,载正义网,http://news.jcrb.com/jiancha/jcdt/201005/t20100527_361770.html,最后访问日期:2021年1月5日。

罪嫌疑人尚未被定罪，迫使犯罪嫌疑人赔偿被害人，与之达成和解，否则就要羁押，对于事实上无罪之犯罪嫌疑人而言，其不得不在认罪赔偿与不认罪羁押之间做两难选择，实质上就是强迫犯罪嫌疑人认罪，显然有违不受强迫自证其罪规则。而且，预防性羁押的理由应当是被告人可能实施妨碍诉讼的行为，而不是被害人对待被告人犯罪行为的态度，毕竟此时犯罪嫌疑人并未被定罪。

当然，犯罪嫌疑人可以在审前主动认罪，予以赔偿，以获得谅解。此时犯罪嫌疑人妨碍诉讼制度的可能性很小，从而可以不羁押，这不违反"不受强迫"。和解、赔偿、认罪属于相对不捕的事实，但不能将其设置为相对不捕的必备条件。

（二）无业等消极羁押事实与积极妨碍诉讼的行为相关性不足

其一，现行法律规定以犯罪所得为主要生活来源的，可作为羁押事实，而实践中却将无生活来源作为羁押事实。前者强调一个积极的事实——经常有犯罪所得，而后者只是消极地强调生活来源上的不足，其与可能逃跑相关性不足。

其二，无业更是如此，有固定职业不容易脱逃，但无业作为羁押事实则缺乏合理性，无业者本身并不能成为预防性羁押的理由。否则，会出现以财富、经济状况作为主要羁押理由的现象，有违平等执法理念。

其三，在同案犯供述一致、证据已经形成印证体系的情况下，妨碍证据的可能性当然较小，但反过来说并不恰当，因为供述不一致、证据尚未收集齐全，这些消极事实，与被告人可能积极妨碍证据之间不具有必然相关性[①]，必须结合其他证据才能论证其可能实施积极妨碍诉讼的行为。正因为此，法定标准是其已经着手、企图实施或者曾经实施了妨碍证据的行为，而不是证据系统不完善，否则就是"以捕代侦"。

（三）外来人员、在本地无固定住所作为羁押事实，容易导致地域歧视

在调查中，在外来人员构成羁押的重要事实，[②]甚至有绝对化倾向。接受访谈的检察官表示，对外来人员一般会羁押，因为其逃跑的可能性极大，一旦弃保潜逃，追逃的难度明显增加。与之类似，在本地无固定住所成为主要的羁押事实，主要理由与外来人员无异，无非是其流动性大，难于掌

---

① 《逮捕社会危险性规定》第 7 条的相关规定是值得商榷的。

② 在我国，本地人员与外来人员之间羁押比例差异甚大，"外来人员几乎毫无例外地适用羁押手段"。郭烁：《徘徊中前行：新刑诉法背景下的高羁押率分析》，《法学家》2014 年第 4 期。

控,然而其容易蜕变成本地人才不批捕。这受到歧视性执法的批评,以地域作为执法理由并不符合宪法平等保护的规定,在本地无户口与逃跑之间的关系并未受到合理性检视,适用该理由并不正当。

（四）曾经有前科、曾经受过行政处罚作为羁押事实不妥

根据《刑事诉讼法》规定,有证据证明有犯罪事实,可能判处徒刑以上刑罚,曾经故意犯罪的,应当予以逮捕。其逻辑在于曾经故意犯罪者,此次又涉嫌犯罪,极可能再次犯罪,为了防止犯罪嫌疑人再犯罪,必须审前将其羁押。于是,实践中以前科作为重要的羁押事实并不合理,因为前科并不一定是故意犯罪,如果前科属于过失犯罪,则其与再次犯罪之间的关系较为薄弱。既然法律已经选择将曾经故意犯罪而不是前科作为羁押事实,那么实践中将前科作为羁押事实的做法有待改进。

与之类似的是,曾经受到行政处罚作为羁押事实,低于法定的羁押标准,合法性不足。我国《逮捕社会危险性规定》明确,"一年内曾因故意实施同类违法行为受到行政处罚的"才作为可能再犯罪的理由,但实践中明显扩大,只要曾经受过行政处罚,都作为羁押事实,一些检察官甚至将十多年前的行政处罚作为羁押事实,这扩张了羁押事实标准,不符合现行法律。同理,吸毒、赌博并不能论证其可能继续犯罪,依照法律规定只有形成恶习,才构成羁押事实。

五、羁押事实运用的规范化

社会危险性标准模糊成为未决羁押率高居不下的重要原因,2012 年修改《刑事诉讼法》明确了社会危险性的具体事由,但以何种事实去认定社会危险性,仍模糊不清,制约着羁押必要性审查。羁押事实的明确对于决定羁押与否具有重大意义,必须对羁押事实指标化、明确化。

（一）羁押事实的正当化

上述调查充分表明,我国实践中羁押事实运用的不规范性与未决羁押率高密切相关,[①] 规范羁押事实运用是降低未决羁押率的必由之路。许多实践性羁押事实都在正当性上存在较大争议,需要加以调整。

1. 剔除不合理羁押事实。笔者认为,应当剔除违反《刑事诉讼法》的

---

① 事实上法定羁押事实也有值得完善之处,也能实现降低羁押率的效果,比如林钰雄提出:"预防性羁押与羁押之制度根本格格不入,因为预防性羁押是预防未来犯罪的保护社会安全措施,已经脱离羁押原来保全追诉、执行的目的。"参见林钰雄:《刑事诉讼法（上）》,中国人民大学出版社 2003 年版,第 312 页。

羁押事实，比如不认罪、不赔偿、不退赃、外来人员等，不能作为羁押事实。《关于贯彻执行〈人民检察院办理羁押必要性审查案件规定（试行）〉的指导意见》第 24 条将"犯罪嫌疑人、被告人不认罪或者供述不稳定，反复翻供的；矛盾尚未化解的"，作为论证羁押的事实显然不合理。同时，决定羁押时，被害人不谅解、不和解并非关键，关键在于考量犯罪嫌疑人是否可能对被害人打击报复。预防性羁押的理由应当是犯罪嫌疑人可能实施妨碍诉讼的行为，而不是被害人对待犯罪嫌疑人的态度。羁押与否从来都以保障人权为先，被害人同意不是不羁押的前提。

2. 限制一些羁押事实的适用。曾经受到行政处罚应当回归法定标准；无生活来源限缩为以违法所得为主要生活来源；吸毒、赌博等要形成恶习，才能加以适用；有前科，需要考虑是否故意犯罪、前科的性质、前科的时间；判断在本地是否有固定住所，即包括购置的房产、曾经长期居住的住所，也包括事后签订长期租约的住所。

3. 情节恶劣作为羁押事实，过于模糊，在适用时应当指明具体的恶劣情节，并论证其与羁押理由之间的关系。2012 年《公安机关办理刑事案件程序规定》第 78 条、2019 年《人民检察院刑事诉讼规则》第 87 条中不得取保的相关条文过于模糊，在司法解释具体化相应情形之后，应当将其删除。

4. 实践中部分绝对化羁押事实应当否定。由于未决羁押主要针对未发生的行为，从逻辑上很难说某种羁押事实的出现，就可以判断出犯罪嫌疑人一定会做妨碍诉讼的行为，这往往会违反无罪推定理念。因此，部分强制性羁押事实必须加以改变，比如外来人员、在本地无固定住所、"黄赌毒三类犯罪"、暴力犯罪都不能作为绝对化的羁押事实，同时实践中大量案件仅仅根据单一羁押事实，比如无业、无生活来源等，就随意作出羁押决定，更应当加以改变。

（二）建立羁押事实定量评估体系

一般来说，任何一种羁押事实的出现，并不一定必然导致犯罪嫌疑人被羁押，应建立综合评估系统。美国采用的是"精算方法"，罗列各种影响犯罪嫌疑人审前风险的因素，并赋予不同的影响比重，即风险比，然后综合计算出犯罪嫌疑人的审前风险。法官据此作出是否羁押的决定。[①] 我国也有实务部门展开了类似试点工作。基本做法是"将社会危险性的各项指标

---

① 姚莉、邵劭：《论捕后羁押必要性审查——以〈新刑事诉讼法〉第 93 条为出发点》，《法律科学》2013 年第 5 期。

分别赋值量化，将具体案件中犯罪嫌疑人、被告人的社会危险性数值进行加减计算，然后根据事先设置的风险等级进行比对，判断具体案件中社会危险性处于何档，以此决定是否适用逮捕"。[1] 相反，如果不建立羁押必要性的定量评估机制，羁押必要性审查仍将长期处于一种较为随意的状态。

　　未来我国应当建立羁押事实的量化评估制度。具体而言，我国建立的评估体系，首先，明确合理的羁押事实，除了法定羁押事实之外，吸收实践中的合理羁押事实作为社会危险性的判断因素，还要明确界定否定社会危险性的事实，当然，无论肯定还是否定羁押的事实都不是封闭的体系。总体而言，其主要的情形表现为：涉案情况，包括是否初犯、偶犯，是否过失犯罪，是否既遂，涉罪的严重程度等；犯罪嫌疑人个人危险性的证据，包括其性格特点、不良嗜好，是否有法定的前科或者行政处罚，是否实施过妨碍诉讼的行为；事后表现，包括是否自首、立功，是否认罪悔过，是否和解；监管条件，包括是否有稳定的工作、固定的生活场所，是否有社会支持系统。[2] 其次，分析各种羁押事实所占权重，虽不能在立法上明确其所占比重，但至少可以限定裁量空间，并要求检察官在评估时，注明实际的量化比重，比如认罪的可以增加不逮捕的比重20%～40%，有同案犯在逃的增加逮捕的比重10%～20%等。我国量刑规范化的实践经验可提供参考。最后，根据上述羁押事实，引入数学模型[3]，评估取保候审是否足以避免社会危险性。

　　最为重要的是要将加分项目、减分项目、否决项目确定化。首先，界定否决项目。《关于贯彻执行〈人民检察院办理羁押必要性审查案件规定（试行）〉的指导意见》第25条规定了否决项目，包括具有2012年《刑事诉讼法》第79条规定的情形，危害国家安全、黑社会性质组织犯罪等特别严重的犯罪，可能判处十年以上有期徒刑，转逮捕等。犯罪嫌疑人前后供述不一、同案犯供述不一致、有证据未查清、同案犯在逃并不是否决性羁押事实，必须结合其他事实，才能认定犯罪嫌疑人有妨碍诉讼的可能。同时，实践中涉黄、涉赌、涉毒一律羁押的做法需要改变，将无悔罪表现、拒不退赔

---

① 相关具体制度建构参见杨秀莉、关振海：《逮捕条件中社会危险性评估模式之构建》，《中国刑事法杂志》2014年第1期；张吉喜：《统计学方法在评估"逮捕必要性"中的运用》，《广东社会科学》2014年第6期。

② 史立梅等：《刑事诉讼审前羁押替代措施研究》，中国政法大学出版社2016年版，第165～201页。

③ 社会学上的风险评估理论和统计学上的数学建模理论为构建审查逮捕社会危险性评估量化模型提供了方法，SPSS统计分析软件为构建评估量化模型提供了工具。其运算过程非常复杂，远非本书篇幅所能解决。初步的研究请参见王贞会：《审查逮捕社会危险性评估量化模型的原理与建构》，《政法论坛》2016年第2期。

退赃作为否决项目也不妥。其次,明确决定羁押的减分项目。由于论证羁押必须有严格的法律依据,除了《逮捕社会危险性规定》等司法解释明确的羁押事实外,只能谨慎地将实践中一些合理的羁押事实法定化,比如证据体系不完善、同案犯在逃等,但其也只是考量因素之一。最后,规范解除羁押的加分项目。实践中认罪、有固定住所、有固定职业、积极退赃退赔或者和解、在校生等,可以作为解除羁押项目,《关于贯彻执行〈人民检察院办理羁押必要性审查案件规定(试行)〉的指导意见》第23条对此已经加以确定。值得特别指出的是,实践中诸多羁押事实只能从正面的涵义加以适用,比如和解、赔偿当然表明犯罪嫌疑人报复被害人的可能性较小,有固定住所、有生活来源当然逃跑的可能性较小,认罪当然妨碍证据的可能性较小,从而可以不羁押,但将字面意思反过来,作为羁押理由则不妥。

(三)完善羁押事实的查证制度

1.羁押事实的证据收集制度。所有的羁押事实都应当有证据加以证实。但2012年《人民检察院刑事诉讼规则(试行)》规定,"有迹象表明"也可以认定"羁押事实",导致侦查机关收集证据意愿不强。在缺乏相关证据的情况下,检察机关往往只能作出羁押决定,这样才不会陷于风险之中。有学者也发现,"公安机关轻视、忽视对逮捕必要性相关证据的收集,令检察机关对逮捕必要性条件的审查陷入无米之炊的尴尬境地,直接影响了逮捕必要性条件的有效适用"。[1]有学者进一步认为,由于我国逮捕必要性审查机制属于指控式审核,"侦查机关在提请报捕时通常只强调犯罪嫌疑人有社会危险性的情形,并提供相应的证据或材料,检察机关的审查完全局限于这些信息,而不会独立地进行综合式审查评估,更有利于作出有逮捕必要而非无逮捕必要的决定"。[2]解决之道在于,要求侦查机关应当收集证明羁押事实的相关证据,特别是侦查机关负有客观义务,不仅要收集有利于羁押的证据,还要收集有利于辩方的否定羁押的证据。这在我国犯罪嫌疑人人身自由处于限制状态,而辩护人又缺位时特别重要。

2.羁押事实的证明。长远来看,羁押事实主要用于证明羁押理由,如果不能建立相关证明制度,就不可能真正落实羁押必要性审查,这与非法证据排除规则一样。釜底抽薪之举是,在逮捕时应当由侦查机关证明羁押的必要性,这样才会推动侦查机关切实收集证明羁押事实的证据,检察机

---

① 樊崇义主编:《公平正义之路——刑事诉讼法修改决定条文释义与专题解读》,中国人民公安大学出版社2012年版,第352页。

② 马静华:《逮捕率变化的影响因素研究——以新〈刑事诉讼法〉的实施为背景》,《现代法学》2015年第3期。

关决定是否逮捕时才能更加言之有据,这能有效抑制滥捕。羁押证明责任分配并不否定辩方在申请取保时提供相关事实和证据,也不否定检察院在作出相关决定前,对羁押事实充分调查的职责。当前而言,我国法律上没有采取羁押必要性证明制度,而采取书面查明的方式。该方式导致辩方参与程序不足,如果不能建立多方参与的听证审查程序,很容易使该权力失去有效的制约。为了给羁押事实调查提供空间,应当建立相应听证制度,允许控辩双方对相关证据质证。由于其属于程序性事实,采取自由证明的模式,只须达到较高可能性时即可。

3. 羁押说理制度。我国已经建立羁押说理制度,但仅限于在作出不逮捕决定时向公安机关说明理由,必要时可以向被害人说明理由。事实上,要降低未决羁押率,关键是要向犯罪嫌疑人说明羁押的理由,这也是实践中双向说理制度改革的初衷。说理的关键不在于告诉羁押理由,而是告诉羁押事实,所有的羁押事实应当在说理时加以阐明。该羁押事实在后续捕后羁押必要性审查中,是否发生改变,就成为是否解除羁押的重要事实。

第五节 从侦查职能到人权保障: 我国羁押场所的功能转型

一、我国羁押场所的传统功能:侦羁合一

在我国,看守所是审前对未决犯罪嫌疑人予以羁押的场所,以及短期自由型的执行场所。看守所高度封闭,其安全由武警和看守所的警察分工负责,会产生剥夺被羁押人人身自由的效果。看守所在机构设置上属于公安机关的内设机构,长期被视为侦查机关的辅助办案部门,对外不具有独立的主体资格。[①] 看守所执法由公安机关的部门规章,即 1990 年《中华人民共和国看守所条例》,予以规范。我国看守所主要具有以下三个方面的职能:一是监管职能。防止犯罪嫌疑人实施自杀、逃跑、妨碍诉讼、继续危害社会的行为,保障诉讼活动的顺利进行。二是执行部分刑罚职能,对被判处有期徒刑的罪犯,在被交付执行刑罚前,剩余刑期在三个月以下的,由看守所代为执行。三是侦查职能。看守所在监管过程中,还必须注意配合收集破案线索,甚至很多地方的看守所都被分配了具体的破案任务。[②] 我国看守所的侦查职能主要表现在以下方面:其一,看守所承担着继

---

① 钟明曦:《论新〈刑事诉讼法〉中的看守所》,《福建警察学院学报》2013 年第 1 期。

② 汪贻飞:《论看守所的功能及其归属》,《石河子大学学报(哲学社会科学版)》2010 年第 5 期。

续稳定犯罪嫌疑人心理，以利于进一步突破口供的功能。因此，对犯罪嫌疑人人格采取了一定的限制，比如曾经要求剃光头、穿囚衣，安排其他犯罪嫌疑人监视、稳定犯罪嫌疑人心理，避免出现情绪波动，影响破案。其二，看守所还有深挖余罪的功能。我国羁押场所的重要功能之一是深挖余罪。为了深挖余罪，看守所有许多传统制度。2002年，公安部发布《公安机关深挖犯罪工作规则》，要求看守所将深挖犯罪作为一项重要职能。《公安机关深挖犯罪工作规则》第2条对看守所深挖犯罪工作做了明确定义："深挖犯罪工作是公安机关通过对看守所羁押的犯罪嫌疑人、被告人和罪犯进行管理、教育，获取犯罪线索，查明犯罪事实，甄别在逃人员的专门工作。"从而，看守所的日常监管工作中，有一项基础性业务工作，就是"深挖余罪、配合破案"。[1]2005年山西部分地区深挖犯罪破获刑事案件占同期当地公安机关破案总数的10%以上。[2]为此，看守所建立了一系列程序机制。在内部管理上，将能够鼓励犯罪嫌疑人供述余罪、检举他人作为其工作考虑的重要内容，并施加一定的办案压力。比如，以获取的侦查线索以及借此侦破案件的数量，作为看守所及其看管人员业绩考核的重要指标。其三，看守所还有配合破案的重要功能。比如，配合侦查机关狱侦，看守所会安排耳目接触并套取犯罪嫌疑人的口供，同时耳目作为指控犯罪的证人。2017年，在呼伦贝尔培训班上，公安部监管局提出把"深挖犯罪"改称为"协助破案"。我国在一些疑难案件中，出现了安排"线人""耳目"接触犯罪嫌疑人，套取犯罪嫌疑人口供的现象。在一些冤假错案中也出现其身影，比如"张氏叔侄案""马廷新案""李怀亮案"。如果"狱侦耳目"不能很好地规范，比如看守所对"狱侦耳目"威逼犯罪嫌疑人监管不当，容易出现冤假错案，如在"张氏叔侄"冤案中，"狱侦耳目"袁连芳逼迫犯罪嫌疑人供述，并充当证人。

我国看守所归属公安机关管理，而公安机关是最主要的侦查机关之一，破案是公安机关职能的重中之重，为了保障侦查，公安机关必然要求看守所配合侦查。具体体现如下：其一，在安排监管场所时，内部同案犯之间相互分离，避免串供。其二，我国看守所作为避免妨碍诉讼行为的重要场所，为了保障侦查的秘密性，对于外部介入采取较高排斥的态度。限制

---

① 参见李卫平、胡建华：《加强认识改进措施做好看守所深挖犯罪工作》，《公安研究》2003年第3期；詹勤飞、胡惠林：《加强狱内深挖犯罪工作的几点思考》，《公安学刊（浙江公安高等专科学校学报）》2002年第4期；马海舰、刘峰：《论公安监所深挖》，《犯罪研究》2008年第6期。

② 张迎新：《公安监管场所如何开展深挖犯罪工作》，《山西警官高等专科学校学报》2006年第3期。

犯罪嫌疑人、被告人与外部接触，这既包括不当限制律师会见，也包括限制家属会见。2012年之前我国辩护权保障最大的问题就是，看守所在《刑事诉讼法》没有明确规定的情况下，实践中形成了律师会见需要获得办案机关许可的制度，甚至在2012年《刑事诉讼法》明确律师凭"三证"会见之后，部分地区仍然出现不当限制律师会见的现象，比如，出现以会见室数量有限、办案机关正在提审等种种理由限制会见的现象。看守所没有增加会见室的动力，在看守所会见室不足的情况下，看守所优先保障办案机关提审，而不惜限制律师会见。再如，对于近亲属与犯罪嫌疑人之间的会见、亲情交流的机会，尽管看守所条例赋予其裁量权，但实践中看守所一般不允许近亲属会见犯罪嫌疑人。其三，实践中，为了突破口供，需要应对犯罪嫌疑人翻供，传统上看守所会配合侦查机关提外审，将犯罪嫌疑人提到办案机关审讯，因此容易出现非法讯问的现象。在2012年《刑事诉讼法》修改之后，限制提外审的情形，一些地方的看守所在内部设置专门的讯问室，为办案机关延长讯问时间、"无障碍讯问"提供可能。其四，一般在关入看守所时，需要对犯罪嫌疑人进行人身检查，如果身体有伤痕需要记录。但是实践中执行不严格，很多犯罪嫌疑人的身体伤痕未作记录，导致其无法提出非法讯问的辩护。人身检查制度无法对侦查机关的非法讯问发挥事后制约的功能。

二、2012年《刑事诉讼法》修改后羁押场所的人权保障功能

2012年《刑事诉讼法》重新界定了看守所在刑事诉讼中的权利和义务，2018年《刑事诉讼法》也遵循该立法，羁押场所的预设功能面临转型的需要。其一，防范非法讯问。2012年《刑事诉讼法》将羁押场所作为防范非法讯问的重要地点。《刑事诉讼法》规定无论拘留还是逮捕都必须立即送看守所羁押，送看守所羁押之后，讯问必须在看守所内完成。显然，如果羁押场所承担类似于侦查的功能，则其与办案机关的讯问场所功能类似，该法条设计的逻辑前提便不存在，不能发挥防范非法讯问的功能。同时，在证明是否非法讯问时，2017年《关于办理刑事案件严格排除非法证据若干问题的规定》要求对送押犯罪嫌疑人做严格的人身检查，显然将看守所

作为证明非法讯问的重要留痕点。[①] 如果看守所不中立,对人身检查不认真记录,明明身上有伤痕也不做记录,则非法证据排除的预防性规则必然失效。

其二,防范超期羁押。超期羁押是我国刑事司法中的顽疾。其中的重要原因在于看守所配合侦查机关完成社会风险防控的职责。相反,有些国家或地区明确看守所的中立性,一旦羁押期限届满,立即放人。基于防范超期羁押的要求,需要看守所的功能转型。

其三,保障律师会见权实现。2012 年《刑事诉讼法》修改之前,尽管立法并没有要求律师去看守所会见犯罪嫌疑人要有办案机关的书面许可,但是由于看守所承担了配合办案的功能,其内部形成了该制度。2012 年《刑事诉讼法》修改,除了危害国家安全犯罪、恐怖活动犯罪、特别重大贿赂犯罪三个罪名以外,律师可以凭"三证"直接去看守所会见。2018 年《刑事诉讼法》修改删除了特别重大贿赂犯罪限制会见的规定。显然立法希望赋予看守所保障会见权的独特功能,但这以看守所中立为前提,否则该修改难以发挥作用。从当前《刑事诉讼法》实施来看,由于看守所中立性不足,人权保障功能体现不充分,实践中出现部分罪名,看守所应办案机关要求,非法限制律师会见的现象。

其四,保障视频办案的正当性。随着现代科技的发展,越来越多的办案开始采取视频方式进行。现行《刑事诉讼法》《民事诉讼法》都将"视听传输技术"作为出庭作证的方式。检察机关在审查起诉工作中,必须提审犯罪嫌疑人,一些地方检察院以视频方式提审会见。再如,死刑复核时,由于路途较远,最高人民法院也是通过视频提审的方式,完成法律规定的提审被告人的工作。一些法院开展视频开庭的尝试,特别是在速裁程序中,为了提高诉讼效率,减少提押送庭带来的风险和成本,很多法院开庭时不将犯罪嫌疑人提到法庭,而是在法庭与看守所建立视频连接,犯罪嫌疑人直接在看守所接受讯问,参加庭审。[②] 在这些运用现代视频传输技术,节约司法成本的工作中,都要考虑看守所环境的可靠性,如果看守所会形成对犯罪嫌疑人、被告人自由意志的不当压制,则这些简化诉讼程序的改革必将面临正当性的极大质疑。而我国看守所承担的侦查职能,显然会影响

---

① 《关于办理刑事案件严格排除非法证据若干问题的规定》第 13 条规定:"看守所应当对提讯进行登记,写明提讯单位、人员、事由、起止时间以及犯罪嫌疑人姓名等情况。看守所收押犯罪嫌疑人,应当进行身体检查。检查时,人民检察院驻看守所检察人员可以在场。检查发现犯罪嫌疑人有伤或者身体异常的,看守所应当拍照或者录像,分别由送押人员、犯罪嫌疑人说明原因,并在体检记录中写明,由送押人员、收押人员和犯罪嫌疑人签字确认。"

② 段厚省:《远程审判的双重张力》,《东方法学》2019 年第 4 期。

视频办案的正当性。

其五，看守所属于审前预防性羁押场所，犯罪嫌疑人受到无罪推定保护，其在看守所应当享有较多的权利。羁押场所内犯罪嫌疑人应当受到更人性化的待遇，比如会见家属的权利、不被强制劳动的权利、人格尊严受到尊重的权利，随着尊重和保障人权写入《刑事诉讼法》，羁押执行过程中这些权利也应当得到更充分的保障。然而，我国看守所管理过程中，出现了许多问题，比如看守所生活条件太差，再如相继爆出看守所未决羁押人员"躲猫猫死""洗脸死""睡觉死""如厕死"等非正常死亡事件。这也需要看守所功能的转型。

三、羁押场所人权保障功能的实现

其一，看守所的管理主体转归司法行政部门，实现中立性转型。在公安机关管理之下，尽管其分管领导与侦查部门的分管领导一般分开，具有内部相互制约的特点。但是，由于看守所受到公安机关管理，其必然被塞入许多配合侦查的功能。看守所的非中立性，导致侦羁合一，不能充分实现预防性羁押的应然功能，一直以来饱受批评。有学者指出，看守所承担侦查职能，使其成为侦查机关的附属机关，难于作为独立机构制约办案机关行为，[①]使得律师会见犯罪嫌疑人不被监听等诉讼权利无从落实。[②]2009年的"躲猫猫事件"成为看守所改革的标志性事件，公安机关全面推进看守所独立行使刑事羁押权改革。当前，看守所中立是看守所管理体制改革的目标和方向，以契合2012年《刑事诉讼法》所需求的独立的诉讼地位。

在我国看守所管理制度改革建议中，有很多种不同的观点，有的主张将其转归法院管理；有的主张，设立相对独立的羁押管理总局，实现编制与体制上的相对独立。[③]在司法改革过程中，最有影响力的改革建议是为了保障看守所的中立性，将看守所管理部门由公安局转归司法行政管理部门。[④]

预防妨碍诉讼的行为既可以采取由侦查机关直接控制犯罪嫌疑人的方式，也可以采取由相对中立第三方控制的方式，现代多数法治国家主要采取由中立第三方控制的方式，因此应当改变现行看守所的管理体制。笔

① 顾永忠：《论看守所职能的重新定位——以新〈刑事诉讼法〉相关规定为分析背景》，《当代法学》2013年第4期。
② 钟明曦：《论新〈刑事诉讼法〉中的看守所》，《福建警察学院学报》2013年第1期。
③ 陈卫东：《刑事诉讼法修改后应尽快制定看守所法》，《法制日报》2012年2月15日。
④ 参见程雷：《看守所立法问题探讨》，《江苏行政学院学报》2015年第5期；汪建成、黄祥德：《我国未决羁押制度的批判性重构》，《山东公安专科学校学报》2004年第1期；高一飞、聂子龙：《论我国看守所立法》，《时代法学》2012年第2期。

者认为,这种观点能够较好地实现羁押场所人权保障功能。世界各主要国家未决羁押机构的主要功能便是对犯罪嫌疑人、被告人进行监管,西方国家一般都将未决羁押机构独立于该国的警察机构。比如,在警察向治安法院提出控告之前,被逮捕的犯罪嫌疑人通常是被羁押在各个警察局自己所设的拘留室内,控告之后,羁押在司法行政部门管理的监狱内。法国和德国未决羁押场所是由司法部管理,而警察由内政部管理。羁押场所相对中立,不承担侦查职能。① 我国也有学者主张借鉴英美法系的做法,其认为未来我国羁押场所改革应当实现看守所中立,将看守所统一归司法行政机关进行管理和控制,从而实现侦查机关和羁押场所的分离。②

　　司法体制会对诉讼程序产生很大的影响,看守所如果归公安机关管理,其侦查职能很难彻底剥离,难免在实践中变相配合侦查。釜底抽薪之举,正是从司法体制上改变其管理主体,由不承担侦查职能的机关对其行使管理权。因此,从应然角度,看守所应是独立的审前羁押场所;看守所的管理体制及其归属是宏观问题,侦羁分离是具体调整。③ 看守所作为重要的羁押场所,以实现羁押目标作为其主要功能,而羁押的功能主要是预防出现妨碍诉讼的行为,而不是配合侦查,甚至直接发挥侦查功能。将其归属于侦查机关管理,恰恰违反了羁押的预防性功能。因此,应当实现侦押分离,避免羁押产生侦查功能,为刑讯、限制律师会见提供温床。

　　相反观点认为,看守所的机构隶属无关大碍,依法管理才是重点。④目前的看守所已经纳入 12 个部委负责的综合治理格局,具有开放性的管理体制。简单地认为看守所是"公安机关的看守所"并不符合实际情况。⑤ 在看守所立法中,应明确看守所"是国家设立的依法独立执行刑事羁押的专门机关",依法独立行使职权而不受制于办案机关,为其回归司法部管理提供必要的规范基础。⑥ 在未改变管理体制之前,有的地方实行"看守所对未决人员居中管理"改革值得推广。在司法体制改革的新形势下,看守所对未决人员居中管理,有利于保证监所的安全秩序,有利

————————
　　① 汪贻飞:《论看守所的功能及其归属》,《石河子大学学报(哲学社会科学版)》2010 年第5 期。
　　② 汪贻飞:《论看守所的功能及其归属》,《石河子大学学报(哲学社会科学版)》2010 年第5 期。
　　③ 樊崇义:《看守所:处在十字路口的改革观察》,《中国法律评论》2017 年第 3 期。
　　④ 樊崇义:《看守所:处在十字路口的改革观察》,《中国法律评论》2017 年第 3 期。
　　⑤ 李治:《看守所管理理念有了重大转变》,《人民公安报》2013 年 7 月 11 日。
　　⑥ 樊崇义:《看守所:处在十字路口的改革观察》,《中国法律评论》2017 年第 3 期。

于维护司法公平正义，有利于促进社会和谐稳定，有利于看守所工作持续发展。①

其二，剥离侦查功能。保障侦查是指看守所只能消极地防止妨碍诉讼的行为，不能积极主动地配合侦查，帮助获取证据，后者是直接侦查行为，会导致看守所中立性的缺失。剥离侦查功能也是实现其人权保障功能的重要方式，需要清理包括发现余罪、服务侦查等异化职能，确立看守所职能中立化的改革目标。②2013年，公安部监管局局长对公安监管部门深挖犯罪工作批示指出："公安监管部门及看守所均不是赋有侦查职能的部门与场所。全国各级监管部门及看守所必须严格履行《刑事诉讼法》规定及公安机关监管职能，不得搞任何侦查工作措施。"③公安部在起草看守所法时也认识到，看守所职能定位随着我国《刑事诉讼法》的修改进步应发生重大变化，其作为国家专门的刑事羁押场所，绝无侦查功能，并相应减负。④一是看守所不再承担深挖余罪的职能，一些深挖余罪的制度需要更改，比如看守所不再接受深挖余罪的考核。二是看守所不再承担配合侦破的职能，虽然看守所也需要避免在押的同案犯罪嫌疑人之间串供，但是其不应承担通过做工作，使犯罪嫌疑人供述稳定的功能。三是对于"狱侦"应当由侦查机关直接主导，而不是由看守所主导。"狱侦"制度本身具有一定的合理性，我国《刑事诉讼法》已经规定了秘密侦查制度，为"狱侦"提供了合法性依据。但是，"狱侦"过程中，需要看守所一定程度上的配合，也需要看守所对"耳目"的行为进行一定程度的监控，否则容易制造冤假错案。因此，不能将"狱侦"直接置于看守所的职责之中，使其与侦查结果形成利害关系。同时，应当肯定看守所对"狱侦"违法行为的制约职责。

其三，采取人性化措施。我国看守所曾经采取过许多人性化措施，保障犯罪嫌疑人权利。实际上，羁押是预防性而不是惩罚性措施，只需要通过剥夺其人身自由就能实现预防功能，对于犯罪嫌疑人而言，其仍受无罪推定保障。既然是无罪的，其在羁押期间的适当待遇就需要考虑，比如在排除可能妨碍的前提下，应当充分保障有限的亲属会见权利，当前一概限制近亲属会见是不妥的；再如提高看守所的生活条件，目前我国看守所的

---

① 王伟：《看守所对未决人员居中管理的提出及探索——以杭州市看守所为例》，《公安学刊（浙江警察学院学报）》2016年第1期。

② 樊崇义：《看守所：处在十字路口的改革观察》，《中国法律评论》2017年第3期。

③ 王伟：《看守所对未决人员居中管理的提出及探索——以杭州市看守所为例》，《公安学刊（浙江警察学院学报）》2016年第1期。

④ 汪红：《公安部起草首部看守所法》，《民主与法制时报》2014年5月8日。

条件有所提升,特别是在经济发达、财政保障充分的地区,其生活条件明显提升,如果看守所的生活条件比监狱内的生活条件差很多,显然未能保障无罪推定的权利。实际上,只有看守所中立性强化,其才有真正的动力改进看守所内犯罪嫌疑人的生活条件,满足无罪推定所衍生的相对合理的生活条件。

第四章　指定居所监视居住的羁押化
与侦查保障功能

第一节　公安机关适用指定居所监视居住的实证分析：
以全国 5955 个样本为对象 [①]

一、研究背景及数据来源

（一）研究背景

1996 年《刑事诉讼法》中，监视居住与取保候审的适用条件基本等同，没有区分指定居所监视居住与住所监视居住的功能和程序。指定居所监视居住执行中，也出现满足过分偏重办案需求的现象，对被指定居所监视居住人人身自由限制极高，异化为变相羁押，饱受诟病。

2012 年《刑事诉讼法》修改后第 72 条将监视居住改造为替代逮捕措施，[②] 要求符合逮捕条件，且具备"人性需要"或是"办案需要"。[③] 同时，其确定监视居住应当优先在住所执行，只有在无固定住所时，公安机关方可指定居所监视居住，或者涉嫌危害国家安全犯罪、恐怖活动犯罪，在住处执行有碍侦查的，经上一级公安机关批准，才可在指定场所执行。指定居所监视居住期间可以折抵刑期。就此，指定居所监视居住作为监视居住的特殊形式被立法明确，被赋予一定的办案功能，有学者甚至称其为"第六种强制措施"。[④] 2018 年《刑事诉讼法》修改没有改变公安机关指定居所监视居住的法律规范，只是删除了特别重大贿赂犯罪案件经上级批准可以指定居所监视居住的规定。

指定居所监视居住制度施行至今已有多年，学界对其研究已取得一定

---

① 笔者指导的硕士生朱春吉参与该部分的写作。

② 2018 年《刑事诉讼法》第 74 条规定，人民法院、人民检察院和公安机关对符合逮捕条件，有下列情形之一的犯罪嫌疑人、被告人，可以监视居住：患有严重疾病、生活不能自理的；怀孕或者正在哺乳自己婴儿的妇女；系生活不能自理的人的唯一扶养人；因为案件的特殊情况或者办理案件的需要，采取监视居住措施更为适宜的；羁押期限届满，案件尚未办结，需要采取监视居住措施的。

③ 郎胜主编：《中华人民共和国刑事诉讼法修改与适用》，新华出版社 2012 年，第 157 页。

④ 左卫民：《指定监视居住的制度性思考》，《法商研究》2012 年第 3 期。

的成果。理论研究集中在相关立法争议问题的解释，[①] 而实证研究主要关注检察机关适用指定居所监视居住的情况。[②] 多数研究指出检察机关适用指定居所监视居住主要是基于满足突破口供、获取证据等办案功能，存在羁押化、侦查化倾向[③] 等问题。

事实上，公安机关承担绝大多数刑事案件的侦查任务。那么，其在适用指定居所监视居住时，是否出现上述类似的问题值得研究。然而，公安机关适用指定居所监视居住的研究成果仅有数篇[④]，研究很不足，而且其多针对特定区域调研，对全国公安机关适用指定居所监视居住的状况缺乏充分研究。监察体制改革后，检察院职务犯罪侦查权多数转隶到监察委员会，公安机关成为指定居所监视居住最主要的适用机关，更加凸显了公安机关适用指定居所监视居住的研究价值。

（二）研究数据来源

指定居所监视居住属于强制措施，按现行法律要求必须在判决书上详细注明，且《刑事诉讼法》规定指定居所监视居住可以抵刑期，凡是指定居所监视居住的案件，判决书必须在宣告刑罚的同时注明指定居所监视居住折抵刑期的情形。同时，适用机关、所在省市、罪名、辩护人对指定居所监视居住的质疑一般也会在判决书中阐述。据此，研究人员可以准确知晓指定居所监视居住的期间以及强制措施的转变等许多情况。本研究数据皆出自判决书，由于现行法律对其内容的准确性要求很高，因此本研究具有非常高的可信性。

本研究数据来源于无讼案例网（www.itslaw.com）。[⑤] 2018 年 3 月 18 日，笔者在无讼案例网上通过设定"公安机关""指定居所监视居住"两个关键词检索，检索 2013 年至 2017 年共五年间全国各地各级法院作出的一

---

① 程雷：《指定居所监视居住实施问题的解释论分析》，《中国法学》2016 年第 3 期；李建明：《适用监视居住措施的合法性与公正性》，《法学论坛》2012 年第 3 期；孙煜华：《指定居所监视居住的合宪性审视》，《法学》2013 年第 6 期。

② 谢小剑、赵斌良：《检察机关适用指定居所监视居住的实证分析——以 T 市检察机关为例》，《海南大学学报（人文社会科学版）》2014 年第 5 期；张智辉、洪流：《监视居住适用情况调研报告》，《中国刑事法杂志》2016 年第 3 期。

③ 魏小伟：《论检察机关指定居所监视居住功能的侦查化倾向》，《江淮论坛》2016 年第 2 期。

④ 参见马静华：《公安机关适用指定监视居住措施的实证分析——以一个省会城市为例》，《法商研究》2015 年第 2 期；王朝亮《公安机关决定指定居所监视居住执行中的违法违规行为及监督——以 T 市检察数据最多的 X 区为样本》，《中国检察官》2018 年第 7 期；罗孝宇：《公安机关适用指定居所监视居住措施实证研究》，西南政法大学 2015 年硕士学位论文；窦宪亮：《我国指定居所监视居住问题研究——以公安机关为重点分析》，中国社会科学院 2013 年硕士学位论文。

⑤ 因为最高人民法院裁判文书网对下载裁判文书量、浏览页数等有限制，而无讼案例网下载相对便利，且与裁判文书网裁判文书的数量及更新速度相差无几，故本研究的数据最终选择无讼案例网。

审判决书，最终共收集到 6848 份判决书。为保证数据的准确性，笔者组织研究人员对上述判决书人工筛选，删除了非公安机关适用的、2013 年之前的，以及强制措施记载不清等问题判决书。最终筛选出 5000 余份判决书，共有 5955 名犯罪嫌疑人被指定居所监视居住的数据。[①] 问题在于，我国并未做到所有裁判文书上网，目前只有近一半的裁判文书上网，[②] 该 5000 余份判决书并未囊括全国公安机关指定居所监视居住的所有案件。

本研究的调查方法是，组织研究人员对所有的判决书进行分类统计。统计内容包括指定居所监视居住罪名、指定居所监视居住的地域分布、指定居所监视居住期间、是否具有辩护人、强制措施变更、指定居所监视居住的理由、指定居所监视居住场所等，据此勾勒出公安机关适用指定居所监视居住的全貌。

特别值得强调的是，本调查并未采取抽样调查方式，而是将无讼案例网上符合调查对象的所有判决书进行统计分析。5000 余份判决书的数据统计分析工作量十分巨大，但有效保障了数据分析结果更加接近司法实践的真实情况。

二、公安机关指定居所监视居住的适用特点

1. 指定居所监视居住人数呈现逐年递增的趋势。据统计，2013 年至 2017 年，公安机关共指定居所监视居住 5955 人，其中 2013 年适用 569 人，2014 年适用 1188 人，2015 年适用 1593 人，2016 年适用 1734 人，2017 年适用 871 人。需要说明的是，2017 年的数据显得畸低，这是由于判决书上网的滞后性，2017 年指定居所监视居住的案件，许多无法在 2018 年上半年上网。根据统计，2013 年至 2016 年四年期间，当年度适用指定居所监视居住的犯罪嫌疑人有 55% 是在下一年度作出判决。据此，可以推测 2017 年适用人数超过 1800 人（见图 4-1）。从统计数据来看，经过 2012 年《刑事诉讼

图 4-1 2013—2017 年指定居所监视居住人数走势图

---

① 5955 份判决书中有少部分属于共同犯罪的同一份判决书。
② 马超、于晓虹、何海波：《大数据分析：中国司法裁判文书上网公开报告》，《中国法律评论》2016 年第 4 期。

法》修改后的适应期，2014年至2016年指定居所监视居住人数明显递增。

检察院适用指定居所监视居住总量远远低于公安机关，趋势上呈现"山峰状"，在2014年下半年适用量达到顶峰后急剧下降。[①] 这种区别在于，最高人民检察院对指定居所监视居住采取"敢用、慎用、短用"的态度，总体上限制其适用。2014年最高人民检察院发布《全国检察机关在查办职务犯罪案件中严格规范使用指定居所监视居住措施的通知》，严格指定居所监视居住的适用标准，后续又发布了《人民检察院对指定居所监视居住实行监督的规定》，加强指定居所监视居住的监督，使得检察机关适用指定居所监视居住急剧减少。反观公安机关，在此期间并未出台限制指定居所监视居住适用的规定，指定居所监视居住的适用呈现逐年递增态势。

2. 指定居所监视居住的适用率非常低。一方面，指定居所监视居住占监视居住比例很低。2018年10月3日，笔者在无讼案例网检索2013年至2017年五年间公安机关侦查案件的一审判决书，检索关键词为"监视居住"，检索出121710份判决书；同样检索关键词"指定居所监视居住"，检索出6919份判决书。由此估算，2013—2017年间公安机关适用指定居所监视居住人数，占监视居住人数的5.68%。其中原因在于，指定居所监视居住需要耗费更多人力、物力，且办案风险大于住所型监视居住，抑制了公安机关适用指定居所监视居住。[②]

另一方面，适用指定居所监视居住的案件占所有刑事案件的比例更低。以最高人民法院工作报告中公布每年平均约100万个刑事案件计算，适用指定居所监视居住的案件占比不超过0.1%。以全国3500个基层公安机关计算，绝大多数基层公安机关每年指定居所监视居住都是个位数，有很多公安机关全年空白[③]。这解释了为何公安机关指定居所监视居住并未成为一个重大问题。相反，职务犯罪犯罪嫌疑人中，约10%被适用指定居所监视居住。[④] 这说明公安机关并不主要依赖指定居所监视居住作为办案手段，其有其他办案手段，比如留置盘问等行政治安措施。

3. 适用机关以县级公安机关为主。统计数据显示，五年间县级公安机关决定指定居所监视居住5560人，市级公安机关决定指定居所监视居住394人，省级公安机关指定居所监视居住的只有1人，公安部没有指定居所监视居住的案件。省级公安机关适用的约占总人数0.02%，市级公安机关适用的约占总人数6.61%，县级公安机关适用的约占总人数93.37%（见

---

① 　详见本章第二节。

② 　马静华：《公安机关适用指定监视居住措施的实证分析——以一个省会城市为例》，《法商研究》2015年第2期。

③ 　这和笔者对江西省公安人员的访谈调查基本吻合。

④ 　张智辉、洪流：《监视居住适用情况调研报告》，《中国刑事法杂志》2016年第3期。

图 4-2）。显然，指定居所监视居住的适用机关以县级公安机关为绝对主体，市级公安机关占小部分，这充分说明指定居所监视居住适用的案件并不以重大案件为特征。

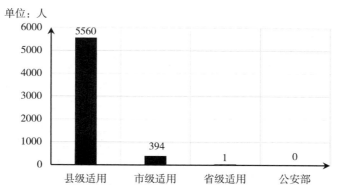

图 4-2　各级机关决定指定居所监视居住图

4. 指定居所监视居住的犯罪嫌疑人多在本地无固定住所。根据《刑事诉讼法》规定，只有犯罪嫌疑人、被告人在办案机关所在地无固定住所，以及犯罪嫌疑人、被告人涉嫌危害国家安全犯罪、恐怖活动犯罪，在住处执行可能有碍侦查的情形下，公安机关才可以适用指定居所监视居住。统计数据显示，仅有两篇判决书属于危害国家安全犯罪和恐怖活动犯罪案件，其为案号（2016）黔 01 刑初 41 号、（2015）穗中法刑一初字第 00301 号，适用人员为 3 人[①]；其他的都属于在本地无固定住所，共计 1611 人。大多数案件为在本地无固定住所而指定居所监视居住。有调查发现，检察院存在通过指定管辖来满足在本地无固定住所的条件，某些检察院通过指定异地管辖以适用指定居所监视居住的高达 81%，成为一个重大问题。[②]但本统计并未显示出公安机关存在类似严重问题。据不完全统计，在本地无固定住所 1611 人中，其中指定管辖的 13 人，占总数的 0.8%。但也有调查显示，公安机关可能扩大解释适用"本地无固定住所"。[③]

5. 强制措施变更顺序[④]多种多样。统计数据显示，犯罪嫌疑人强制措

---

① 也有一种原因可能是，危害国家安全和恐怖活动犯罪案件多为敏感性案件，故检索到的非常少。

② 张智辉、洪流：《监视居住适用情况调研报告》，《中国刑事法杂志》2016 年第 3 期。

③ 王朝亮：《公安机关决定指定居所监视居住执行中的违法违规行为及监督——以 T 市检察数据最多的 X 区为样》，《中国检察官》2018 年第 7 期。

④ 指定居所监视居住简称"指"，拘留简称"拘"，逮捕简称"捕"，取保候审简称"取"，以排列顺序为强制措施变更顺序。如"指、拘、捕"为先指定居所监视居住，后变更为拘留，最后被逮捕。以下同此。

施变更有 110 多种顺序。这些强制措施变更顺序中，有些是在两种强制措施之间变更，有些是在三种以上强制措施之间变更。在变更次数上，从单独适用指定居所监视居住一种强制措施，到变更强制措施次数达 7 次之多。经过数据筛选发现，强制措施变更顺序的前 14 种，犯罪嫌疑人人数占总人数的 87%，具体为 5180 人（见表 4-1）。

表 4-1　2013—2017 年强制措施变更顺序一览表

序号	项目	犯罪嫌疑人人数 / 人					合计	比例*
		2013 年	2014 年	2015 年	2016 年	2017 年		
1	指、拘、捕	167	349	519	612	253	1900	36.68%
2	拘、指、捕	106	259	337	353	235	1290	24.90%
3	指	33	73	84	102	65	357	6.89%
4	拘、指、拘、捕	41	45	73	124	45	328	6.33%
5	指、捕	36	81	98	74	25	314	6.06%
6	拘、指	20	56	70	84	52	282	5.44%
7	指、取	26	46	60	38	14	184	3.55%
8	拘、指、取	12	34	41	29	9	125	2.41%
9	拘、指、取、捕	9	23	35	16	10	93	1.80%
10	拘、捕、指	7	10	16	36	12	81	1.56%
11	指、取、捕	11	9	18	17	6	61	1.18%
12	指、拘、取	1	13	23	19	4	60	1.16%
13	指、拘、取、捕	7	12	15	15	8	57	1.10%
14	拘、取、指、捕	7	9	10	10	12	48	0.93%
	合计	483	1019	1399	1529	750	5180	100%

说明：*指该项目总人数除以合计总人数。

6. 存在"办案需要""人性需要"两种功能。指定居所监视居住呈现出两种形态迥异的实践类型："替代逮捕型"与"办案需要型"，前者符合替代逮捕，减少羁押的立法预设功能，后者以保障侦查需要，更有效获取证据为主要出发点。

其一，针对指定居所监视居住的理由分析。我国指定居所监视居住的理由可以分为两大类。一类是基于"人性需要"而指定居所监视居住，即严重疾病不能自理、怀孕哺乳、唯一抚养人等人道主义需要对其指定居所监视居住；另一类是基于"办案需要"而指定居所监视居住，即"因为案件的特殊情况或者办理案件的需要，采取监视居住措施更为适宜的"与"羁押期限届满,案件尚未办结,需要采取监视居住措施的"两种具体原因①。统计数据显示,明确载明指定居所监视居住理由的共计 559 人,其中"人性需要"274 人,约占总数的 49%;其中"办案需要"285 人,约占总数的 51%(见表 4-2)。

表 4-2 2013—2017 年指定居所监视居住理由表

项目	指定居所监视居住理由的犯罪嫌疑人人数 / 人					合计	比例
	2013 年	2014 年	2015 年	2016 年	2017 年		
人性需要	27	42	73	90	42	274	49%
办案需要	7	38	102	92	46	285	51%

其二,结合强制措施变更顺序与指定居所监视居住期间分析。因"人性需要"指定居所监视居住,指定原因在短期内多数无法消除。如果在首次短暂(15 日内)指定居所监视居住后转羁押,因"人性需要"指定居所监视居住的可能性非常低,基本可以认为其属于"办案需要型"指定居所监视居住。根据对公安机关的实证调查显示,"办案需要型"主要表现为通过指定居所监视居住,向犯罪嫌疑人施加压力,以突破其心理防线,达到侦破案件、深挖案情或者迫使犯罪嫌疑人退还涉案款物的目的。而在突破案情或者达到目的之后,便将犯罪嫌疑人逮捕或者取保候审。②统计数据显示,在常用的 14 种强制措施变更顺序中,有四类顺序是以指定居所监视居住为起始顺序,即"指、拘、捕""指、拘、取、捕""指、拘、取""指、捕"(见图 4-3)。该四种强制措施变更顺序中指定期间在 15 日以下的有 1678 人,可以基本判断其为"办案需要"。

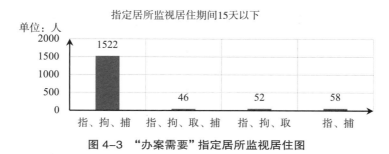

图 4-3 "办案需要"指定居所监视居住图

指定居所监视居住期间长又未被转羁押,基本可以判断其为"人性需

---

① 监视居住还有一种理由是对符合取保候审条件,但犯罪嫌疑人、被告人不能提出保证人,也不交纳保证金的,可以监视居住。但是,本调查无法揭示该理由。

② 罗孝宇:《公安机关适用指定居所监视居住措施实证研究》,西南政法大学 2015 年硕士学位论文。

要"指定居所监视居住。统计数据显示,在常用的14种强制措施变更顺序中,有五类符合指定居所监视居住后未转羁押。这五类变更顺序,指定居所监视居住期间30日以上人数共有747人(见图4-4)。基本可以断定这747人是"人性需要"指定居所监视居住。

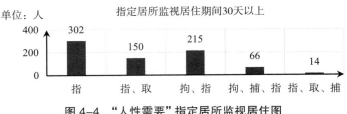

图4-4 "人性需要"指定居所监视居住图

对于强制措施变更顺序之间的指定居所监视居住,根据指定居所监视居住期间的长短,存在"人性需要"及"办案需要"(因羁押期限届满,难以满足逮捕需要,嫌疑人又有妨碍诉讼的可能,指定居所监视居住作为过渡)两种可能。统计数据显示,在常用的14种强制措施变更顺序中有五类顺序为指定居所监视居住在中间适用,在15日以下的共922人,基本可以判断其为"办案需要型"指定居所监视居住,且极可能是因羁押期限届满又未满足逮捕条件,作为过渡措施而指定居所监视居住。这五类强制措施变更顺序,指定居所监视居住期间30日以上的共674人,基本可以判断其为"人性需要"指定居所监视居住(见图4-5)。

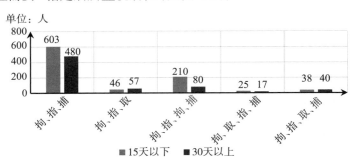

图4-5 过渡型指定居所监视居住图

可以看出,实践中"办案需要型"指定居所监视居住的比例高于"人性需要型"指定居所监视居住,这与其他调查研究相一致。相关调查研究表明,因"人性需要"指定居所监视居住的比例约21.2%,因"办案需要"指定居所监视居住的比例约63.6%。[①] 同时,该结论也得到了审查起诉、审

① 罗孝宇:《公安机关适用指定居所监视居住措施实证研究》,西南政法大学2015年硕士学位论文。

判阶段指定居所监视居住适用率的印证。统计数据显示，2013 年至 2017 年间检察院的决定适用占总数比为 3.3%，法院适用占总数比为 3%（见表 4-3）。若因"人性需要"而指定居所监视居住的犯罪嫌疑人，在审查起诉、审判阶段依据可能延续适用指定居所监视居住。由于"人性需要"指定居所监视居住适用总数少，故检察院、法院适用指定监视比例会奇低。

表 4-3　审查起诉、审判阶段适用指定居所监视居住表

项目	人数 / 人	占总人数比 /%
审查起诉指定居所监视居住	200	3.3
审判阶段指定居所监视居住	176	3.0
合计	376	6.3

通过对强制措施变更顺序与指定居所监视居住期间的分析，可以明显看出基于办案需要与人性需要的两种指定居所监视居住的显著差异。"人性需要型"指定居所监视居住有 1421 人，"办案需要型"指定居所监视居住有 2600 人。值得担忧的是，在这 2600 例"办案需要型"指定居所监视居住中，有 1678 人极有可能是为突破口供等侦查需要指定居所监视居住。

7. 指定居所监视居住平均天数为 42.5 天，不少案件指定居所监视居住过长。根据判决书中在何时开始指定居所监视居住，何时转为逮捕、拘留等其他强制措施，以及指定居所监视居住抵刑期的计算等情况，可以准确统计出指定居所监视居住的时间。统计数据显示，2013 年至 2017 年五年间公安机关适用指定居所监视居住平均天数为 42.5 天[①]，各年平均天数分别为：2013 年为 54.3 天，2014 年为 50.8 天，2015 年为 48.3 天，2016 年为 35.3 天，2017 年为 27.6 天（见图 4-6）。

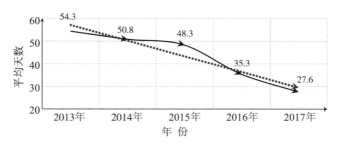

图 4-6　2013—2017 年指定居所监视居住平均天数走势图

很明显，公安机关适用指定居所监视居住的时间较长。随着对指定居

---

① 将所有被指定居所监视居住人指定居所监视居住天数相加，除以总人数，即 253087 ÷ 5955 ≈ 42.5，其他年平均天数同样算法。

所监视居住的认识变化，指定居所监视居住平均天数呈现出下降的趋势。根据有关研究统计（职务犯罪指定居所监视居住），检察院适用平均天数为23.63天①。对比之下，公安适用天数是检察院的两倍之多。差异如此巨大，主要有两方面的原因。其一，因为最高人民检察院曾发布《关于全国检察机关在查办职务犯罪案件中严格规范使用指定居所监视居住措施的通知》，要求指定居所监视居住一般不超过15日，超过15日的要报上级审批。与此相对，公安机关适用期间并无此类限制。其二，因为公安机关"人性需要"指定居所监视居住比例多于检察机关。"人性需要"适用的指定居所监视居住无法在短时间内结束，短则可能需要一两个月，长则半年的时间，拉长了公安机关平均适用时间。

统计数据显示，指定居所监视居住时间持续在4日以下约占总人数22.74%，5～15日约占27.96%，16～59日约占24.10%，60日以上的人数占25.21%（见图4-7）。综合来看，指定居所监视居住期间15日以下的约占总数一半，60日以上的约占四分之一。其中值得注意的是，183日以上的249人，占总人数的4.18%。可见，不少案件指定居所监视居住时间过长。

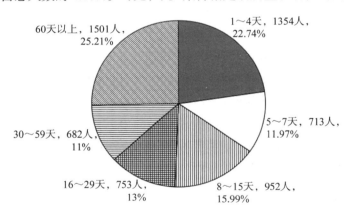

图4-7　2013—2017年指定居所监视居住期间图

8.适用指定居所监视居住的地域分布呈现"两极化"现象。其一，我国大陆地区各省份都有指定居所监视居住的案例，省际分布差异较大（见图4-8）。适用较多的省份，如江苏、浙江、河南、河北、湖南、山东、四川，这些省份适用人数都在300人以上。其中单江苏省就适用1032人，约占总人数17.32%；浙江适用838人，约占总人数14.10%。适用较少的省份，如天津、上海、青海、海南、甘肃、宁夏、新疆，这些省份适用人数都在20人

---

① 详见本章第二节。

以下（含 20 人）；其中一些省份，如上海、青海、海南、宁夏只有个位数。经济发达以及流动人口较多的省份，适用指定居所监视居住一般较多，其符合前述指定居所监视居住以本地无固定住所为主的特征。

其二，即便是在同一省份中，不同公安机关适用指定居所监视居住也有很大差异。以河南为例，郑州市金水区的指定居所监视居住样本约占河南省的 1/7。2018 年 3 月 18 日，在无讼案例网检索结果显示，河南省共作出 730 份相关判决，而郑州市金水区公安机关指定居所监视居住案件 103份。这表明在实践中各地区对于指定居所监视居住制度认识存在一定的差异，存在消极适用论与积极适用论，呈现指定居所监视居住适用的两极化现象。①

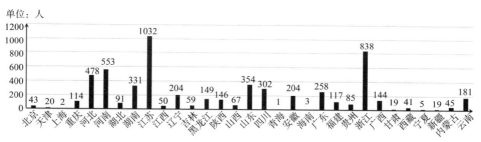

图 4-8　全国各省份公安机关决定适用指定居所监视居住图

9. 指定居所监视居住涉及的罪名广泛，非暴力犯罪案件居多，集中度高。与检察院适用指定居所监视居住的罪名主要以贿赂犯罪为主不同，公安机关具体适用罪名多达 220 多种，几乎含括所有公安机关办理的刑事案件。统计数据显示，在四类犯罪中侵犯财产犯罪 3279 人，约占总人数55.06%；妨害社会管理秩序犯罪 1398 人，约总人数 23.48%；破坏社会主义市场经济秩序犯罪 481 人，约占总人数 8.08%；危害公共安全犯罪 358 人，约占总人数 6.01%；侵犯公民人身民主权利犯罪 439 人，约占总人数 7.37%（见表 4-4）。

表 4-4　各类犯罪指定居所监视居住一览表

	侵犯财产犯罪	妨害社会管理秩序犯罪	破坏社会主义市场经济秩序犯罪	危害公共安全犯罪	侵犯公民人身民主权利犯罪
合计	3279	1398	481	358	439
总占比	55.06%	23.48%	8.08%	6.01%	7.37%

① 马静华：《公安机关适用指定监视居住措施的实证分析——以一个省会城市为例》，《法商研究》2015 年第 2 期。

根据适用人数进行排列，前十罪名适用人数共计 4589 人，约占总人数 77.06%。前十罪名中非暴力犯罪有盗窃罪，走私、贩卖、运输、制造毒品罪，诈骗罪，危险驾驶罪，交通肇事罪，聚众扰乱公共秩序罪，开设赌场罪，共计 4157 人，占总人数的 69.81%，约占前十罪名人数的 90%（见图 4-9）。其中仅盗窃犯罪有 2636 人，约占所有指定居所监视居住案件的一半。暴力犯罪（含故意杀人罪、故意伤害罪、抢劫罪，共计 432 人）适用指定居所监视居住占总人数的 7.25%，约占前十罪名人数的 10%。这印证其他调研结论，指定居所监视居住主要适用非暴力犯罪的犯罪嫌疑人。主要原因在于，办案机关基于社会危险性以及脱管可能性的考虑，对暴力犯罪一般不会适用指定居所监视居住，会优先考虑对其采取羁押措施。

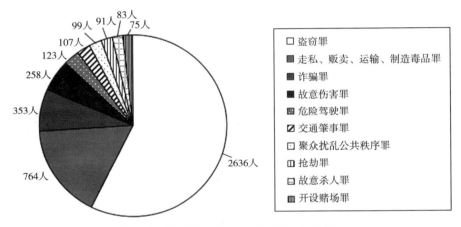

图 4-9　指定居所监视居住适用十大罪名图

统计数据显示，对于传统意义上的难办案件有一定的适用比例。诈骗罪指定居所监视居住 353 人，约占总人数 5.93%；故意杀人罪指定居所监视居住 83 人，约占总人数 1.39%；非国家工作人员受贿罪指定居所监视居住 24 人，约占总人数 0.40%；职务侵占罪指定居所监视居住 18 人，约占总人数 0.30%；黑社会性质案件指定居所监视居住 13 人，约占总人数 0.22%。虽然比例不大，但其多数属于"办案需要"，指定居所监视居住在这些案件中发挥了获取口供的功能。由此，可以看出公安机关办理难办案件也会适用指定居所监视居住，满足"办案需要"。

三、公安机关适用中指定居所监视居住的问题与反思

总体而言，指定居所监视居住办案效果较好。在随机抽取 1580 名犯

罪嫌疑人是否入罪的情况统计中,只有1名犯罪嫌疑人被判决无罪,其案号为:(2016)晋0981刑初130号。由于犯罪嫌疑人一旦脱管,必然导致无法按原定指定期间折抵刑期,从而会在判决书中载明。统计数据显示,五年间共有105人脱管事件,脱管率约在1.8%。结合两者,可以看出实践中指定居所监视居住总体表现出较好效果。然而,其也产生了一定的问题。

(一)指定居所监视居住没有发挥出替代羁押的作用

本研究根据是否转羁押,对实践中主要适用的14种强制措施变更顺序进行分类统计(见图4-10)。统计数据显示,单独适用指定居所监视居住(见表4-1中序号3)共计357人,约占总样本的6.89%;指定居所监视居住过后转为羁押的(见表4-1中序号1、2、4、5、12、13、14)共计3997人,约占总样本的77.16%;指定居所监视居住后转为取保候审(见表4-1中序号7、8、9、11),共计463人,约占总样本的8.94%。指定居所监视居住后转羁押占近7成,如此高的转羁押率说明指定居所监视居住并没有发挥"减少羁押""替代羁押"的作用[①]。这说明指定居所监视居住的功能异化,成为满足羁押条件的措施,也就是"办案需要"。同时,非指定居所监视居住也没有发挥出替代羁押的功能。

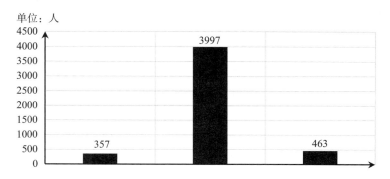

图4-10 指定居所监视居住强制措施变更分类图

(二)许多指定居所监视居住场所违反法律规定

指定居住场所较为敏感,一般不会出现在判决书中,但仍有300余份判决书载明指定居所监视居住地点,共计335人,这为分析提供了样本。2012年《公安机关办理刑事案件程序规定》第108条规定,指定的居所应当符合

---

① 事实上,根据2018年《刑事诉讼法》第77条的规定,只有被监视居住人在执行过程中违反其应遵守的义务,且情节严重时才可以对被监视居住人进行逮捕。这些被指定居所监视居住的犯罪嫌疑人不可能都违反了法定义务且情节严重,否则如此高的违反率必然导致办案机关不再适用。

下列条件：具备正常的生活、休息条件；便于监视、管理；保证安全。

立法上曾明确不得在办案场所执行，所以在实践中办案机关对于场所的选择上显得无所适从。其中被指定在医院的次数最多，约占总数的31.64%；其次则是宾馆、旅馆、招待所等，约占总数的23.58%（见表4-5）。但更多指定居所监视居住地点未在裁判书中载明，总体来说应该后者居多。统计中还有41人的指定场所是具体的地址，比如案号为（2015）古刑初字第181号的案件，犯罪嫌疑人被指定在×××乡×××村北街2排3号，单看地址很难判断其场所性质，故笔者对该地址进行逐一查找。查找发现，此类的地址多为居民小区，故可以认为存在公安机关购买或者租住居民住宅指定居所监视居住的情形。

表4-5　指定场所分类表

合法场所	人数/人	明显违法场所	人数/人	疑似违法	人数/人
医院	106	强制戒毒所	21	涉毒康复中心	9
宾馆、旅馆、招待所	79	看守所监管专用病区	1	涉毒艾滋病人关爱中心	1
酒店	13	派出所	3	特殊人群救助站	14
监管医院	10	收容教育所	1	商城	1
公司宿舍	5	民居车库	1	法制教育学校	1
涉毒重症违法犯罪人员收治中心	9	村、居委会	4	敬老院、老年活动中心	3
精神病院	7	河务局	1		
传染病医院	4				
民居	41				
合计	274	合计	32	合计	29
占指居总人数比例	81.79	总占比	9.55	总占比	8.66

合法场所为符合法律规定，能保证办案和犯罪嫌疑人生活的场所，最多的是医院和宾馆。指定场所选择医院，主要是因为"人性需要"，一些犯罪嫌疑人不符合看守所收押条件，同时又需要控制犯罪嫌疑人，这类人员只能指定在医院接受治疗；同时还有部分地区建立了监管医院，对于有疾病的犯罪嫌疑人自然就被指定在监管医院中，比如在案号为（2016）湘0405刑初29号案件中，犯罪嫌疑人因重病被指定在衡阳市公安监管医院。宾馆、旅馆、招待所等场所是传统的指定居所监视居住场所，主要是因为此

类场所便于生活、办案,但是该类场所人流量相对较大,安全设备较差,多半需要采取较为严格的人身自由控制措施,实践中只能对犯罪嫌疑人 24 小时近身监视,诱发超羁押化现象。

明显违法指居场所是在办公、羁押场所或明显不能保障犯罪嫌疑人生活的场所。统计数据显示,在看守所监管专用病区、公安派出所、收容教育所执行有 5 例,明显违反了《刑事诉讼法》中不得在羁押场所、专门的办案办公场所执行的规定。"指定居住的地点本质应当为被监视居住人在内的社会公众均可在内正常生活的居住场所,能够满足社会普通人的正常生活需求。"① 选择在行政机关、事业单位场所、基层群众自治组织的场所甚至车库执行,可以说无法做到满足作为社会普通人正常衣食住行的生活需求。再如,指定居所监视居住在强制戒毒所存在相当部分的案例。然而,强制隔离戒毒所本身作为一个完全封闭的监管场所,强制隔离戒毒本质上仍然是对戒毒人员人身自由的完全剥夺,现有的做法也是如此。② 将犯罪嫌疑人指定在完全剥夺自由的场所执行,折抵刑期时又按限制人身自由的措施折抵,同时吸毒成瘾人员并不属于《看守所条例》不予收押的范围,这明显不合理。这充分表现出一些地方办案机关没有认识到指定居所监视居住是限制自由而不是剥夺人身自由的强制措施。

疑似违法是实践中办案机关可能会将一些不适宜指定居所监视居住的场所冠以其他名义作为指定居所,而根据经验,这些场所很容易发生违法办案行为,或者难于满足生活需求,比如涉毒康复中心、特殊人群救助站、老年活动中心等。

总体上讲,在指定居所监视居住的场所选择上比较随意,未形成统一的规范,存在不合法、不合理的情况。统计可得,合法场所约占总数 81.79%,明显违法约占总数 9.55%,疑似违法约占总数 8.66%。"明显违法"和"疑似违法"的场所将近 2 成,很显然超出合理度。特别是,判决书载明的场所都有如此多的问题,那些未在判决书中载明的指定场所更让人担忧。

(三)指定居所监视居住持续时间过长,甚至超期,对犯罪嫌疑人人身自由限制较为严重

统计数据显示,指定居所监视居住时间在 30 日以上的约占总数的 36.66%。而统计数据还显示,指定居所监视居住 183 日以上人数为 249 人,由于监视居住的期限为六个月可折合为 183 日,该数据显示存在超期指定

---

① 程雷:《刑事诉讼法第 73 条的法解释学分析》,《政法论坛》2013 年第 4 期。
② 张泽涛、崔凯:《强制性戒毒措施的实施现状及其改革》,《法律科学(西北政法大学学报)》2012 年第 4 期。

居所监视居住的违法情况。同时，执行过程中，公安机关完全控制被指定居所监视居住者的人身自由、生活状态，指定居所监视居住强度明显大于住所型监视居住。无论是《刑事诉讼法》修改前的指定居所监视居住还是修改后检察机关指定居所监视居住，都出现羁押化倾向。其他调查研究发现由于多数执行场所并未安装电子监控设备，存在相当部分案件处于贴身监视的状态。[1] 公安机关所采取的监视方法多是"盯人"，即由数位警员采取两两分组的方式对同一犯罪嫌疑人采取"轮哨"的方式对其监视，[2] 其羁押化倾向较为明显。如果指定居所监视居住时间过长，犯罪嫌疑人会承受巨大压力而被迫作出供述，或者可能会诱发公安机关不当侦查行为。

（四）存在非法指定居所监视居住、非法讯问等现象

其他研究发现，执行人员与侦查人员在日常监管中混用，存在以谈话为名等替代审讯等情况，非法取证无法完全避免。[3] 本统计表明，存在 8 人在审判阶段提出侦查期间受到非法指定居所监视居住的情形，还有 8 人提出入看守所前遭受刑讯逼供的情形。根据前述分析，还存在最少 25 例场所违法情况及 200 余例超期指定居所监视居住。但是，辩护意见中对指定居所监视居住场所选择、执行期间很少提出辩护，这种情况主要有三方面的原因：一是律师辩护为不与办案机关在非重大定罪量刑方面引起正面冲突，基于辩护策略或受到办案机关的压力，回避此问题。二是本调查中，公安机关指定居所监视居住案件辩护率为 31.37%，这只是审判阶段辩护率的数据，而侦查阶段辩护率更低。犯罪嫌疑人得不到专业人员帮助很难主张权利。三是对于指定居所监视居住超期、场所指定非法等违反程序规定的行为，很难予以程序制裁。

（五）"办案需要型"指定居所监视居住人数过多

前述数据统计表明，公安机关基于"办案需要"适用指定居所监视居住数量，远远大于"人性需要"指定居所监视居住，一方面，因为指定居所监视居住被作为拘留期限届满时的过渡措施，频繁使用；另一方面，公安机关为突破口供等办案需要而指定居所监视居住，令人担忧。

---

[1] 罗孝宇：《公安机关适用指定居所监视居住措施实证研究》，西南政法大学 2015 年硕士学位论文。

[2] 窦宪亮：《我国指定居所监视居住问题研究——以公安机关为重点分析》，中国社会科学院 2013 年硕士学位论文。

[3] 王朝亮：《公安机关决定指定居所监视居住执行中的违法违规行为及监督——以 T 市检察数据最多的 X 区为样》，《中国检察官》2018 年第 7 期。

四、2018 年之后公安机关指定居所监视居住的新变化

在笔者调研时，访谈对象告知，实践中指定居所监视居住的适用情形及其功能在 2017 年之后并没有发生大的变化，指定居所监视居住仍然是适用率非常低的强制措施，其仍然表现为基于保障权利的"替代逮捕型"以及保障办案的"办案需求型"。2018 年监察体制改革后，指定居所监视居住出现了一种新的形态。由于监察留置适用的条件非常高，实践中出现监察机关借用或者争取公安机关配合，通过采取指定居所监视居住来控制犯罪嫌疑人人身自由，最终破获案件的一种现象。为了了解该现象，笔者调取了 2018 年以来该类案件的判决书，主要通过以"监察委员会""指定居所监视居住"在无讼案例网上搜索，检索到 120 份判决书，通过人工筛选，最终有 48 份裁判文书符合要求，笔者以此为据展开分析。通过分析，笔者发现，实践中确实存在通过指定居所监视居住满足监察办案需求的现象。监察委员会办案与公安机关适用指定居所监视居住协作配合模式呈现以下特点：

1. 从裁判文书的分析来看，存在两种办案模式。第一种模式是公安机关先指定居所监视居住，指公安机关办案快结束时监察委员会立案。这种情况根据监察委员会是否采取留置措施又分为两种：一种监察委员会不采取留置措施，立案后不久就向检察院移送审查起诉；另一种是监察委员会继续使用留置措施查明尚未知悉的犯罪事实，等待查清后向检察院移送审查起诉。第二种模式是监察委员会在公安机关指定居所监视居住期间立案调查，监察委员会立案、侦查的全过程都借用公安机关的指定居所监视居住措施。在 48 份判决书中，除 5 份监察委员会留置先于公安机关指定居所监视居住的判决书外，共有 43 份监察委员会先借用公安机关指定居所监视居住的案例，其中公安机关指定居所监视居住，后监察委员会立案采取留置措施继续查明案件事实情况的判决书共 26 份，约占比 60%。监察委员会立案后不采取留置措施，立案后不久就向检察院移送审查起诉的判决书共 4 份，约占比 9%。监察委员会调查全过程都借用公安机关的指定居所监视居住措施的判决书共 13 份，约占比 30%。

2. 不少案件指定居所监视居住过长。除 1 份判决书指定居所监视居住的时长缺失外，共有 47 份判决书。统计数据显示，在 47 份判决书中，指定居所监视居住时间持续在 5 日以下有 3 份，约占总数的 6.4%；5～15 日有 4 份，约占 8.5%；16～59 日有 15 份，约占总数的 31.9%；60 日以上的有 25 份，约占总数的 53.2%。综合来看，指定居所监视居住期间 60 日以上的

占总数一半，15 日以下的仅占 1/4。通过平均天数的计算也能得知不少案件指定居所监视居住时间过长。指定居所监视居住平均天数为 68.5 天，尤其要注意的是，120 日以上的有 8 份，约占比 17%。

3. 大多数情况下监察委员会在立案 1 个月内或立案后没有采取留置措施直接向检察院移送审查起诉。在整理的 48 份判决书中，有 22 份判决书中监察委员会立案后没有采取留置措施，留置期间在 1 个月内的有 5 份，约占比 10.4%，其中最少的留置时间仅有 2 日；留置期间在 1~2 个月内的有 8 份，约占比 16.7%；留置期间在 2~3 个月的有 8 份，约占比 16.7%；留置期间在 3~6 个月的有 5 份，约占比 10.4%。监察委员会在大多数案件中较为正常的办案时间是 1~3 个月（即监察委员会自身会存在相应的调查取证的时间空间）。然而，在此样本中，监察委员会采取留置措施时长在 1 个月以内或甚至没有采取留置措施的案例数为 27 份，约占整个样本的 56.3%。

4. 在 48 份判决书中，有 43 份裁判文书显示公安机关采取指定居所监视居住的罪名与监察委员会立案的罪名不一致，约占 89.6%。在这 43 份裁判文书中，监察委员会立案时间在公安机关指定居所监视居住期限内的有 13 份，监察委员会在公安机关指定居所监视居住期限结束同时立案的有 30 份，这说明监察委员会在立案之前对案件情况基本掌握。在一半以上的案件中公安机关指定居所监视居住的罪名在移送检察院审查起诉时消失。在 48 份样本案例中，公安机关采取指定居所监视居住的罪名在移送检察院审查起诉时消失的有 27 份，约占 56.3%；指定居所监视居住的罪名在检察院移送审查起诉过程中没有被取消的有 21 份，约占 43.7%。

5. 公安机关指定居所监视居住这一办案措施效果显著。在整理的 48 份样本中，公安机关都采取指定居所监视居住，并且最后法院都判决被告人有罪，入罪率占比高达 100%。

为什么说这是监察委员会借用指定居所监视居住突破案件，有几点理由：其一，监察委员会与公安机关管辖的罪名不一致。在我国公安机关与监察机关管辖的罪名并不一致，在职能管辖上是截然不同的。根据我国现行法律，监察机关可以通过并案管辖的方式，吸收公安机关的罪名，但公安机关不可以侦查监察机关管辖的罪名，也不可以对该罪名并案管辖。据此，可能出现两种情形，犯罪嫌疑人可能确实同时触犯了公安机关管辖的罪名和监察机关管辖的罪名，最终可能以多个罪名起诉。还有一种可能是犯罪嫌疑人确实没有涉嫌公安机关管辖的罪名，此时可能出现公安机关指定居所监视居住后，然后由监察机关立案，公安机关管辖的罪名不再出现，很有可能公安机关在立案时，已经很清晰地知道并没有管辖权，指定居所监视居住只是应监察机关的要求，以其他罪名立案。其二，当监察机关立案后，并没有采取留置措施，在很短的时间内就移送给检察院审查起诉，说明公安机关已经帮助监察机关完成了犯罪事实调查。有一种质疑是，上述情形可能是公安机关在侦查时没有搞清楚罪名，但是从裁判文书来看，很多案件的罪名从串通投标罪变成受贿罪，两者相差很大，似乎有意为之。其三，特别是，有判决书显示公安机关指定居所的地点是在监察委员会的办案基地。在（2018）冀0205刑初159号一案中，唐山市公安局侦查人员将犯罪嫌疑人带到唐山市监委韩城基地监视居住，将公安机关指定居所监视居住的场所设在监察委员会下设基地之内。一般而言，公安局指定居所监视居住的地点不会设在监察委员会的廉政基地，因此极可能是监察委员会在利用公安机关指定居所监视居住措施调查职务犯罪。

该类案件中，指定居所监视居住明显发挥了保障办案需求的功能，某种程度上，正是通过指定居所监视居住来形成压力，突破口供，也难免带来羁押化的问题。但是，其也存在与之前指定居所监视居住适用一样的问题，那就是指定居所监视居住到底如何发挥其对侦查的作用，其限度在哪里。这些都需要通过理论分析予以解决。

五、完善公安机关适用指定居所监视居住的建议

虽然指定居所监视居住未发挥替代逮捕的作用，执行中也有侵犯人权的风险，但该制度在羁押措施与非羁押措施的衔接上不可或缺。同时，实务部门对指定居所监视居住制度也有一定办案需求，在尚无新替代制度前，应对其完善。

（一）限制"办案需要型"指定居所监视居住

根据现行法律，公安机关适用指定居所监视居住"自己决定、自己执行"，缺少监督。实践中存在着大量的"办案需要型"指定居所监视居住及出现过多违反法律的超期监视现象，都说明在期间适用上存在过大的自由裁量权，将平均长达42.5天的准羁押措施决定权与执行权一并交于一个部门，存在非常大的侵权风险。实践中公安机关也存在滥用的"办案需要型"指定居所监视居住的现象，须加以限制。基于现有法律框架，笔者建议参照适用危害国家安全犯罪、恐怖活动犯罪案件指定居所监视居住的规定，适用"办案需要型"案件的指定居所监视由上级公安机关批准，减少非法讯问等侵犯犯罪嫌疑人权利事件的发生。同时，对于"办案需要"应理解为，指定居所监视居住能够为办案提供好的环境，比如通过指定居所监视

居住使犯罪嫌疑人主动配合调查，而不能将"办案需要"理解为给犯罪嫌疑人造成压力，迫使其作出供述。未来，适当完善目标管理考评机制是十分必要的。[①]

（二）对"在本地无固定住所"作严格的限制解释

由于公安机关指定居所监视居住主要针对"在本地无固定住所"的犯罪嫌疑人，因此如何理解"在本地无固定住所"显得特别重要。一方面，不能采取指定管辖的方式规避指定居所监视居住"在本地无固定住所"的适用条件。另一方面，对"在本地无固定住所"作出严格的限制解释。现有法律明确固定住所是指被监视居住人在办案机关所在的市、县内生活的合法住处，只要犯罪嫌疑人能够提供其位于办案机关所在市、县内现有住所的合法性，笔者认为再加上已经居住一定期限以上的条件，就可将该类住所认定为本地的固定住所。

（三）限制指定居所监视居住的适用期间

对于指定居所监视居住制度的性质，学界已基本认同其与住所型监视居住的非羁押性质不同，多数意见认为其属于"准羁押"性质。指定居所监视居住的期间与一般的住所型监视居住相同，显然很不合理。"指定居所监视居住违背了强制措施体系应当贯彻的一条基本原则，即强度与期间之间应成一定的比例。"[②]但在立法上修改指定居所监视居住期间不切实际，故只能设置更为严格的程序来防止超期指定居所监视居住。笔者建议引入上级监督，借鉴2014年《全国检察机关在查办职务犯罪案件中严格规范使用指定居所监视居住措施的通知》的要求，可以规定原则上在15日以下，超过15日应当报上级公安机关审核批准，超过60日的要报省级公安机关审批。这也符合实践现状，统计数据显示，50.7%犯罪嫌疑人适用期间在15日以下，25.21%的犯罪嫌疑人在60日以上。

同时，增加程序性制裁，严防超期指定居所监视居住。对于超期指定居所监视居住，传统观念认为现有法律在审判程序中尚无救济程序，只能向检察院或公安机关通过申诉控告等手段寻求救济。然而，根据《关于办理刑事案件严格排除非法证据若干问题的规定》第4条，采用非法拘禁等非法限制人身自由的方法收集的犯罪嫌疑人、被告人供述，应当予以排除。对此，笔者建议在审判程序中，适用现有非法证据排除规则，制裁公安机关超期指定

---

① 谢小剑：《检察机关业务目标管理考评对刑事诉讼的影响》，《安徽大学学报（哲学社会科学版）》2014年第6期。

② 孙煜华：《指定居所监视居住的合宪性审视》，《法学》2013第6期。

居所监视居住。对于在超期指定居所监视居住过程中获得的口供,应当予以排除,以此来防止公安机关超期指定居所监视居住犯罪嫌疑人。

(四)规范执行场所

首先,指定居所监视居住场所要同时满足办案需求与生活需求,禁止指定在羁押场所、专门的办案场所或者办公场所:应当禁止指定在诸如强制戒毒所、派出所、收容教育所、看守所监管专用病区等羁押、办公场所,还应当禁止指定在冠以"法制教育学校"之类名称的变相羁押场所,也不得指定在基本生活无法保障的场所,诸如河务局、村委会、居民车库。其次,基于实践中执行场所较为混乱的情形,建立相对固定统一的指定居所监视居住场所。建立固定统一的场所,可以有效避免指定在非法场所,也可以防止不当行为的发生。

(五)建立信息沟通机制,加强检察监督

检察院作为专门的法律监督机关,应当依法履行好对指定居所监视居住监督职责。[①] 根据《人民检察院对指定居所监视居住实行监督的规定》第2条规定,指定居所监视居住执行监督对象涉及公安机关、人民法院。但是,公安机关适用指定居所监视居住决定书副本并没有规定送交检察院的期限。如果检察院都无法及时获知指定居所监视居住的原因、场所、期间,执行监督也就只是空谈,导致对公安机关指定居所监视居住检察监督不通畅。所以要建立指定居所监视居住适用信息沟通机制,以此保障检察院对公安机关适用指定居所监视居住的有效监督。

第二节 检察机关指定居所监视居住的调查分析: 以全国1694个样本为对象

一、研究背景与路径

(一)研究背景与路径

2012年之前,最高人民检察院对指定居所监视居住采取严格控制的态度,适用监视居住必须"依法由公安机关执行","检察机关不得自行执行监视居住,不得以监视居住的名义拘禁犯罪嫌疑人、被告人"。[②] 由于如此

---

① 何永军:《新刑事诉讼法下检察工作面临的挑战》,《昆明理工大学学报(社会科学版)》2013第1期。

② 最高人民检察院《关于人民检察院在办理直接立案侦查案件工作中加强安全防范的规定》(高检发反贪字[2003]17号)第8条规定。

不能发挥指定居所监视居住的办案效能，且公安机关几乎不会配合检察机关执行监视居住，导致 2012 年之前，检察机关几乎不适用监视居住措施。从调查来看，每年只有数起案件采取监视居住措施，指定居所监视居住几乎为零。①2012 年修改《刑事诉讼法》，最高人民检察院争取将特别重大贿赂犯罪写入指定居所监视居住的案件范围，2012 年《人民检察院刑事诉讼规则（试行）》第 115 条明确检察院可配合公安机关执行指定居所监视居住，试图发挥指定居所监视居住查办贿赂犯罪的功能。之后，指定居所监视居住的案件迅速增加，但也出现了安全事故，一些案件变相羁押，引发了社会舆论的强烈质疑。指定居所监视居住成为学术上与实践中的热点问题。

当前，监察委员会改革后，检察机关的侦查权有了很大限缩，只能侦查司法工作人员利用职权实施的侵犯公民人身权利、损害司法公正的 14 个罪名犯罪，不再有权查办贿赂犯罪。2018 年《刑事诉讼法》修改删除了特别重大贿赂犯罪案件经上级批准可以指定居所监视居住的规定。但是，检察机关仍可以对在本地无固定住所的渎职犯罪的犯罪嫌疑人采取指定居所监视居住措施。当然，实践中这类案件极少，已经不再具有统计分析的价值。

同时，指定居所监视居住是一种以强制措施满足侦查需要的特殊制度，试图解决贿赂犯罪侦查需要与程序供给之间的矛盾，其功能发挥如何、是否规范运作值得关注，具有重要的学术史意义；其对于公安机关指定居所监视居住的完善，对于监察委员会留置程序的完善都具有重要意义。

为了更好地了解司法实践中，指定居所监视居住的适用情况，笔者通过裁判文书来研究职务犯罪指定居所监视居住在适用中的特点与问题。自 2010 年与 2013 年最高人民法院先后发布两版《关于人民法院在互联网公布裁判文书的规定》以来，裁判文书上网工作有了突飞猛进的发展，各级法院裁判文书在互联网公开成为常态，其网站专业转载并存储了大量裁判文书，为本研究提供了可能。

该研究进路具有以下优势：其一，目前都只有对个别县市的实证调查，而缺乏全国性的统计分析，本研究有助于了解全国检察机关指定居所监视居住的适用情况，在研究对象上有所创新。其二，以往研究采取深入实践调查的实证调查方式，而笔者确立了从裁判文书的统计分析切入，研究指定居所监视居住适用状况的新路径。其三，该研究可以获得许多非常准确的数据，其结论也必然具有较高的可信性。根据现行法律要求，由于指定

---

① 张智辉、洪流：《监视居住适用情况调研报告》，《中国刑事法杂志》2016 年第 3 期。

居所监视居住作为强制措施，必须在裁判文书上详细注明，而且《刑事诉讼法》规定指定居所监视居住可以抵刑期，导致凡是指定居所监视居住的案件，必须在宣告刑罚的同时，注明指定居所监视居住折抵刑期的情形，从而可以准确计算指定居所监视居住的时间以及强制措施的转变情况。同时，适用机关、所在省市、罪名、辩护人对指定居所监视居住的质疑一般也要在裁判文书中阐述，这些内容都是裁判文书的重要组成部分。由于现行制度对其内容的准确性要求很高，相关内容具有非常高的准确性。

（二）研究样本分析

首先需要确定裁判文书的来源，由于最高人民法院的"裁判文书网"搜索案例只能访问前面页码，又限制了访问次数，为了保证调查的权威性和一致性，在试错之后，最后选择了"无讼案例网"。无讼案例网上的案例资源多数来自裁判文书网，其文书数量与裁判文书网相差无几。研究人员2017年2月份以"指定居所监视居住"为检索关键词搜索到判决书8000余份，之后通过人工筛选检察机关采取指定居所监视居住的职务犯罪案件。为了保障筛选的可靠性，每个调查成员进行了多次核对，再由负责人汇总和审核，最终获得了涉及1694个犯罪嫌疑人在侦查阶段被指定居所监视居住的相关案例。需要说明的是，1694个指定居所监视居住案例是以人数为统计单位，有时一个案件可能指定居所监视居住数人，所以裁判文书应该小于1694份。

根据每年的最高人民检察院工作报告，2013年至2016年，每年查办贪污贿赂犯罪案件约5万人。[①] 最高人民检察院检察理论研究所所长的权威调查表明，适用指定居所监视居住的人数在职务犯罪侦查的犯罪嫌疑人中所占比大多在10%。[②] 如此测算，则指定居所监视居住的案件大约每年5000件，共20000件，由于有的检察院极少适用指定居所监视居住，再加上2016年适用案件的普遍减少，实际上的数字要远小于该数据。从而，笔者估算调查收集的1694件案例，大约占当期职务犯罪指定居所监视居住案例的20%。[③]

笔者认为，收集的1694件案例事实上已经包含了绝大多数在网络公

---

① 根据2014年至2017年的最高人民检察院工作报告，2013年全年共立案侦查贪污贿赂、渎职侵权等职务犯罪案件37551件51306人，2014年严肃查办各类职务犯罪案件41487件55101人，2015年全国检察机关共立案侦查职务犯罪案件40834件54249人。2016年立案侦查职务犯罪47650人。

② 张智辉、洪流:《监视居住适用情况调研报告》,《中国刑事法杂志》2016年第3期。

③ 抽样北京市17人指定居所监视居住，而北京市人民检察院课题组公布的数据显示，2013年至2015年4月期间检察机关自侦案件共指定居所监视居住68人，抽样占25%。

开的案例，这进一步说明本研究样本的充分性。之所以出现上述情形可能与裁判文书的公开度不够有关，一项研究表明 2014 年全国各地区裁判文书的互联网公开比例是 37.02%。^①"职务犯罪类"案件因为具有一定的特殊性，其公开程度会更低。

二、检察机关指定居所监视居住的适用特点

1. 指定居所监视居住数量分布呈"山峰"形状，在 2014 年下半年达到顶峰之后迅速减少。统计分析表明，2012 年《刑事诉讼法》实施之后，经过 2013 年的犹豫，在 2014 年下半年适用达到顶峰，2015 年开始下降，下降的速度非常快，2016 年更是急剧减少（见表 4-6）。笔者收集的一份内部资料也印证了这种变化，由于 2015 年 8 月份，江西省检察院发文要求全省指定居所监视居住案件一律层报省检察院反贪局批准，同时 2016 年 5 月，最高人民检察院发文要求指定居所监视居住特别重大贿赂犯罪案件的数额标准提高到 300 万，导致指定居所监视居住的适用率大幅下降。2016 年 1—6 月份，采取指定居所监视居住 27 人，同比下降 55.7%，指定居所监视居住的案件占同期立案人数的比例为 3.8%，其中五个市无指定居所监视居住的案件，2016 年 5 月 25 日之后，全省无一起指定居所监视居住案件。^②

表 4-6　指定居所监视居住适用年份数量变化表

年份	数量	占比 /%	全年数量	全年占比 /%
2013 年上	77	4.55	253	14.94
2013 年下	176	10.39		
2014 年上	332	19.60	777	45.87
2014 年下	445	26.27		
2015 年上	387	22.85	585	34.53
2015 年下	198	11.69		
2016 年上	56	3.31	61	3.60
2016 年下	5^③	0.29		

一个原因是，最高人民检察院以内部指令的方式，严格规范限制地方使用指定居所监视居住，指出要依法"敢用、慎用、短用"，防止滥用指定居

---

① 周蔚：《大数据解读中国裁判文书公开》，http://www.chinaiprlaw.cn/index.php?id=1374，最后访问日期：2021 年 2 月 3 日。

② 江西省人民检察院办公室编：《2016 年全省检察机关规范司法情况分析》，载《案件管理工作情况》2016 年 7 月 21 日。

③ 由于检索的时间是 2017 年 3 月，有部分 2016 年的案件尚未办结或者未上传网上，2016 年还有部分案件未检索到，但从上传的时间规律来看，这类案件不多。

所监视居住。在发生一些安全事故之后，2014年《全国检察机关在查办职务犯罪案件中严格规范使用指定居所监视居住措施的通知》要求，严格遵循指定居所监视居住的适用标准。2015年，最高人民检察院向全国人大常委会专题报告规范司法行为工作情况，认真贯彻审议意见，部署开展为期一年的规范司法行为专项整治工作，要求"规范适用指定居所监视居住，严格审批程序"。2015年12月《人民检察院对指定居所监视居住实行监督的规定》发布，加强了指定居所监视居住的监督。2016年3月13日，在全国"两会"上，最高人民检察院工作报告指出检察系统7项突出问题，其中包括"不严格执行或规避指定居所监视居住"。从而，在最高人民检察院的严格限制之下，指定居所监视居住的适用越来越少。

另一个原因是立法提高了适用指定居所监视居住的数额标准。2012年最高人民检察院修订了《人民检察院刑事诉讼规则（试行）》，将"特别重大贿赂犯罪"界定为：涉嫌贿赂犯罪数额在50万元以上，犯罪情节恶劣的；有重大社会影响的；涉及国家重大利益的。《刑法修正案（九）》之前，受贿金额10万以上的，属于量刑最重的档次，刑期为10年以上有期徒刑，最高人民检察院将特别重大贿赂犯罪的数额界定为其5倍，体现对指定居所监视居住严格控制的思路。2015年11月1日实施的《刑法修正案（九）》规定，"数额特别巨大"才可判处10年以上。2016年最高人民法院、最高人民检察院《关于办理贪污贿赂刑事案件适用法律若干问题的解释》将"数额特别巨大"的一般标准定为300万元以上。2016年5月《最高人民检察院关于贯彻执行〈最高人民法院、最高人民检察院关于办理贪污贿赂刑事案件适用法律若干问题的解释〉的通知》，将特别重大贿赂案件指定居所监视居住的数额标准，界定为"可以掌握在三百万以上"，最终导致指定居所监视居住的案件数量大幅减少。

2. 办案级别主要为基层检察院。从抽样调查来看，基层人民检察院成为适用指定居所监视居住的主要办案机关，共有1236人由其适用，占所有样本的72.96%；地市级人民检察院是第二位的主要办案机关，有438人由其适用，占所有样本的25.86%；省级检察人民检察院直接适用的只有18人，占所有样本的1.06%；最高人民检察院直接适用指定居所监视居住只有2个，占所有样本的0.12%（见表4-7）。如果和办案机关的管辖权结合起来，就会发现其符合我国刑事案件的管辖特征，在我国贿赂犯罪案件主要由基层和市级人民检察院办理。

表 4-7 指定居所监视居住办案检察院级别一览表

办案检察院的级别	基层	市级	省级	最高
指居人数	1236	438	18	2
总人数占比/%	72.96	25.86	1.06	0.12

3. 各省份适用指定居所监视居住区域性差别较大。从调查来看,在我国大陆地区,除没有上海的数据外,各省份都有指定居所监视居住的适用案例。然而,适用指定居所监视居住的检察院地域分布差异非常大[1],占比较高的河南、河北、安徽、湖南、云南五个省份,指定居所监视居住人数都在 100 件以上,而西藏、新疆、宁夏、青海、湖北、天津指定居所监视居住人数都只有个位数(见表 4-8)。这印证了一种说法,各地对指定居所监视居住认识不一,适用不太平衡,有的地方检察院使用较多,有的则基本不用。[2] 这说明检察机关查办贿赂犯罪案件有多种突破案件的方法。据笔者调查,还有询问证人模式与以纪委合作办案的方式,检察机关在不同案件上择优适用。一旦面临适用上的风险,检察机关可能退而求其次,采取其他的办案方法,从而在最高人民检察院严格控制指定居所监视居住适用之后,各地检察院回归传统办案方式。这也说明全国各地在贿赂案件的查办上,有自己的经验和办案习惯,并未形成全国统一的办案模式,这是很值得研究的领域。

值得关注的是,作为监察委员会试点的山西、北京都只有 10 余个案件,而浙江也只有 43 个案件,指定居所监视居住人数较少。笔者推测也许这些省份不依赖指定居所监视居住查办贿赂犯罪案件,而将与纪委协作办案作为主要办案手段,长期以来形成了一定的办案经验,所以成为监察委员会改革试点单位。当然这是否准确难于确定。

表 4-8 侦查检察院所在省份及其指定居所监视居住数量一览表

安徽	北京	福建	甘肃	广东	广西	贵州	海南	河北	河南	黑龙江	湖北	湖南	吉林	重庆
209	17	58	10	26	100	89	26	158	285	30	1	123	31	35
江苏	江西	辽宁	内蒙古	宁夏	青海	山东	山西	陕西	四川	天津	西藏	新疆	云南	浙江
66	47	47	15	7	3	19	10	24	86	3	2	113	43

4. 适用指定居所监视居住的案件主要为行贿受贿案件,且多为受贿案

---

[1] 其中 2 个案件无法判断所在省份。

[2] 龙宗智:《新刑事诉讼法实施:半年初判》,《清华法学》2013 年第 5 期。

件。首先，在指定居所监视居住适用的罪名分布上，适用的罪名绝大多数为贿赂犯罪，单独涉嫌贿赂犯罪指定居所监视居住的有 1303 人，单独涉嫌贪污犯罪的有 50 人，单独挪用公款犯罪的有 8 人，单独涉嫌渎职犯罪的有 18 人。还有一些涉嫌检察院管辖的数个罪名但多数都有贿赂犯罪在内，属于检察院侦查和公安机关侦查的混合案件 29 件[1]，共计 1408 件。这是因为贿赂案件十分难办，具有适用指定居所监视居住的迫切性，反映出实践中将指定居所监视居住作为查办贿赂犯罪的主要手段。

其次，在贿赂犯罪中，单独罪名中受贿罪 792 人、行贿罪 297 人，说明指定居所监视居住主要用于受贿犯罪嫌疑人。另一个数据也支持该结论，在指定居所监视居住人数中，国家工作人员 1103 人，占所有人员的 65%；非国家工作人员 59 人，占所有人员的 35%。

最后，如此多非贿赂案件适用指定居所监视居住，说明适用的是在本地无固定住所的条款，然而职务犯罪在本地无固定住所是非常罕见的现象，可以推定其多半采取指定管辖的方式，规避了法定侦查管辖的规定。

5. 指定居所监视居住适用理由主要为本地无固定住所以及办案需要。尽管从调查来看，涉案金额在 50 万以下（不含）[2]的有 821 人，占全部指定居所监视居住案件的 48%；涉案金额在 50 万以上至 300 万（不含）的 644 人，占 38%；涉案金额在 300 万以上的有 103 人，占 6%；非涉及犯罪金额的职务犯罪案件或者涉案金额不明的有 126 人，占比 8%。以 50 万以上作为特别重大贿赂案件的标准，可以推算适用指定居所监视居住的案件中有大约 44% 为特别重大贿赂犯罪案件[3]。由于不能适用特别重大贿赂犯罪案件，指定居所监视居住只能适用于在本地无固定住所的犯罪嫌疑人，从而可推算出有 56% 的案件属于在本地无固定住所的情形（见表 4-9）。这和其他的调研数据基本吻合。2013 年至 2014 年，全国检察机关以无固定住处为由采取指定居所监视居住的占总数的 50%。[4]

---

[1] 在前期调查中，有检察官提到实践中会出现检察院借用公安机关指定居所监视居住措施的现象，比如协调公安机关以公安侦查管辖的罪名立案，突破口供后，再将案件移送检察院，但是从裁判文书来看，这种现象十分罕见。

[2] 本调查以检察机关指定的犯罪金额作为统计标准，侦查时指定居所监视居住适用"特别重大贿赂犯罪"的比例应该更高。因为，据有关调查表明，司法实践中有的地方对"涉嫌贿赂犯罪数额 50 万以上"的适用条件作有利于侦查的扩大化理解，扩大为举报数额、供述数额、共同犯罪数额等。孙谦：《关于修改后刑事诉讼法执行情况的若干思考》，《人民检察》2015 年第 7 期。

[3] 实践中存在将未达到 50 万金额标准的案件扩张适用的现象，但是由于裁判文书中并无指定居所监视居住时的涉案金额，无法判断扩张适用的严重程度。所以，该数据只能估算。

[4] 孙谦：《关于修改后刑事诉讼法执行情况的若干思考》，《人民检察》2015 年第 7 期。

表 4-9　指定居所监视居住适用理由一览表

适用理由	数量 / 人	占比 /%
特别重大贿赂犯罪	747	44
无固定住所	947	56
人性需要	19	1
办案需要	1675	99

此外，从案件的具体情况来看，2012 年《刑事诉讼法》第 72 条规定，符合逮捕条件，但"患有严重疾病、生活不能自理的""系生活不能自理的人的唯一扶养人""怀孕或者正在哺乳自己婴儿的妇女""羁押期限届满，案件尚未办结，需要采取监视居住措施的""因为案件的特殊情况或者办理案件的需要，采取监视居住措施更为适宜的"等五种情况下可以监视居住。可以将前三种情形归结为"人性需要"，后两种为"办案需要"。从调查来看，只有 19 个样本符合"人性需要"的案件，只占 1%（见表 4-9），没有羁押期限届满的案件，绝大多数案件都以"办案需要"为由指定居所监视居住，充分体现了指定居所监视居住满足"办案需要"的特殊功能，而这种"办案需要"从实践来看，主要是突破口供、防止串供、深挖案件的需要。

6. 有 5 成多的嫌疑人指定居所监视居住的时间在 15 日内，指定居所监视居住的平均天数为 23.63 天。在裁判文书中都会列出强制措施的适用情况，一般会显示在何时开始指定居所监视居住，何时转为逮捕、拘留等其他强制措施。根据统计，指定居所监视居住在 7 日以下的有 453 件，指定居所监视居住在 8～15 日有 479 件，从而有 55% 的案件指定居所监视居住在 15 日以内，指定居所监视居住在 16～30 日有 375 件，指定居所监视居住在 31 日以上的有 360 件，无法确定指定居所监视居住天数的有 27 件（见表 4-10）。

表 4-10　指定居所监视居住时间分布一览表

监视居住适用具体天数的人数				
1～7 日	8～15 日	16～30 日	31 日以上	无法确定天数
453	479	375	360	27
相关时间段内平均天数				
1～7 日	8～15 日	16～30 日	31 日以上	全部
4.56	11.47	23.35	63.61	23.63

7. 办案效果明显。这可以从以下几个方面体现：其一，指定居所监视

居住都取得了侦查机关预期的办案效果，绝大多数案件都有犯罪嫌疑人的口供。其二，最终法院认定指控罪名成立的有 1662 人，占 98.11%；有 31 人变更了罪名，占 1.83%；判决无罪的只有 1 人，占 0.06%（见表 4-11）。其三，多数案件，指控犯罪的金额和判决一致，占 91.8%，不一致总共有 139 人，其中判决中增加金额的有 40 人，减少金额的有 99 人。

表 4-11　罪名是否成立一览表

罪名是否成立	数量 / 人	占比 /%
是	1662	98.11
否	1	0.06
否定指居罪名	31	1.83

其四，延伸对比贿赂犯罪案件的查办数量发现，指定居所监视居住的适用和贿赂犯罪案件的查办有共性的变化规律。根据 2014 年至 2017 年的最高人民检察院工作报告①，2013 年全国检察机关查办行贿受贿犯罪共 17721 人；随着指定居所监视居住制度的产生及适用，贿赂案件查办增加，2014 年查办行贿受贿犯罪共 21889 人，办案量增加了 24%；2015 年全国检察机关查办行贿受贿犯罪 21427 人；2016 年严格限制指定居所监视居住适用后，贿赂案件的查办数量也开始下降，查办行贿受贿犯罪 17847 人，办案量下降了 17%。根据该内容绘制出检察机关查办行贿受贿犯罪嫌疑人变化图（见图 4-11）。同时，可根据表 4-6 制定出指定居所监视居住适用数量的变化图（见图 4-12），两者的变化形式几乎一致。

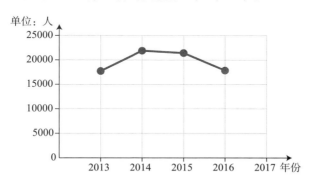

图 4-11　2013—2016 年全国检察机关查办行贿受贿犯罪人数变化图

---

①　根据 2014 年至 2017 年的最高人民检察院工作报告，2013 年，查办受贿罪 12206 人（该数据根据 2014 年最高人民检察院向全国人民代表大会所作的工作报告中受贿案件增长的比例算出），对 5515 名行贿人依法追究刑事责任；2014 年查办受贿犯罪 14062 人，同比上升 13.2%；查办行贿犯罪 7827 人，同比上升 37.9%；2015 全国检察机关查办受贿犯罪 13210 人，查办行贿犯罪 8217 人；2016 年查办受贿犯罪 10472 人、行贿犯罪 7375 人。

单位：人

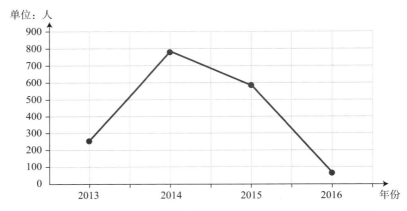

图 4-12　2013—2016 年指定居所监视居住适用年份数量变化图

三、检察机关指定居所监视居住适用中存在的问题

（一）指定居所监视居住未发挥替代逮捕的功能

指定居所监视居住后转逮捕的有 243 人，约占所有人数的 14%；转拘留的人数最多，有 1094 人，约占所有人数的 65%；转取保候审的人数只有 256 人，约占所有人数的 15%；此外，还有指定居所监视居住转监视居住 4 人，一直维持指定居所监视居住的有 1 人（见图 4-13）。9 人两次指定居所监视居住，有 87 人在指定居所监视居住后无法判断强制措施变化。只有 15% 的案件，在指定居所监视居住之后，转为取保，而绝大多数案件转为拘留或者逮捕，显然指定居所监视居住并未发挥替代羁押的功能，相反其成为羁押的前置措施。这印证了一些学者的观察，即通过指定居所监视居住，获取口供，满足办案需要，最终满足羁押的条件。[①] 实践中指定居所

单位：人

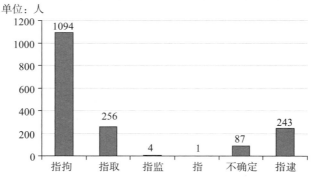

图 4-13　指定居所监视居住后变更强制措施图

---

　　① 谢小剑、赵斌良：《检察机关适用指定居所监视居住的实证分析》，《海南大学学报（人文社会科学版）》2014 年第 5 期。

监视居住主要发挥辅助侦查的功能,而不是替代逮捕的功能。

（二）一些案件指定居所监视居住时间过长,对嫌疑人人身自由限制过大

几乎所有的观察都指出,指定居所监视居住期间一般采取 24 小时贴身监视的安全保障措施,[①] 严格限制嫌疑人的人身自由,指定居所监视居住在实践中很容易演变成超羁押措施,所以适当控制指定居所监视居住的时间对于保障嫌疑人人权至关重要。根据统计,指定居所监视居住在 7 日以下的有 453 件,扣除无法确定天数的为 27 件,占 27%;指定居所监视居住在 8～15 日的,占 28%;指定居所监视居住在 16～30 日的,占 22%;指定居所监视居住 31~99 日以下的有 340 件,占 20%;指定居所监视居住在 100 日以上的有 20 件,占 1%;无法确定天数的,占 2%（见图 4-14）。

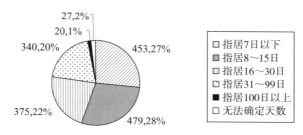

图 4-14　指定居所监视居住时间比例图

最高人民检察院曾发布《关于全国检察机关在查办职务犯罪案件中严格规范使用指定居所监视居住措施的通知》,要求指定居所监视居住一般不超过 15 日,超过 15 日的要报上级审批。最高人民检察院的同志调研后,认为指定居所监视居住"一般在一个星期以内",[②] 显然其对指定居所监视居住时间的控制是相对满意的。然而,根据上述分析,与现有认识不同的是,实际上接近一半的指定居所监视居住在 15 日以上,占全部案件的 43%。指定居所监视居住 31 日以上 99 日以下的也有 20%,甚至有 20 件案件,指定居所监视居住在 100 日以上。法定指定居所监视居住最长可以达 6 个月,即约 180 日,而有 9 人接近 180 日。最主要的原因是指定居所监视居住并非一次完成,有的案件在解除指定居所监视居住之后,又重新指定居所监视居住,或者在不同的诉讼阶段反复指定居所监视居

---

① 周茂玉、吴杨泽:《检察机关指定居所监视居住实证考察及完善建议》,《人民检察》2014年第 12 期。
② 张智辉、洪流:《监视居住适用情况调研报告》,《中国刑事法杂志》2016 年第 3 期。

住,不过这种情况下,总体而言占非常小的比例,据统计,两次指定居所监视居住的有 9 人。显然,由于指定居所监视居住的时间过长,导致对犯罪嫌疑人人身自由权利干预过大,极有可能给供述施加不恰当的压力。

（三）存在在本地无固定住所扩张适用的情形

根据调查,有 56% 的案件属于在本地无固定住所,但是根据常识,多数职务犯罪嫌疑人在本地都有固定住所。极有可能的是,由于特别重大贿赂犯罪的标准较高,一些地方曲解"在本地无固定住所",或者如有的研究表明,通过指定管辖的方式,规避在本地无固定住所的适用前提。^① 从上述其他地方公布的数据来看,以后者居多。比如,安徽省检察机关 2013 年采取指定居所监视居住的案件中,近 70% 为异地查办,以无固定住处作为适用理由。^②

（四）存在非法指定居所监视居住、非法讯问的问题

从裁判文书来看,贿赂类案件的辩护率非常高,占比 95.69%（见表4-12）,一般来说其对非法讯问、非法指定居所监视居住的情况非常敏感,而且现有定性研究表明,指定居所监视居住期间非法讯问的现象较为严重。但现实与我们之前的认识相反,绝大多数案件并未提出非法指定居所监视居住、非法讯问的辩护^③。只有 15 个案件提出了非法指定居所监视居住的辩护,有 50 个案件提出了非法讯问的辩护。在非法指定居所监视居住的辩护中,提出指定地点非法的有 8 个,主要指在专门的办案场所执行,其他诸如不符合指定居所监视居住的法定条件^④,执行机关不合法、指定居所监视居住期间未能保障律师帮助权、嫌疑人的正常生活权及人身自由权,也是辩护中的主要方面（见表 4-13）。但是,这些辩护几乎没有获得法院的采纳。这说明指定居所监视居住的问题并不如某些极端个案所呈现的严重,一些极端个案极大地败坏了指定居所监视居住的社会形象,有些讯问中的问题,可能并不是指定居所监视居住所固有,即使不允许使用指定居所监视居住,其中的问题仍然会存在。

---

① 张智辉、洪流:《监视居住适用情况调研报告》,《中国刑事法杂志》2016 年第 3 期。

② 参见安徽省人民检察院反贪污贿赂局:《安徽省检察机关查办贪污贿赂犯罪案件适用指定居所监视居住情况的调查报告》,载最高人民检察院反贪污贿赂总局编:《反贪工作指导》（2014年第 2 期）,中国检察出版社 2014 年版,第 150 页。

③ 被告人不愿意做非法指定居所监视居住、非法讯问的辩护,也许是因为在我国职务犯罪量刑较为轻缓的背景下,其不愿意和检察机关展开激烈对抗,毕竟量刑建议权、公诉权、法律监督权在检察机关手中,被告人想获得更大的量刑优惠。

④ 根据前述统计数据,极可能存在通过指定管辖,规避在本地无固定住所的规定,而事实上不符合监视居住的条件,指定居所监视居住地点有问题正是辩护中的一个焦点问题。

表 4-12　指定居所监视居住案件是否有辩护人一览表

有无辩护人	案件数量 / 件	占比 /%
有	1621	95.69
无	73	4.31

表 4-13　提出非法指定居所监视居住辩护情况表

案号	辩护理由
（2013）山刑初字第 151 号	监视居住地点并非被告人住处
（2015）永刑初字第 89 号	名义上指居未实际执行转而在他处非法讯问
（2016）川 3222 刑初 5 号	指居期间变相羁押
（2015）曹刑初字第 139 号	指居地点错误、非法定执行机关
（2015）黔钟刑初字第 428 号	监视居住是反贪局自己执行的，监视居住应当在犯罪嫌疑人、被告人住处执行
（2014）温洞刑初字第 133 号	不符合指定居所监视居住的条件、在专门的办案场所执行、非法定执行机关
（2015）永中法刑二初字第 3 号	没有经过上级检察院审批
（2015）温瑞刑初字第 423 号	在专门办案场所执行，剥夺了被告人正常的生活条件。在无充分法律依据的情况下，将本案定性为特别重大贿赂犯罪案件，剥夺律师会见权
（2015）合刑初字第 32 号	对被告监视居住没有法律依据，执行监视居住主体错误
（2015）桐刑重字第 00003 号	没有什么依据和线索，长达四个月的监视居住
（2015）桃刑初字第 70 号	执行机关违法，指居地点违法
（2015）东刑初字第 14 号	在检察院办案中心及在检察院的办公场所执行
（2015）寿刑初字第 607 号	指定居所监视居住程序严重违法
（2015）黔义刑初字第 00046 号	在办案区对被告人指定居所监视居住，并进行讯问
（2015）莆刑初字第 21 号	拘留后未立即送看守所羁押，却以监视居住之名变相羁押

第三节　羁押与侦查："办案需要型"指定居所监视居住的双重功能

一、检察机关指定居所监视居住的实践运作

《刑事诉讼法》2012 年修改之后，实践中出现了为了侦查贿赂犯罪案件而采取指定居所监视居住措施的现象，可以将之称为"办案需求型"指定居所监视居住，该措施与《刑事诉讼法》将指定居所监视居住定位为"替代逮捕"的功能明显不同。虽然对裁判文书的样本分析揭示了该制度的整体样貌，但仍然需要深入实践的调查分析，发现具体运作现状。笔者调研了二个基层检察院（D 县、F 县）和一个市检察院（Y 市）反贪案件[①] 指定居所监视居住的适用情况[②]。调查主要采取查阅案卷、访谈的方式进行，共访谈了不同检察院的十余位反贪部门的检察官。根据调查，其实践情况基本如下：

其一，各检察院适用指定居所监视居住的案件有限，分别占其办理反贪案件的 15%～30%。这符合将指定居所监视居住限制为特别重大贿赂案件的立法意图[③]。而在 2012 年《刑事诉讼法》修改之前，几乎没有适用指定居所监视居住的案件，相对而言，指定居所监视居住的比例激增。根据调查，经过一年的犹豫和试探，2014 年适用指定居所监视居住的反贪案件增加迅速，之后在 2016 年显著下降。

检察机关对指定居所监视居住的适用比例予以限制。据笔者调查，指定居所监视居住适用比例较小主要有几点原因：一是指定居所监视居住面

---

① 反渎案件几乎不适用指定居所监视居住。同时，起诉、审判阶段也可指定居所监视居住，但本书集中在侦查阶段。

② 对调查代表性的质疑，是几乎所有实证调研文章都面临的一个普遍问题。本书并不认为，该调查全面反映了全国检察机关指定居所监视居住的现状，因为对于指定居所监视居住，"各地认识不太一致，使用也不太平衡，有的地方检察院使用较多，有的则基本不用"。参见龙宗智：《新刑事诉讼法实施：半年初判》，《清华法学》2013 年第 5 期。然而，笔者通过访谈检察官，发现本书调查的情况在江西省是一种较为普遍的情形，同时，基于我国刑事司法的统一性，笔者相信，其他省检察机关在适用监视居住时都或多或少体现了该调查的特征。退一步而言，其至少代表了一种实践类型，而这种实践类型本身具有较高的研究价值。

③ 最高人民检察院对特别重大的贿赂犯罪解释为三种情形，是因为该类案件约占检察机关查办贿赂犯罪案件的 10%，不超过 20%，这一比例既考虑了对人权的保障，又考虑了办案的实际需要。参见孙谦主编：《〈人民检察院刑事诉讼规则（试行）〉理解与适用》，中国检察出版社 2012 年版，第 105 页。有的常委会委员、部门和地方提出，草案中"重大贿赂犯罪"的范围较大，建议进一步限制为"特别重大贿赂犯罪"。参见郑赫南：《指定居所监视居住曾被担心"扩大化"》，《检察日报》2012 年 5 月 14 日。

临较大的安保风险，一旦出现犯罪嫌疑人自杀、自残事件，都是重大的办案事故，要追究办案人员的责任。二是成本考虑。为了避免办案事故，指定居所监视居住案件需要耗费大量的人力物力，而检察经费相对紧张。三是在市级检察机关辖区内涉嫌重特大贿赂案发案一般不多，无需"小题大作"。四是案件具体情况考虑。一些案件，检察机关运用传统方法，在法定期限即可突破口供，查清事实，不需要运用指定居所监视居住充足外查时间，巩固全案证据，所以不需要启动指定居所监视居住。[①]

其二，大多数案件的指监时间有限。尽管法定的指定居所监视居住期间可达6个月，然而，在实践中，指定居所监视居住时间约为15日，但个案在指定居所监视居住的时间上差异非常大。接受访谈的检察官普遍认为，指监时间的长短主要取决于突破口供、收集证据的需要。

其三，适用指定居所监视居住的绝大多数为贿赂案件，2013年调查三地只发现一个非贿赂案件，而且适用指定居所监视居住的犯罪嫌疑人多为行贿人。[②]另一个重要的特点是，指定居所监视居住绝大多数适用"特别重大贿赂案件"条款，这类案件之所以指定居所监视居住是因为贿赂案件严重依赖口供。在调查中，笔者还发现一个现象，适用指定居所监视居住的案件多为省检察院交办的重大贿赂窝案中的犯罪嫌疑人，D县、F县指定居所监视居住的案件都是如此。

其四，指定居所监视居住的场所并未统一，包括检察院的办案基地、纪委的办案中心、检察院购买改造后的商品房等。2012年《刑事诉讼法》第73条规定，指监不得在羁押场所、专门的办案场所执行。根据《人民检察院刑事诉讼规则（试行）》第110条的规定，将其理解为不能在"留置室、讯问室等专门的办案场所、办公区域执行"。从调查来看，实践中基于成本及安全的考虑，指监场所一般都指定在相对固定的地点，包括纪委的廉政教育中心、宾馆、检察院员工休息室以及专门的办案基地，2013年下半年Y市检察院购置约100平方米的商品房改造成指监场所。检察院在该专门的办案场所内，设置几个房间作为"非办公区域"，成为指定居所监视居住场所。尽管法律规定了三个要件："具备正常的生活、休息条件""便于监视、管理""能够保证办案安全"，但指定居所监视居住场所优先考虑对办案安全的保障，所以房间内只有一个床、一张桌子、两三张

---

① 龙宗智:《新刑事诉讼法实施：半年初判》,《清华法学》2013年第5期。

② 2013年，桂林市检察机关适用指定居所监视居住有4人，其中有3人是行贿人。参见邹定华、蔡春生:《2013年桂林市检察机关适用指定居所监视居住强制措施的调查报告》,《中国刑事法杂志》2014年第1期。

凳子、空调、相对独立的卫生间,此外别无他物,显然谈不上"具备正常的生活、休息条件"。

其五,实施 24 小时不间断贴身肉眼监视,监控成本极高。尽管《刑事诉讼法》规定了多种监视手段,比如电子监控、不定期检查、通信监控等措施,但在实践者看来其仍不足以避免发生社会危险性,于是,毫无例外地都采取"干警全天 24 小时贴身近距离监视"的手段。这需要检察院采取"三班倒"的方式,派出几个监视小组,进行分班监控,每班要 2~4 个检察官,监控成本非常大,有的基层检察院(F 县)甚至需要抽调全院所有的年轻检察官。

其六,一般都在指监场所谈话、讯问。监控期间,侦查机关一般以"谈话"的方式对犯罪嫌疑人做"思想工作",或者要求犯罪嫌疑人自行书写供述材料。在侦查员眼里"谈话"并非讯问,所以其时间不遵守《刑事诉讼法》对讯问时间的限制,也未作笔录及进行同步录音录像。在指监初期通过连续谈话等疲劳审讯方法突破口供常常出现,这架空了刑事诉讼的讯问程序规范。一旦犯罪嫌疑人愿意配合调查,并能够作出完整、清晰供述时,会遵守《刑事诉讼法》对讯问程序的要求,制作笔录和进行同步录音录像,并在 24 小时内完成。但是笔者注意到讯问手续并不统一,F 县指监后讯问,大都没有办理传唤、拘传手续,而 D 县办的是类似提审的手续。

其七,指监的效果非常好。笔者访谈的所有检察官都表示,指监效果非常好,所有指定居所监视居住的案件,都突破了犯罪嫌疑人口供或者进一步细化口供,并且在指监期间完成其他证据的收集,实现证据的相互印证。从调查来看,其对侦查效能显著,不仅顺利突破了犯罪嫌疑人口供,为办案人员收集、固定证据争取了时间,还深挖了更多的犯罪事实[①]。正因如此,所有指监的案件在突破口供,证据收集齐备之后,都转为逮捕或者先拘留再逮捕,并成功起诉。

二、检察机关指定居所监视居住在实践中的功能

(一)指定居所监视居住异化成"变相羁押"措施,未能发挥替代逮捕的功能

早有学者轻描淡写地指出指定居所监视居住沦为"变相羁押",然而,

[①] 检察官对桂林市检察机关适用指定居所监视居住的情况调查后认为,其对侦查的效果显著,包括使突破案件的时间有保障、使办案的保密安全可靠、使案件的侦破效果显著、对案件深挖有一定效果。参见邹定华、蔡春生:《2013 年桂林市检察机关适用指定居所监视居住强制措施的调查报告》,《中国刑法杂志》2014 年第 1 期。

笔者认为，这种说法未能充分展现指定居所监视居住的现状。在实践中，指定居所监视居住不但已经异化成羁押措施，而且可能比看守所更强的羁押措施。这可以从以下几个方面分析：

首先，犯罪嫌疑人失去行动自由。犯罪嫌疑人在指定居所监视居住期间，其人身自由处于完全被剥夺状态，特别是在突破口供阶段，犯罪嫌疑人在居所内没有行动自由，必须服从看管人员命令，坐立行走受到严格限制。只有在突破口供后，对其人身自由的限制才有所放松。相反，犯罪嫌疑人在看守所的房间内却有一定的活动自由，坐立行走不受人控制，有固定的休息与饮食。

其次，犯罪嫌疑人被剥夺与人交流的自由，造成巨大的心理压力。人是群体动物，如果长时间无人交流，对其造成的心理压力十分巨大。交流、与人聊天可以缓解心理压力。犯罪嫌疑人在看守所内可以和其他未决羁押的犯罪嫌疑人交流，从而消磨时间、缓解心理压力。相反，在指定居所监视居住期间，办案机关为了突破口供，需要不断制造各种心理压力，和犯罪嫌疑人交流是用来施压而不是缓解压力。

再次，根据《看守所条例》第 25 条规定，"人犯每日应当有必要的睡眠时间和一至两小时的室外活动"。所以，到了下班时间，就不再允许继续讯问犯罪嫌疑人。犯罪嫌疑人在指定居所监视居住时显然没有如此待遇，而且，即使休息也不能关灯，即便在晚上也是如此。

最后，指定居所监视居住期间，犯罪嫌疑人被控制在房间内，其一举一动都受到办案人的 24 小时监视，犯罪嫌疑人的隐私完全暴露在办案人员面前。相反，在看守所其隐私权并未完全剥夺。

当然，在指定居所监视居住期间，犯罪嫌疑人并非时刻面临如此境地，指监初期对其限制较多而指监后期限制较少，同时，侦查机关也需要使用"胡萝卜加大棒"，改善犯罪嫌疑人配合调查时的生活条件。权利限制持续时间的长短、犯罪嫌疑人生活状态的好歹完全由办案机关决定，均服务于突破口供这一目标。

判断是否羁押的关键在于，犯罪嫌疑人的行动、隐私是否有不受干涉的自由。即使看守所提供了优于外部的生活条件，也不能改变其羁押的本质。"羁押的本质是将人局限于一定的物理空间，剥夺了当事人自由选择离开的权利，而不在于其所处的有限空间内生活条件的好坏。"[①] 从上述分析可以看出当前指定居所监视居住已经成为比看守所羁押更强的人身自

---

① 程雷：《刑事诉讼法第 73 条的法解释学分析》，《政法论坛》2013 年第 4 期。

由限制措施。①

这完全背离了立法目标。时任全国人大常委会副委员长王兆国在2012年《中华人民共和国刑事诉讼法修正案（草案）》中明确"将监视居住定位于减少羁押的替代措施"。郎胜也认为，监视居住是逮捕的替代性措施，是对符合逮捕条件、本应当予以羁押的犯罪嫌疑人与被告人采取的羁押替代性措施，是对公民自由权的限制而非剥夺。② 然而，从上述分析可知，指定居所监视居住不但未能减少羁押，反而产生了比看守所羁押更严重的剥夺人身自由的效果。而且，在指定居所监视居住后"转逮捕"普遍化，指定居所监视居住完全未能发挥替代逮捕的功能，相反成为逮捕的前置措施。

（二）指定居所监视居住成为查办重大贿赂案件，实施侦查的重要措施

首先，选择适用的目的是实现侦查功能。笔者在访谈中发现，几乎所有接受访谈的检察官都表示实践中检察机关判断是否指定居所监视居住，都是以"防止串供、突破口供、调查取证"为标准。因为，贿赂案件严重依赖行受贿双方的口供，突破口供成为破案的关键，此时必须通过反复的讯问获得口供，而《刑事诉讼法》中的讯问程序适用非常不方便，从而有采取指定居所监视居住的需要。同时，在特别重大贿赂案件中，有长期控制犯罪嫌疑人人身自由、不断查证、避免串供、完善证据体系的需要。

其次，从实践来看，采取指定居所监视居住期间，犯罪嫌疑人处于侦查机关的控制下，随时接受高强度的谈话、讯问。而且，指定居所监视居住时间可以长达6个月，如果犯罪嫌疑人拒绝配合调查，可能面临长时间的"超强羁押"带来的"谈话"。

最后，从效果上分析，所有的案件都在指定居所监视居住期间突破犯罪嫌疑人口供或者收集更多的证据，实现证据间的相互印证。这可能诱使侦查机关不再重视初查，而片面依赖指监突破口供，维持"以供找证"的办案模式。

指定居所监视居住的目的不是防止妨碍诉讼的行为，而是直接为了突破口供、完善证据收集，这已经成为侦查手段。

---

① 有人指出这是一种软禁措施，但笔者不同意这种看法，软禁并不对房间内的活动进行严格的限制，笔者更愿意将之比作违反监狱管理活动之后处罚——"关禁闭"。

② 郎胜主编：《中华人民共和国刑事诉讼法修改与适用》，新华出版社2012年版，第157页。

三、贿赂犯罪案件的侦破需求与法定程序供给不足

检察机关侦破贿赂犯罪困难重重已是共识，解决该问题的看法却不同。有的主张通过侦查一体化、密切行政与检察衔接，强化贿赂犯罪侦查主体能力；[①] 有的从证据角度提出建立推定制度，强化客观性证据的收集及审查；[②] 有的认为关键在于精细化初查，比如信息引导侦查建设。[③] 这些研究未能充分反思现有程序在控制犯罪上的不足，都回避了一个核心问题，即刑事侦查程序的设计应当兼顾每一种特殊情况，而不能仅针对易办案件而设计，为侦破特定类型的"难办案件"，需要设立特殊的诉讼程序。实证调查表明，指定居所监视居住曾经成为贿赂犯罪案件的重要办案手段，刑事诉讼程序供给不足是其重要的发生机理。

（一）贿赂犯罪案件的侦破需求

1. 贿赂犯罪侦破严重依赖口供，获取口供极难，无法"由证到供"。贿赂犯罪的证据极其匮乏，设想在极端隐蔽的场合，行贿人将贿赂款交给受贿人，即完成了犯罪行为，在若干月甚至若干年之后才案发，根本无传统意义上的犯罪现场、目击证人、被害人，更缺乏能够将嫌疑人与犯罪联系起来的实物证据。[④] 在突破口供之前，根本无法得知犯罪地点、犯罪金额、贿赂款来源及去向。这导致贿赂犯罪的侦破，往往是根据一些蛛丝马迹，在无实质性证据的情况下，展开讯问。虽然最高人民检察院反复强调要从"由供到证"转变为"由证到供"，但基于贿赂犯罪的内在特点，不太可能实现。可以肯定地说，在我国贿赂犯罪侦查实践中，如果不能获得口供，绝大多数贿赂犯罪将得不到有效打击。

然而，贿赂犯罪属于"对合犯罪"，行贿方和受贿方都涉嫌犯罪，影响供述自愿性。特别是，近年来对行贿犯罪的打击力度在加大，争取行贿人配合打击受贿人的办案方式难以维系。行受贿双方的供述激励机制被打

---

① 宋英辉、王贞会：《刑诉法修改与职务犯罪侦查面临的课题》，《国家检察官学院学报》2012 年第 3 期。

② 龙宗智：《论贿赂犯罪证据的客观化审查机制》，《政法论坛》2017 年第 3 期。

③ 笔者认为，经过精细初查之后能提高讯问的效能，但未必一定能迅速突破口供。同时，信息引导侦查模式的主要思路包括建立数据平台，然而很多贿赂犯罪案件中，根本无信息化的数据。所以，其并不能解决贿赂犯罪办案难的问题。以至于"技术侦查的革新举措、侦查信息化建设，成了某些地方检察院的形式主义'表演秀'"。参见陈重喜等：《职务犯罪侦查信息化与侦查模式转变研究》，《法学评论》2014 年第 6 期。

④ 贪污、挪用公款犯罪等其他职务犯罪的侦查实践中，一般有较为确切的书证、物证，因此突破口供的难度以及压力大大降低，即使被调查人不供述，办案机关也有可能根据其他证据侦破案件，可采用由证到供模式。

破,"囚徒困境"不再存在,贿赂犯罪获取口供的难度更大。而且,贿赂犯罪案件一般都存在多次贿赂,需要通过反复讯问深挖更多贿赂事实,甚至是窝案、串案,扩大办案效果。

在这种背景下,一次讯问根本不够,需要反复讯问,才能全面掌握案情。办案机关讯问突破口供需要比其他犯罪更长的时间,保持稳定的供述环境;未"彻底挖透"口供时,需要控制犯罪嫌疑人人身自由,否则一旦串供,则前功尽弃。

2. 贿赂犯罪案件妨碍诉讼的风险极高,后果极其严重。一是贿赂犯罪侦查对象往往有一定职务,反侦查能力强,关系网非常复杂,实施妨碍诉讼行为的可能性极高。因此,高官职务犯罪侦查,不得不采取异地管辖的侦查模式。由于接触犯罪嫌疑人,必然让其警觉,进而可能实施妨碍诉讼的行为,《刑事诉讼法》应当提供在讯问后,立即限制其人身自由的有效强制手段。

二是贿赂犯罪串供的后果极其严重。由于贿赂犯罪案件主要依靠行贿方和受贿方的口供定案,缺乏客观性证据,一旦串供达成攻守同盟,案件可能无法成功侦破,妨碍诉讼的成本低、收益高。在窝案串案中,可能出现牺牲一个保住一片的现象,如何防范犯罪嫌疑人自杀也是极为重要的问题。而且,检察机关内部对办案安全高度强调,出现犯罪嫌疑人自杀等办案事故将严肃追责。这些都助长了长期控制犯罪嫌疑人,避免妨碍诉讼行为的重要性。

三是贿赂犯罪更需要防范案件"流产"。由于查办一个职务犯罪案件,对地方牵涉非常大,可能带来非常重大的政治影响,前功尽弃可能让检察院非常被动,且被检察院调查本身足以给被调查官员的政治前途造成负面影响。因此必须高度防范串供、自杀等导致案件"流产"的行为。

3. 贿赂犯罪案件证明标准极高,对证据体系要求严格。我国定罪要求事实清楚、证据确实充分,实践中采取相互印证的证明模式,证明标准非常高,甚至高于西方的证明标准。[①] 贿赂犯罪案件仅凭行受贿一方的口供不能入罪,必须成功获取行受贿双方的口供,且双方口供在细节上高度一致才能入罪。[②] 这强化了该类案件对口供的依赖。由于获取行受贿双方的口供很难同步,更何况要细节对应,需要不断补充、修正、完善供述内容,还需要其他证据去印证犯罪嫌疑人口供,比如行贿款的来源去向、行贿时间地点是否真实,这对供述的稳定性提出了非常高的要求。而且,不少贿赂

---

① 龙宗智:《印证与自由心证——我国刑事诉讼证明模式》,《法学研究》2004 年第 2 期。

② 谢小剑:《我国刑事诉讼相互印证的证明模式》,《现代法学》2004 年第 6 期。

犯罪案件有很多次行受贿事实,其工作量十分巨大。限制犯罪嫌疑人人身自由,避免其受外部影响,无疑是保障其供述稳定性的重要手段,《刑事诉讼法》应当提供该手段。

贿赂犯罪案件的特殊程序需求在于:立法上应当设置程序,为突破口供、多次讯问提供充分时间;为保持供述的稳定性,需要适当排除外部干扰;为避免妨碍诉讼行为的发生,需要由侦查机关直接对犯罪嫌疑人人身自由进行一定时间的限制。

(二)贿赂犯罪诉讼程序供给不足

1. 立案条件高,难以使用法定侦查手段。我国立案要求,"有犯罪事实发生,需要追究刑事责任"。一般至少获得了行贿或者受贿一方口供,才能判断有贿赂犯罪发生,启动立案程序。[①] 然而,实践中,办案人员展开调查时并无实质证据,只是根据不正常的职务表现,判断可能有贿赂犯罪,很难符合立案条件。由于立案难,侦查机关很难使用法定侦查手段,比如要求立案才能适用的法定讯问程序。

2. 法定侦查手段极其有限。长期以来,由于与侦破职务犯罪相适应的现代侦查手段的缺失,贿赂犯罪侦办仅靠"一张纸、一张嘴、一支笔"。2012 年《刑事诉讼法》修改试图以技术侦查,摆脱原始的"靠拼体力"加"政策攻心"侦查模式。[②] 然而,由于《刑事诉讼法》只授权检察机关技术侦查决定权而无执行权,同时技术侦查只能在立案之后,而贿赂犯罪立案难,导致实践中检察院几乎无法行使技术侦查权。有调查表明高达 95% 以上的侦查人员在查办职务犯罪时,根本不考虑技术侦查。[③] 同时,2012 年《刑事诉讼法》第 151 条规定,隐匿身份侦查需要经过"公安机关负责人"审批,可以推出乔装侦查权未赋予检察院,诱惑侦查自然无法用于贿赂犯罪。于是,贿赂犯罪侦查只能依赖讯问突破口供的传统手段。其他法定侦查手段十分有限,强化了突破口供的重要性。

3. 对讯问突破口供过多的程序限制。我国 1996 年《刑事诉讼法》规定讯问的时间只有 12 小时,使贿赂犯罪的程序障碍明显增加。实践表明 1996 年《刑事诉讼法》规定的讯问时间,"严重脱离了职务犯罪侦查实际,多数案件难以在 12 小时之内取得突破",[④] 有的检察机关不得已采取变通措施规避拘传,如借用纪检监察部门的"两规"措施办案。2008 年,对 27

① 尹立栋:《职务犯罪规范化侦查》,中国检察出版社 2015 年版,第 3 页。
② 向泽选:《新刑诉法的实施与职务犯罪侦查》,《国家检察官学院学报》2013 年第 3 期。
③ 龚培华:《职务犯罪技术侦查的困境与对策》,《法学》2014 年第 9 期。
④ 王建明:《论职务犯罪侦查强制措施及其立法完善》,《法律科学》2008 年第 3 期。

省的调查表明，检察机关上年度拘传适用率为5.88%。[1]2012年《刑事诉讼法》延长了讯问时间，但只有案情复杂，需要拘留逮捕的才可以延长至24个小时，仍然无法满足侦查需求。该法对讯问程序进行了严格规范[2]。有学者评论道：我国1996年、2012年两次《刑事诉讼法》的修改，侦查行为的规制成为立法重点，这在一定程度上妨碍了对腐败犯罪的有效打击。[3]

4. 缺乏防范妨碍诉讼行为的有效手段。其一，拘留逮捕证明标准高，难以拘留逮捕送看守所羁押。2012年《人民检察院刑事诉讼规则（试行）》第80条第2款规定，两次讯问之间必须间隔12个小时，于是讯问之后职务犯罪嫌疑人有12个小时的自由时间，这段时间足以实施串供等妨碍诉讼的行为。因此，应在讯问之后立即限制犯罪嫌疑人的人身自由，《刑事诉讼法》提供了刑事拘留和逮捕两种可能的手段。

然而，贿赂犯罪获得口供前很难达到拘留逮捕标准。由于错误刑事拘留将面临错案责任追究、负面目标考核、国家赔偿责任，实践中刑事拘留标准非常高，只有拿下口供才能作出拘留决定。检察院对于逮捕的证明要求更高，不仅要有口供，还要求口供能够和其他证据相互印证。对检察院而言，一旦讯问之后不能拿下口供，又无法收押以避免妨碍诉讼的行为，必然导致办案失败，于是不得不规避刑事诉讼程序，转而采取其他程序。

其二，未决羁押在看守所也很难避免串供。当前，我国看守所的管理相对混乱，一般要求混合羁押而不能单独羁押，在看守所很难杜绝串供的发生。"历年的侦查经验表明，对于有较大社会活动能力的国家工作人员嫌疑人，尤其是作为高级别干部的嫌疑人而言，看守所无法控制信息外漏和内渗，串供、订立攻守同盟等行为完全无法隔绝。"[4]这也产生了将犯罪嫌疑人控制在侦查机关手中的迫切需要。

其三，缺乏拘捕之外防范妨碍诉讼行为的有效手段。侦查经验表明，对贿赂等犯罪的嫌疑人适于使用"温水煮青蛙"式的强制措施，如果采取一步到位、直接逮捕的措施，犯罪嫌疑人将不再继续交代犯罪事实。[5]这意味着刑事诉讼需要提供拘捕之外防范妨碍诉讼的有效手段。如果不能

① 王建明：《论职务犯罪侦查强制措施及其立法完善》，《法律科学》2008年第3期。
② 该法规定对犯罪嫌疑人拘留、逮捕后要立即送看守所，并在24小时内通知家属；讯问在押的犯罪嫌疑人应当在看守所进行；要对讯问过程全程同步录音录像；相对全面的非法证据排除规则。
③ 施鹏鹏：《国家监察委员会的侦查权及其限制》，《中国法律评论》2017年第2期。
④ 刘忠：《读解双规——侦查技术视域内的反贪非正式程序》，《中外法学》2014年第1期。
⑤ 朱孝清：《刑诉法的实施和新挑战的应对——以职务犯罪的侦查为视角》，《中国刑事法杂志》2012年第9期。

羁押，为了预防妨碍诉讼行为，只能采取取保候审、监视居住，但是这根本无法避免串供的行为，更无法避免自杀、逃跑等妨碍诉讼的行为，唯一的选择只能是指定居所监视居住。然而，2012 年之前，由于指定居所监视居住必须由公安机关执行，[①] 而公安机关几乎不会配合检察机关执行，极少采取指定居所监视居住措施。2012 年之后，由于过高的司法成本以及较高的适用条件，指定居所监视居住也无法常规适用。

其四，律师过早接触犯罪嫌疑人有时会导致其不再供述，甚至翻供。2012 年之前并无限制律师会见的法定手段。2012 年之后侦查阶段律师会见当事人只需要凭"三证"，且会见不被监听。有学者指出，其使得"侦查机关凭借空间隔离、信息阻断、时间独占来突破口供，开展外围调查取证的优势不复存在"[②]，贿赂犯罪侦查取证难度增强。

现有刑事诉讼程序未提供充分的侦查手段以及防范妨碍诉讼行为的法定措施，不能满足贿赂犯罪办案需要。这是指定居所监视居住制度产生的原因，甚至是留置制度产生的动因。

四、检察机关指定居所监视居住功能异化的程序空间

（一）外部监督制度被虚置，指定居所监视居住期间犯罪嫌疑人的权利很难获得有效的保障

其一，我国侦查一体化的办案机制导致上级监督的虚置。我国将检察机关指定居所监视居住的监督权授予上级检察院。然而，实践中指定居所监视居住的案件，往往是在上级检察院的指挥、交办下获得管辖权，侦查一体化显然使上级监控的机制被虚置。基于自我监督的缺陷，由本院监所部门监督也无法发挥作用。其二，为了防止滥用，《刑事诉讼法》对指定居所监视居住采取决定与执行分离的机制，检察机关的指监由公安机关执行，然而，2012 年《人民检察院刑事诉讼规则（试行）》将其曲解为"公安机关执行，检察机关配合执行"，从调查来看，实践中几乎完全由检察机关自行执行，决定、执行的一体化导致指定居所监视居住缺乏外部监督。其三，辩护律师的会见权得不到保障，导致辩方的制约被架空。2012 年《刑事诉讼法》第 37 条规定，涉嫌"特别重大贿赂案件"，辩护律师在侦查阶段会见犯罪嫌疑人应当经侦查机关许可。然而，F 县、D 县指定居所监视居住的案

---

① 最高人民检察院《关于人民检察院在办理直接立案侦查案件工作中加强安全防范的规定》（高检发反贪字 [2003]17 号）第 8 条。

② 朱孝清：《刑诉法的实施和新挑战的应对——以职务犯罪的侦查为视角》，《中国刑事法杂志》2012 年第 9 期。

件都未允许律师会见。拒绝会见的理由均为该案涉嫌特别重大贿赂案件，会见有碍侦查。其四，由于指定居所监视居住场所的封闭性，无法获得事后的救济。如果在看守所，一旦自由受到他人限制，或者受到非法讯问，犯罪嫌疑人还可以获得看守所看管人员或者同监其他未决犯的证明，但在指定居所这一完全封闭的场所，其无法获得充分的证明和救济，于是犯罪嫌疑人的权利只能寄托于侦查机关的自我设限。

（二）立法对犯罪嫌疑人在指监"居所内"的自由未明确界定

有学者指出，2012 年《刑事诉讼法》对指定居所监视居住，"被监视居住人的待遇和自由空间等均缺乏明确的规定，因而其干预内容欠缺可预测性；公权力行使的界限不明，在执行实践中容易滋生刑讯逼供等权力滥用现象，进而侵蚀犯罪嫌疑人、被告人基本权利的本质内容"。[①] 我国并无立法规范指定居住"居所内"犯罪嫌疑人享有的权利，这导致犯罪嫌疑人的权利无法获得有效保障，容易造成超羁押现象。

（三）指定居所监视居住期间的讯问便利，使其成为侦查措施

我国在 2012 年《刑事诉讼法》修改过程中，就有利用指定居所监视居住期间的讯问便利，以侦破案件的改革思路，即所谓的"双规入法"。这是因为，指定居所监视居住期间的讯问程序具有一定模糊性，为架空讯问程序的法定限制创造条件。

首先，根据 2012 年《刑事诉讼法》，对于未羁押的讯问应当采取传唤或拘传的方式，讯问时间受到最长 24 小时的严格限制，这么短的时间显然难于突破口供。然而，法律并未明确限制羁押讯问的时间。对检察干警而言，其可以认为犯罪嫌疑人在指定居所监视居住期间已经处于羁押状态，"打擦边球"[②] 而突破法定的讯问时间限制。

其次，为"不算作"讯问的"谈话"提供条件。由于犯罪嫌疑人完全处于控制之下，法律并未限制在指监期间，办案人员和犯罪嫌疑人的交流，侦查机关可以通过"谈话"长时间做工作，突破犯罪嫌疑人的心理防线，而又不造成案件的"硬伤"。同时，办案人员和犯罪嫌疑人的"谈话"，由于不认为是讯问，不用做同步录音录像，不用遵循讯问的程序规范，可以采取许多灵活的方式突破口供。

---

① 周长军：《从基本权干预原理论指定居所监视居住——兼评新〈刑事诉讼法〉第 73 条》，《山东社会科学》2013 年第 4 期。

② 有些看来不合理的逻辑，在实践中很有市场，只要不直接违反法律就不构成案件的"硬伤"，而最多只是瑕疵，而得以蒙混过关。这就是所谓"打擦边球"。

再次，更为重要的是，犯罪嫌疑人在指定居所监视居住时，犯罪嫌疑人和侦查机关处于"零距离"的接触，是面对面的状态，缺乏看守所作为"间隔"，对犯罪嫌疑人造成更大的讯问压力，更有可能突破口供。

复次，指定居所监视居住的场所与办案地点同一，犯罪嫌疑人可以随时接受谈话、讯问，同时法律对于讯问的次数并没有限制，为突破口供提供条件。而且，在指定居所监视居住期间，可进一步收集其他证据，为印证、进一步突破犯罪嫌疑人口供，提供了充分的时间和便利。

最后，《刑事诉讼法》对讯问程序的规范，特别是拘留后必须在看守所讯问的规定，限制了侦查机关的讯问便利，反而促使侦查机关采取指定居所监视居住措施。

（四）为了防止出现安全事故，必须24小时近身监控，导致羁押化

办案安全是司法实践中一个重要的问题，接受访谈的检察官多次强调"安全是办案的生命线"，如果出现办案事故，比如犯罪嫌疑人自杀、自残、逃跑，对于办案人员而言都是灭顶之灾。我国已经有多起这样的办案事故追究了办案人员的责任，并由最高人民检察院发文以儆效尤。所以，权利保障、突破口供都必须让位于办案安全，而法定的电子监控、不定期检查、监控通信根本不能发挥保障作用，保障办案安全最有效的手段就是全天24小时贴身监视。这既是因为害怕出现犯罪嫌疑人逃跑、自杀、自残等妨碍诉讼的行为，也因为在犯罪嫌疑人和看管人员缺乏物理隔离的时候，担心犯罪嫌疑人可能采取攻击看管人员的行为。只有犯罪嫌疑人的人身自由完全处于办案机关的控制之中，才能保障办案安全，但这不可避免走向羁押化。

第四节 "替代逮捕"与"办案需要"：指定居所监视居住的功能类型与程序冲突

一、"替代逮捕型"指定居所监视居住的功能及其程序

由于监视居住是逮捕替代措施，则作为下位制度的指定居所监视居住自然可定性为逮捕替代措施。在学界，将监视居住作为逮捕替代措施的论述比比皆是。

功能实现离不开相应的程序规范，为了实现监视居住替代逮捕的功能，2012年《刑事诉讼法》修改设置了相应的程序规范：其一，监视居住

须符合逮捕条件。《刑事诉讼法》修改之前，监视居住等同于取保候审的条件，如果能够通过取保候审、监视居住，防止有碍诉讼的行为，就不能逮捕。2012年《刑事诉讼法》修改要求符合逮捕条件，才能监视居住，从而将其从"逮捕前置措施"，改变成"逮捕替代措施"。

其二，适用的人性化条件。如果指定居所监视居住作为替代逮捕的羁押替代性措施，则其必定以保障人权作为主要出发点，所以2012年《刑事诉讼法》第72条，将"患有严重疾病、生活不能自理的""怀孕或者正在哺乳自己婴儿的妇女""系生活不能自理的人的唯一扶养人"等人性化保障需要作为指定居所监视居住的重要条件。同样，"办案需要"也可以做人性化解释，使之符合替代逮捕的预设功能。

其三，限制人身自由无需司法授权。在我国强制措施立法中，只有长期剥夺人身自由的羁押需要司法授权，正是由于指定居所监视居住属于替代逮捕的非羁押措施，法律未要求法院或者检察院审批，同时对犯罪嫌疑人在指定居所监视居住期间的权利保障也放松，比如未规定在指定居所监视居住住所内的人身自由。

其四，犯罪嫌疑人有较大的人身自由。替代逮捕首先表现为保障犯罪嫌疑人的正常生活、休息权利。指定居所监视居住依法只能在"适合生活、休息"的场所执行[①]，同时刑事诉讼相关法律明确，指定居所监视居住不得在看守所、拘留所、监狱等羁押、监管场所以及留置室、讯问室等专门的办案场所、办公区域执行，以保障犯罪嫌疑人正常生活、休息。正常的生活、休息意味着在居住场所内，犯罪嫌疑人拥有较大安排自己生活、休息的权利，这符合非羁押化的预设。其次，尽管《刑事诉讼法》明确可以采取限制交流、通信，未经许可不得会见他人，但犯罪嫌疑人有权对外交流、通信，经过许可会见他人。这里包含了实现亲权的可能。再次，犯罪嫌疑人有自由安排自己生活的权利[②]。对于公权力而言，"法无授权不可为"，法律并未授权侦查机关限制犯罪嫌疑人在房间内的行动自由，则犯罪嫌疑人在房间内有充分的行动自由。而且，《刑事诉讼法》规定采取监控、不定期检查的方式监管，也表明犯罪嫌疑人的基本行为自由应当得到保障。最后，依法经过许可可以离开居住的地点，一概禁止离开显然不符

---

① 检察机关对执行场所的选择必须符合三个条件，即具备正常的生活、休息条件；便于监视、管理；能够保证办案安全。

② 由于法律禁止要求犯罪嫌疑人承担指定居所监视居住期间的费用，导致其生活质量受到办案机关的限制。这里存在一定的悖论。

合该条预设的比例原则。

实践中,替代逮捕的功能主要在其本人固定住所内执行时实现,但也有对公安机关的实证调查表明,2012 年《刑事诉讼法》修改后,部分地方公安机关在采取非羁押化监视方式的前提下,将指定居所监视居住作为替代逮捕,成为保障诉讼顺利进行的重要强制措施。①

二、"办案需要型"指定居所监视居住的功能及其程序

指定居所监视居住在功能预设上还存在侦查保障功能,法定诉讼程序与替代逮捕的预设功能有所冲突。同时,实践中侦查权过于强大,再加上理论上的模糊性,指定居所监视居住替代逮捕的功能在实践中出现严重异化,职务犯罪侦查中指定居所监视居住主要成为一种实现"办案需要"的侦查措施。

指定居所监视居住的侦查保障功能主要表现为"双规入法"的争议。长期以来,由于职务犯罪案件侦查的难度较大,办案机关缺乏有效的侦查手段,刑事诉讼中也未在程序上提供足够的空间。我国职务犯罪侦查依赖"双规"等非刑事诉讼的手段②,尽管其受到较多质疑③,但实践中还是摆脱不了对其程序的依赖,联合办案等法外程序成为突破口供的重要程序手段。

2012 年《刑事诉讼法》修改过程中,有学者主张利用指定居所监视居住期间的讯问便利化,以侦破案件的改革思路,即所谓的"双规入法",将指定居所监视居住改造成检察机关的"双规"手段,以降低对纪委"双规"手段的依赖。鉴于贿赂犯罪查办的难度,如若以指定居所监视居住代替"双规"既可以推进反腐工作,又可以解决"双规"进入司法规制领域的问

---

① 马静华:《公安机关适用指定监视居住措施之实证分析 ——以一个省会城市为例》,《法商研究》2015 年第 2 期。

② 有学者指出,反贪案件面临侦查能力与办案需要的冲突,侦查能力不足之功能需要会不断催生新的非正式程序。借用"双规"成为现象,原因就在于 1996 年《刑事诉讼法》大幅地削弱了反贪案件侦查能力,而制度供给又没有以新手段弥合需求。参见刘忠:《读解双规——侦查技术视域内的反贪非正式程序》,《中外法学》2014 年第 1 期。

③ 最高人民检察院《关于人民检察院在办理直接立案侦查案件工作中加强安全防范的规定》(高检反贪字[2003]17 号)第 10 条规定,"不得借用其他机关的行政、纪律措施控制犯罪嫌疑人、被告人,不得参与其他机关对违法违纪人员的看管"。查处违法是以宪法和法律为准则,必须由国家司法部门来承担;查处违纪是以党章和党的组织纪律规定为准则,必须由党的纪检部门来承担,二者各司其职,不能合在一起。参见王姝:《乔石任中纪委书记期间,否决纪委政法委"联合办公"》,《新京报》2015 年 6 月 14 日。

题。[①] 时任最高人民检察院副检察长也认为,指定居所监视居住有利于我们在不对侦查对象羁押的情况下降低对纪检监察部门"两规""两指"的依赖。[②] 另有著名诉讼法学者也指出,指定居所监视居住或许有助于以法定措施取代纪律措施,从而对"双规"的习惯做法加以有限承认、改造、规范,逐步减少乃至最终取消。[③]

值得强调的是,"双规入法"的含义有两种不同认识,既可以是直接施压突破口供,也可以作为侦查保障手段为突破口供提供程序空间。如果其只作为侦查保障手段为突破口供提供程序空间,则几乎是所有强制措施都具有该功能,《刑事诉讼法》只不过通过立法修改强化了这种功能,并无不当之处。但如果将其理解为侦查手段,通过讯问犯罪嫌疑人施加更大的压力,则这种观点显然是期待实现指定居所监视居住替代"双规"的功能。比如,有学者认为指定居所监视居住是"试图'走出双规'方向上对反贪侦查手段上的努力",[④]"实践中确实存在一些案件采取指定居所监视居住更有利于对犯罪嫌疑人开展侦查"。[⑤] 侦查经验也表明,对贿赂等犯罪的嫌疑人适于使用"温水煮青蛙"式的强制措施,如果直接逮捕,犯罪嫌疑人往往"封口",不再继续交代犯罪事实。由于指定居所监视居住在争取从宽处理的希望上要大于逮捕,因而指定居所监视居住有利于促使犯罪嫌疑人交代犯罪事实。[⑥]

侦查保障功能在程序上也有所体现,这些程序与替代逮捕功能不完全吻合,同时这些程序非常模糊,也可以被用作侦查手段。一是立法上将"办案需要"作为适用情形之一。2012年《刑事诉讼法》第72条规定,"因为案件的特殊情况或者办理案件的需要,采取监视居住措施更为适宜的"可以监视居住,这意味着满足"办案需要"也成为监视居住的理由。尽管有学者试图通过解释的方式将"办案需要"限制在国家安全需要,[⑦] 或者将其和前项人性化条件作体系化解读,认为"办案需要"属于人性化办案的需要,比如满足犯罪嫌疑人身体不佳的现实需要,或者满足犯罪嫌疑人

---

① 韩玮:《〈刑事诉讼法〉"二次变法"》,《时代周报》2012年3月15日。
② 朱孝清:《刑诉法的实施和新挑战的应对——以职务犯罪的侦查为视角》,《中国刑事法杂志》2012年第9期。
③ 左卫民:《指定监视居住的制度性思考》,《法商研究》2012年第3期。
④ 刘忠:《读解双规——侦查技术视域内的反贪非正式程序》,《中外法学》2014年第1期。
⑤ 尹吉:《"指定居所监视居住"的法律适用研究》,《中国刑事法杂志》2012年第6期。
⑥ 朱孝清:《刑诉法的实施和新挑战的应对——以职务犯罪的侦查为视角》,《中国刑事法杂志》2012年第9期。
⑦ 程雷:《指定居所监视居住实施问题的解释论分析》,《中国法学》2016年第3期。

不被羁押才配合侦查的诉求①。然而，对办案机关而言，获取口供、深挖余罪的侦查需要显然也是办案需要，其至少不违反该字面含义，实践中正是如此理解办案需要。二是将危害国家安全犯罪、恐怖活动犯罪、特别重大的贿赂犯罪案件，规定为即使有住所也可以指定居所监视居住，而这三类案件为何可以指定居所监视居住，显然不是因为这类案件有"替代逮捕"的特殊需求，而是因为这些案件的侦破对于维护国家、社会秩序极具意义。这三类案件在侦破上有特殊的难度，而不得不一定程度上扣减嫌疑人的权利，正如域外对于恐怖活动犯罪赋予侦查机关更大的侦查权。三是有碍侦查也是指定居所监视居住的重要条件。根据 2012 年《人民检察院刑事诉讼法规则（试行）》第 110 条第 1 款，"对于犯罪嫌疑人无固定住处或者涉嫌特别重大贿赂犯罪在住处执行可能有碍侦查的，可以在指定的居所执行"。从而，可以认为《刑事诉讼法》将满足侦查需要作为指定居所监视居住的重要功能。避免"有碍侦查"条件将指定居所监视居住适用限制在侦查阶段，显然不能认为只有在侦查阶段才有替代逮捕的需求，而在审查起诉阶段、审判阶段反而没有替代逮捕的需要。这成为侦查机关主张将之作为侦查手段的重要立法理据。四是 2012 年《刑事诉讼法》修改要求羁押之后讯问应当在看守所，将看守所作为防范非法讯问的重要程序设置，指定居所监视居住不惜突破这层保护，将嫌疑人控制在侦查机关手中②，显然是为了侦查保障功能的实现。

从实践来看，指定居所监视居住的目的不是替代逮捕，而是直接为了突破口供、完善证据收集，已经成为破案的侦查手段。正如学者所言，在矛盾的立法定位下，检察机关指定居所监视居住适用对象服务侦查化、讯问行为随意化、适用结果转捕化，在实践中出现侦查化倾向。③几乎所有的职务犯罪案件的指定居所监视居住都是"办案需要型"，"办案需要型"指定居所监视居住的侦查功能非常明显，其不是为了替代逮捕，而是为了突

---

① 由于在我国是否被逮捕，是是否判缓刑的重要决定因素。事实上，指定居所监视居住提供了一种可能性，在犯罪嫌疑人配合调查的情形下，获得从轻处理，以保释判缓刑的方式或者不起诉的方式结案，监视居住实际上满足了犯罪嫌疑人配合调查，争取不被监禁的心理需求。

② 最高人民检察院《关于人民检察院在办理直接立案侦查案件工作中加强安全防范的规定》规定，"适用监视居住必须符合刑事诉讼法规定的条件，并依法由公安机关执行。检察机关不得自行执行监视居住，不得以监视居住的名义拘禁犯罪嫌疑人、被告人"。由于公安机关几乎不会配合检察机关执行监视居住，这导致 2012 年之前，检察机关几乎不采取监视居住措施。尽管 2012 年《刑事诉讼法》要求监视居住交公安机关执行，最高人民检察院为了监视居住能够发挥功能，《人民检察院刑事诉讼规则（试行）》第 115 条增加"必要时人民检察院可以协助公安机关执行"的规定，实践中名义上公安机关执行，而检察院则以协助的方式，实际上成为真正的执行机关。

③ 魏小伟：《论检察机关指定居所监视居住功能的侦查化倾向》，《江淮论坛》2016 年第 2 期。

破口供、深挖余罪。

三、"替代逮捕型"与"办案需要型"指定居所监视居住的实践冲突

尽管指定居所监视居住存在两种不同的功能类型，但替代逮捕功能与保障侦查功能在程序要求上存在较大的差异，导致实践中出现冲突：

其一，侦查功能引发的办案安全问题导致羁押化，与替代逮捕措施完全背离。办案机关非常重视办案安全，长期以来，办案安全也是最高人民检察院反复强调的红线，如果在指定居所监视居住期间出现犯罪嫌疑人自伤、自残、逃跑等都会追究办案人员的责任①，事实上，有一些检察院因为出现办案事故而停止适用指定居所监视居住。然而，如果指定居所监视居住作为办案手段，嫌疑人面对突破口供的压力，很容易轻生、自残、逃跑等。在指定居所监视居住期间，避免逃跑有很多方法，但如何保障犯罪嫌疑人不会自杀、自残，除了严格限制其人身自由，否则几乎是不可能完成的任务。对办案机关、办案人员而言，为了替代逮捕而导致安全事件，把工作、前途丢了不值得，因此办案人员基于自我保护的本能，对指定居所监视居住的看管比逮捕更严密，实践中普遍采取 24 小时贴身监控的方法避免出安全事故，稍有异常或出现离开的举动，就会被办案人员采取人身约束措施。② 以至于指定居所监视居住被批评为"羁押化"，甚至成为比羁押更严厉的"超强羁押措施"。这与其作为替代羁押措施的功能存在最为严重的冲突。

其二，突破口供与替代逮捕之间存在冲突。监视居住要求符合逮捕条件意味着案件已经有证据证明犯罪事实，这需要"证明犯罪嫌疑人涉嫌犯罪的证据已经查证属实"。该证明标准实践掌握非常高，基本等同于定罪证明标准，实践中没有口供很难认定其符合该标准，这极大冲击了指定居所监视居住的侦查功能。一方面，我国实践中指定居所监视居住往往在突破口供、固定证据之前，其适用阶段表明其难于成为逮捕替代措施。另一方面，指定居所监视居住又几乎都在突破口供之后转为逮捕，③"先居后捕"充分表明指定居所监视居住只是满足逮捕条件的手段，并未发挥替代逮捕的功能。指定居所监视居住从逮捕的替代措施异化为逮捕实体条件的实

---

① 最高人民检察院《关于人民检察院在办理直接立案侦查案件工作中加强安全防范的规定》第 12 条规定，办案中发生涉案人员自杀死亡事故的，应当有 12 小时内将情况层报最高人民检察院，并在迅速查明事故责任、作出严肃处理后，由省级人民检察院检察长到最高人民检察院汇报查处整改情况并检讨责任。
② 张智辉、洪流：《监视居住适用情况调研报告》，《中国刑事法杂志》2016 年第 3 期。
③ 张智辉、洪流：《监视居住适用情况调研报告》，《中国刑事法杂志》2016 年第 3 期。

现手段,反映了突破口供与替代逮捕之间的冲突。

将指定居所监视居住作为突破口供的手段,与其作为替代逮捕的保障生活需要之间存在严重冲突。对贿赂犯罪而言更加依赖口供,为了突破口供,侦破案件,侦查机关需要对犯罪嫌疑人施加足够持续的压力,而"办案需要型"指定居所监视居住需要安排其适宜生活的居所,保障其在生活场所的自由生活。突破口供会导致犯罪嫌疑人产生严重的对抗情绪,特别一旦接触犯罪嫌疑人打草惊蛇后,其很可能实施妨碍诉讼的行为,需要干预其正常生活,以避免妨碍诉讼的行为。而突破口供、证据固定之后,已成既定事实,嫌疑人心理压力已经释放,采取替代逮捕的措施才有空间。作为突破口供的侦查手段与保障生活需要之间存在功能冲突,难于共处。

其三,强制措施与侦查措施的冲突。强制措施与侦查措施之间存在本质区别,"监视居住作为一种强制措施,适用目的只能是保障诉讼活动的顺利进行,而不能作为侦查取证的手段",[①]《刑事诉讼法》历来都是将两者分别规定在"强制措施"与"侦查"两个不同的篇章中。由于强制措施不同于强制性侦查行为,则公安司法机关将强制措施作为侦查手段来获得相关证据,特别是犯罪嫌疑人、被告人的供述,已经不再符合强制措施保障诉讼的初衷。[②]尽管我国司法实践中,通过羁押使犯罪嫌疑人、被告人掌握在侦查机关手中,以随时满足侦查机关获取口供的现实需要,逮捕功能在实践中异化为侦查的附庸,出现以捕代侦的现象。[③]然而,这种方式一直以来都受到学界的批判,其既不符合强制措施的预防功能,也会造成犯罪嫌疑人供述的非自愿性。办案机关在决定是否指定居所监视居住时,如果不考虑嫌疑人可能妨碍诉讼、继续实施危害社会的行为,只考虑侦查需要,必然使其不能满足强制措施的条件。

其四,"办案需要"的高额成本与替代逮捕的长期性。从实践来看,为了防止嫌疑人妨碍诉讼而采取 24 小时连续贴身监视,生活起居费用完全由办案机关承担,指定居所监视居住必然耗费非常高额的司法成本,对经费紧张的办案机关而言必不堪重负,意味着指定居所监视居住不可能长期用于替代逮捕。所以,实践中严格控制指定居所监视居住时间。而替代逮捕的功能意味着,指定居所监视居住一般而言需要从侦查一直到作出生效判决,长达数月甚至一年以上,两者的冲突明显。

---

① 程雷:《刑事诉讼法第 73 条的法解释学分析》,《政法论坛》2013 年第 4 期。
② 林钰雄:《刑事诉讼法》,中国人民大学出版社 2005 年版,第 265 页。
③ 刘计划:《逮捕功能的异化及其矫正——逮捕数量与逮捕率的理性解读》,《政治与法律》2006 年第 3 期。

其五，侦查措施需要将犯罪嫌疑人控制在办案机关手中，而替代逮捕措施则需要充分保障嫌疑人的人身自由，不受办案机关控制，两者也存在较大的冲突。替代逮捕措施显然以保障嫌疑人人身自由为重要出发点，嫌疑人在此期间有充分的人身自由，才符合其人权保障的目标，而侦查措施则需要将犯罪嫌疑人控制在办案机关手中，避免其出现妨碍诉讼的行为，方便其侦查，两者程序冲突较大。

指定居所监视居住的不同功能在程序上存在重大差异，其已经形成两种风格迥异的类型。立法不加区分地将两种不同功能同时定位于指定居所监视居住，必然带来适用中的混乱。未来，需要明确的区分两种不同类型的功能，配置不同的程序。

在实践中，指定居所监视居住的功能要么选择"替代逮捕"，要么选择"办案需要"，如果同时将两者作为直接目标，必将导致更大的制度困境。由于"替代逮捕型"以保障嫌疑人权利为主要特征，并不存在严重的危机，从实践来看问题主要出在"办案需要型"指定居所监视居住，表现为羁押化倾向明显和指定居所监视居住期间讯问程序面临严重质疑，应当在兼顾替代逮捕的基础上满足办案需要。

四、弱化"办案需求型"指定居所监视居住的羁押效果

2012 年《刑事诉讼法》修改之后，立法机关将指定居所监视居住解释为减少羁押、替代逮捕的强制措施。有学者敏锐地发现立法上的矛盾，其"既想将监视居住作为羁押替代措施以减少羁押适用，又把监视居住作为类羁押或准羁押措施"。[①] 于是，学界对于指定居所监视居住的应然性质存在不同的理解，以至于有学者主张将其定位于羁押措施，并予以程序规范。

（一）否定指定居所监视居住羁押化

学界对于指定居所监视居住的性质存在三种不同的观点。第一种观点认为，指定居所监视居住不具有羁押性质，是限制人身自由的非羁押性强制措施。[②] 第二种观点认为，指定居所监视居住本质上应当被视为一种准羁押性的强制措施。[③] 因为，指定居所监视居住与现行的监视居住，无论是在适用条件、适用内容，还是在法律后果上都不相同，指定居所监视居住实际上已成为介于羁押与非羁押之间的，但可能更接近羁押的强制措

---

① 卞建林：《我国强制措施的功能回归与制度完善》，《中国法学》2011 年第 6 期。
② 参见张兆松：《论指定居所监视居住适用中的若干争议问题》，《法治研究》2014 年第 1 期，第 110 页；李建明：《适用监视居住措施的合法性与公正性》，《法学论坛》2012 年第 3 期。
③ 程雷：《刑事诉讼法第 73 条的法解释学分析》，《政法论坛》2013 年第 4 期。

施。① 第三种观点认为，从"符合逮捕条件""折抵刑期"②的立法规定不难推知，指定居所监视居住形式上是限制人身自由的逮捕替代措施，实质上则属于剥夺人身自由的变相"逮捕"措施。③ 2012 年刑事诉讼法的修改迁就了原法律执行中监视居住羁押化的现实，让名监实押的"潜规则"成为法定的"明规则"。为了化解指定居所监视居住背后的基本权利危机，必须首先将指定居所监视居住定位为羁押措施。④

如果将指定居所监视居住定位为羁押措施或者准羁押措施，理所当然可以对犯罪嫌疑人采取剥夺人身自由的措施，其逻辑正是"实际上监视居住就是羁押的一种变通执行方式，强制力度上接近羁押本就无可厚非"。⑤ 指定居所监视居住的性质定位必然影响指定居所监视居住的司法适用，并对犯罪嫌疑人权利产生巨大影响。

笔者认为，指定居所监视居住不是羁押措施，不能将其改造成羁押措施。从替代逮捕措施的角度，指定居所监视居住不应当具有羁押功能，其可能仅具有"半羁押"的效果。除了立法机关对其"逮捕替代措施"的定性之外，在法理上还有以下几个重要原因：

首先，一旦将其作为羁押措施，则意味着侦查机关，特别是公安机关，获得在无司法授权下，剥夺犯罪嫌疑人人身自由 6 个月的权力。这完全违反了未决羁押司法保留的基本原理，违反了我国《宪法》第 37 条将逮捕权赋予检察院、法院的宪法理念。为了化解该困境，有学者主张将指定居所监视居住定位为羁押措施，由检察机关决定是否指监，并建立互相制约的决定、审查和救济程序，⑥或者作为独立的强制措施，采用"准司法化"的适用程序。⑦ 然而，笔者认为，由检察机关决定是否指监虽然解决了决定主体的合法性问题，但其仍未能解决羁押后不提交相对中立的羁押场所，反而将其交给侦查机关控制长达 6 个月的问题。事实上，现代羁押制度都采取羁押与办案机关分离的制度，这是防止滥用羁押措施的重要程序设置。这显然违反了《刑事诉讼法》要求在拘留、逮捕后迅速移送中立机构

---

① 左卫民：《指定监视居住的制度性思考》，《法商研究》2012 年第 3 期。

② 笔者认为，指定居所监视居住只提供了侦查机关限制犯罪嫌疑人人身自由的权力，这从指定居所监视居住一天抵管制一天，指定居所监视居住两天可抵拘役、有期徒刑一天的规定中可以得到印证。

③ 周长军：《从基本权干预理论指定居所监视居住——兼评新〈刑事诉讼法〉第 73 条》，《山东社会科学》2013 年第 4 期。

④ 孙煜华：《指定居所监视居住的合宪性审视》，《法学》2013 年第 6 期。

⑤ 冀祥德主编：《最新刑事诉讼法释评》，中国政法大学出版社 2012 年版，第 68 页。

⑥ 孙煜华：《指定居所监视居住的合宪性审视》，《法学》2013 年第 6 期。

⑦ 左卫民：《指定监视居住的制度性思考》，《法商研究》2012 年第 3 期。

（看守所）羁押的立法精神。

其次，监视居住唯一可解释为羁押的理由在于，其合法将犯罪嫌疑人限制在"指定的居所"内，法律未明确犯罪嫌疑人在居所内的权利。但是，笔者认为，对于公权力而言，"法无授权不可为"，法律并未许可侦查机关在房间内限制犯罪嫌疑人的行动自由，则犯罪嫌疑人在房间内有充分的行动自由。

再次，从侦查功能的办案需要角度，也不能基于突破口供、实现侦查目标而采取羁押措施，这不符合强制措施的功能。

最后，羁押化极易诱发非法羁押、非法讯问，不利于犯罪嫌疑人的权利保护。有学者早已指出，鉴于指定居所监视居住的秘密性和随意性，"极易为刑讯逼供、超期羁押等违法行为大开绿灯"。[①] 所以，必须限制指定居所监视居住的适用范围，不能将其作为常规办案模式。

（二）指定居所监视居住如何才能不羁押化

既然指定居所监视居住不是羁押措施，但是有"半羁押"的性质，则应当明确并充分保障犯罪嫌疑人在指定居所内的正当权益，这是避免指定居所监视居住羁押化的最重要手段。其一，根据强制措施的比例原则，审前强制措施对犯罪嫌疑人、被告人人身自由的限制力度，不能超过判决之后在监狱执行有期徒刑时的限制力度。囚犯也有基本权利，包括在监狱房间内的自由权，这些权利理应为审前羁押者所拥有，指定居所监视居住更不能例外。其二，应当满足犯罪嫌疑人正常生活的基本人身自由，其在指定居所内的坐立行走、饮食、休息等，应当由犯罪嫌疑人自行决定。其三，应当满足犯罪嫌疑人精神文化层面的读书、看报、看电视、娱乐等需求。其四，犯罪嫌疑人的基本隐私权应当得到尊重。"司法行政人员可以随时对被监视居住人进行检查，但不应 24 小时陪同，应当明确排除与被监视居住人同吃同住的持续性监视方式。"[②] 引进电子手链、电子脚镣等定位式电子监控手段，是一个很好的选择。当然，如果犯罪嫌疑人处于侦查机关的完全控制之中，则必须实施电子监控，以防止侦查机关侵犯犯罪嫌疑人权利。如果采取上述措施都不能保证办案安全，那只能说明对于这类犯罪嫌疑人不适宜指定居所监视居住，应当予以逮捕。

有学者认为，国际社会判断监视居住或者各类干预自由权的强制措施是否构成羁押的相关标准表明，应当考量相关干预措施是否构成对自由的

---

① 卞建林：《我国刑事强制措施的功能回归与制度完善》，《中国法学》2011 年第 6 期。

② 周长军：《从基本权干预原理论指定居所监视居住——兼评新〈刑事诉讼法〉第 73 条》，《山东社会科学》2013 年第 4 期。

剥夺。为避免指定居所监视居住羁押化，应当放宽对被监视居住人自由权的管制力度，每日均允许被监视居住人进出相应的处所；也不能一律剥夺被监视居住人进行社会交往的自由，特别是与家属会面的机会应当充分尊重；等等。① 如此主张必然无法充分防范办案事故，因此只有经过风险评估后不容易自杀、自残的嫌疑人才适宜成为指定居所监视居住的对象。

另外，应当放松安全控制。实践中，对于办案安全有过于严重的追责机制，只要出现自杀、逃跑事件就追责，办案人员不得不严格限制嫌疑人的人身自由，这是羁押化的重要肇因。只要犯罪嫌疑人有一定的人身自由，其在居所内自杀就难以避免，比如咬舌自尽等。只要采取非羁押性强制措施，无论是取保候审，还是监视居住，都不可能在根本上杜绝脱管、逃跑、重新犯罪等问题。② 如果以结果追究办案人员的责任必然导致侦查机关不敢放松监控，难免羁押化。因此，必须解除办案机关对办案安全的顾虑，不能以后果倒追办案责任。无论是"替代逮捕型"还是"办案需要型"指定居所监视居住，都应当适当放松对办案安全的事后追责机制，只要办案人员遵守办案程序，就不应追责办案人员。

当然，为了避免办案人员怠于履职，居住场所全面、严格的录像制度必须落实，以充分的监控确保监管人员能迅速发现自杀等妨碍诉讼的行为，并采取救助措施。

有观点认为，立法专门强调指定居所监视居住"不得在羁押场所、专门的办案场所执行"，就是为了防止指定居所监视居住成为变相羁押措施。③ 但是，笔者认为，无论在何处执行，只要控制犯罪嫌疑人在居所内的行动自由，都会成为羁押，该条主要不是为了防止羁押，而是为了保障居所内的生活条件。

五、"办案需求型"指定居所监视居住对于侦查的意义

有学者主张，指定居所监视居住或许已成为比逮捕更严厉的，现行制度下很难找到制约、审查手段的羁押措施。这种尴尬司法实践的形成，是立法导致的、制度性的。指定居所监视居住，或许到了应被废止的时候。④ 相反，有学者主张，回归立法精神，运用法律解释技术，明晰指定居所监视

---

① 程雷：《指定居所监视居住实施问题的解释论分析》，《中国法学》2016 年第 3 期。
② 马静华：《公安机关适用指定监视居住措施之实证分析——以一个省会城市为例》，《法商研究》2015 年第 2 期。
③ 张兆松：《论指定居所监视居住适用中的若干争议问题》，《法治研究》2014 年第 1 期。
④ 郭烁：《论作为"超羁押手段"的指定居所监视居住制度》，《武汉大学学报（哲学社会科学版）》2016 年第 6 期。

居住的性质与定位,从其限制自由的强制措施本质出发,纠偏司法适用的错误倾向,回应实务困惑。[1] 笔者认为,仅通过法律解释技术,回归强制措施并不能解决指定居所监视居住中出现的问题。

在现有研究中,缺乏关于指定居所监视居住对侦查的意义的理性反思。从实践来看,侦查机关适用指定居所监视居住,主要是因为其对侦查具有重要意义,如果仅仅将其作为逮捕替代措施,根本无法解释侦查机关的行动逻辑。但显然不能将强制措施理解为直接为了侦查服务,否则必然是"以捕代侦""以强制措施代替侦查"。相反,完全将强制措施与侦查割裂,也不符合两者之间的合理关系。那么,强制措施对于侦查的意义到底在哪里,值得进一步分析,这也是决定指定居所监视居住未来命运的主要因素。

强制措施的重要附带功能之一即在于保障侦查,所以在采取强制措施期间都可以采取重要的侦查手段,包括通过讯问以突破口供。有学者指出,基于犯罪控制的现实需要,法治发达国家也允许羁押阶段的查证,从而认可了羁押在保障查证方面的功能。在我国,侦查机关在羁押犯罪嫌疑人后不仅有权讯问,还可以围绕口供进行相关调查和核实,使侦查羁押具备较充分的查证保障功能。[2]

正因为此,在《刑事诉讼法》修改过程中,有将指定居所监视居住改造成检察机关的"双规"手段的看法。时任最高人民检察院副检察长认为,指定居所监视居住有利于我们在不对侦查对象羁押的情况下降低对纪检监察部门"两规""两指"的依赖。[3] 这种观点显然是期待实现指定居所监视居住替代"双规"的侦查功能。

上述实证调查也表明,指定居所监视居住恰恰成为突破口供、收集证据的侦查手段。2018 年《刑事诉讼法》修改之后,检察机关也可能对渎职犯罪案件的犯罪嫌疑人采取指定居所监视居住措施。那么,如何认识指定居所监视居住对于侦查的意义?

(一)指定居所监视居住是保障诉讼活动顺利进行的强制措施,其目的不是为了突破口供

强制措施与侦查措施之间存在本质区别,《刑事诉讼法》历来都是将两者分别规定在总则与侦查程序当中的,"监视居住作为一种强制措施,适用

---

[1] 程雷:《指定居所监视居住实施问题的解释论分析》,《中国法学》2016 年第 3 期。

[2] 左卫民、马静华:《侦查羁押制度:问题与出路》,《清华法学》2007 年第 2 期。

[3] 朱孝清:《刑诉法的实施和新挑战的应对——以职务犯罪的侦查为视角》,《中国刑事法杂志》2012 年第 9 期。

目的只能是保障诉讼活动的顺利进行,而不能作为侦查取证的手段"。①

早有学者发现,在我国的司法实践中,羁押是一种重要的侦查手段,尤其是一种获取犯罪嫌疑人、被告人供述的重要手段。羁押使犯罪嫌疑人、被告人掌握在侦查机关手中,可以随时满足侦查机关获取口供的现实需要。② 逮捕功能实践中异化为侦查的附庸,逮捕的目的是方便侦查,结果以捕代侦、先捕后查。③ 在欧洲中世纪,通过恶劣条件的羁押迫使犯罪嫌疑人作出口供是通常的做法。然而,这种方式一直以来都受到学界的批判,其既不符合强制措施的预防功能,也会造成犯罪嫌疑人供述的非自愿性。

采取强制措施必须符合其预设的避免妨碍诉讼活动的目的,就监视居住而言,必须符合逮捕必要性条件。强制措施的功能之一在于防止出现妨碍诉讼的行为,比如自杀、自残、毁灭伪造证据、串供、妨碍作证,这些都是保障侦查的具体表现。事实上,强制措施是为了避免出现妨碍诉讼的行为,其本身就有保障侦查的重要附带功能。有学者指出,基于犯罪控制的现实需要,法治发达国家也允许羁押阶段的查证,从而认可了羁押在保障查证方面的功能。④ 所以在强制措施期间可以采取重要的侦查手段,包括讯问以突破口供。同时,从职务犯罪的侦查特点来看,犯罪嫌疑人反侦查能力非常强,妨碍诉讼的能力也非常强,需要持续控制犯罪嫌疑人人身自由一定的时间。接触犯罪嫌疑人后不采取限制人身自由措施,无疑放虎归山,一旦串供则前功尽弃。因此,指定居所监视居住实际上发挥了避免妨碍诉讼行为的作用,只不过在论证羁押理由上需要更充分的论证。因此,指定居所监视居住保障侦查的功能并不违反现行《刑事诉讼法》。

强制措施对侦查的保障功能是间接的、附带的,是为了避免出现妨碍诉讼的防御行为,不能直接将强制措施的目的理解为突破口供的积极侦查手段。正如学者所言:"强制措施可以成为侦查活动的一部分,但强制措施绝不是从犯罪嫌疑人那里获取证据的手段和方法。"⑤ 由于强制措施不同于强制性侦查行为,公安司法机关不能将强制措施作为侦查替代行为来获得相关证据,特别是犯罪嫌疑人、被告人的供述,这种做法已经不再符合强制措施保障诉讼的初衷。⑥ 陈瑞华在分析超期羁押成因时持类似看法,认为

① 程雷:《刑事诉讼法第73条的法解释学分析》,《政法论坛》2013年第4期。
② 汪建成、冀祥德:《我国未决羁押制度的批判性重构》,《山东公安专科学校学报》2004年第1期。
③ 刘计划:《逮捕功能的异化及其矫正——逮捕数量与逮捕率的理性解读》,《政治与法律》2006年第3期。
④ 左卫民、马静华:《侦查羁押制度:问题与出路》,《清华法学》2007年第2期。
⑤ 李建明:《适用监视居住措施的合法性与公正性》,《法学论坛》2012年第3期。
⑥ 林钰雄:《刑事诉讼法》,中国人民大学出版社2005年版,第265页。

我国《刑事诉讼法》使羁押期间严重地依附于诉讼期间或者办案期间，使得羁押期间的延长完全服务于侦查破案、审查起诉甚至审判的需要。侦查羁押应与查证目的相分离，还原其诉讼保障的基本价值。[①]

（二）对"办案需要"进行合理解释

仅仅强调减少羁押的"替代逮捕功能"，不能发挥指定居所监视居住对侦查的意义，侦查机关必定虚置费时、费力、费钱的监视居住而直接对犯罪嫌疑人羁押。笔者认为，指定居所监视居住的适用应该合理考虑其对侦查的保障功能，这主要通过对"办案需要"进行合理解释的方式实现。对于"办案需要"应理解为，指定居所监视居住能够为办案提供好的环境，比如通过指定居所监视居住使犯罪嫌疑人主动配合调查，而不能将"办案需要"理解为给犯罪嫌疑人造成压力，迫使其作出供述。笔者认为，"办案需要"应当解释为：

其一，案件非常重大复杂，涉及犯罪事实较多，犯罪嫌疑人在 24 小时无法完成供述，又不适宜移送看守所[②]。

其二，一些案件在看守所羁押也无法避免串供，比如涉案的对象是公安系统的高官或者其他有较大影响力的官员，只有直接控制在侦查机关手中，才能有效避免串供以及其他妨碍诉讼的行为。

其三，一些涉案的犯罪嫌疑人主动要求指定居所监视居住，或者侦查机关通过指定居所监视居住争取犯罪嫌疑人配合调查。对于认罪者采取更轻的强制措施，符合必要性及比例原则。

其四，长期的侦查本身有可能导致犯罪嫌疑的人思想转变，认罪伏法。由于犯罪嫌疑人未投入看守所，受同监犯或者外界的影响较小，有助于维持适当的压力。指定居所监视居住实际上只是给办案机关一个"长期限制"犯罪嫌疑人的机会，不会使犯罪嫌疑人完全走向对抗，逐渐实现犯罪嫌疑人的心理转变，从而突破口供，并维持口供的稳定性。但不等于可以利用指定居所监视居住直接施加讯问压力，不等于"双规"。

其五，对特别重大、复杂案件，为缓解侦查羁押期限的紧张，为窝案串案的大量外围取证工作争取足够的办案时间而将其视为"办理案件的需要"采取监视居住措施。[③]

---

① 陈瑞华：《超期羁押问题的法律分析》，《人民检察》2000 年第 9 期。

② 笔者在参与某市反贪部门研讨会时发现，"出现此情形怎么办"成为某省会市反贪局长不断追问以及最为关心的问题。

③ 朱孝清：《刑事诉讼法实施中的若干问题研究》，《中国法学》2014 年第 3 期。

（三）防范指定居所监视居住期间的非法讯问

在《刑事诉讼法》修改过程中，公众担心指定居所监视居住会架空《刑事诉讼法》对非法讯问的规制。因为，从以往的侦查实践看，刑讯逼供主要发生在看守所之外的"办案点"。指定居所监视居住不受《看守所条例》等规范性文件的约束，可能给办案人员实施非法讯问提供便利条件，从而使《刑事诉讼法》旨在防范刑讯逼供和排除非法证据的一切努力化为乌有。[①] 因此，实践中必须建构合理的规则以防范非法讯问。

1. 应当明确禁止在指定居所内讯问犯罪嫌疑人。有三点理由：其一，禁止在指定监视居所内讯问，有助于避免侦查机关以"谈话"的方式规避讯问程序。事实上，在长达几十天的时间内侦查人员不可避免地要与犯罪嫌疑人说话，否则对犯罪嫌疑人而言是不人道的。如果未能区分讯问场所与指监场所，就会导致"聊天式的说话"与"讯问式的谈话"之间的无法区别，为以"谈话"的方式规避讯问程序提供条件。其二，如果将指定居所当作讯问地点，实质上是将指定居所转变为专门的办案场所，这不符合《刑事诉讼法》中指监不得在"专门的办案场所"执行的规定。因为，指定居所作为讯问地点的功能与作为生活休息场所之间存在功能上的重大冲突，讯问地点对安全的要求一般不符合"正常的生活、休息"条件。如果将之作为讯问地点，犯罪嫌疑人难于正常的生活、休息。其三，《刑事诉讼法》要求犯罪嫌疑人在指定居所监视居住期间内"在传讯的时候及时到案"，对其进行文义解释，"都体现出将被监视居住人带离监视居住的处所至办案场所、其他工作场所进行讯问的意旨"。[②] 其四，事实上，2009 年开始，检察系统和公安系统都开展了执法规范化建设，明确区分办公大楼内的接待区、办公区、生活区和办案区，实现功能区分，讯问室设于办案区内，同时对讯问场所有明确的硬件设备要求，[③] 比如隔离栏、监控设备的配备等，这些设备有助于保障犯罪嫌疑人的权利，而多数指监居所不具备这样的条件，这也是其不适合成为讯问地点的重要原因。

2. 在指定居所监视居住期间，对侦查机关讯问犯罪嫌疑人的程序予以规范。需要做到以下几点：

首先，明确以突破口供为目的的"谈话"属于讯问，遵循《刑事诉讼法》关于讯问的程序规则。《刑事诉讼法》规定，为了获取口供可以讯问犯

---

① 周长军：《从基本权干预原理论指定居所监视居住——兼评新〈刑事诉讼法〉第 73 条》，《山东社会科学》2013 年第 4 期。

② 程雷：《刑事诉讼法第 73 条的法解释学分析》，《政法论坛》2013 年第 4 期。

③ 马静华：《供述自愿性的权力保障模式》，《法学研究》2013 年第 3 期。

罪嫌疑人,讯问犯罪嫌疑人是指侦查人员依照法定程序以言词方式,就案件事实和其他与案件有关的问题向犯罪嫌疑人进行查问的一种侦查活动。所以,为获取口供为目的的"谈话"在本质上就是"讯问"①,不能因为创造一个新词就规避讯问的法定限制,所以其必须遵循讯问的程序规范,包括讯问时间的法定限制、两次讯问之间必须间隔 12 小时、告知犯罪嫌疑人权利、制作讯问笔录以记录讯问情况等。

其次,应当明确讯问的批准手续。《刑事诉讼法》规定,对不需要逮捕、拘留的犯罪嫌疑人,可以传唤、拘传犯罪嫌疑人进行讯问,此时需要办理传唤证、拘传证,而在看守所讯问则需要办理提审手续。在指定居所讯问也应当办理相应的讯问批准手续,这样才能更好地记录讯问持续的时间,规范讯问行为。笔者认为,指监并不是羁押,所以不应办理提审手续,而应当办理传唤、拘传手续,遵循传唤、拘传的时间限制。由于传唤的前提是犯罪嫌疑人自愿配合,犯罪嫌疑人在指监期间完全可以拒绝侦查机关对其"谈话"乃至"传唤讯问"的行为,此时侦查机关只有采取拘传措施才能强制讯问。

再次,落实现有规定,在讯问时必须同步录音录像。每次讯问犯罪嫌疑人时,都应当对讯问全过程实施不间断的录音录像,而且必须做到全程同步。不能采取"不破不立、不立不录"的选择性同录、事前排练等方式来规避同步录音录像的全程原则和同步原则。

最后,我国在指定居所监视居住场所设置了全方位的电子监控设备,这种做法既可提高安保系数也可证明侦查人员的清白,又可以保障犯罪嫌疑人权利。笔者认为应当坚持对指定居所监视居住场所的电子监控,这有助于防止侦查机关利用"谈话"非法讯问以及规范同录之前的行为。同时,应赋予辩方要求审查该电子监控的权利。

此外,如何使内部监督机制真正发生实效也是改革中必须考虑的问题,但更重要的是,打破指定居所监视居住的封闭性,引入外部监督。要有效落实审执分离,虽然完全由公安机关执行不现实,但是必须有公安机关的人员或者其他人员参与执行指定居所监视居住;保障律师会见权有助于防止发生非法讯问,虽然《刑事诉讼法》规定特别重大的贿赂犯罪案件可以限制律师会见,但是限制必须具有可能妨碍侦查等合理理由,不能一律拒绝会见;加强人民监督员对指定居所监视居住的外部监督也是防止非法讯问的可行手段之一。

---

① 当然,不以突破口供为目的的聊天,不应认为是讯问。但是,侦查机关很容易以这种方式突破口供,此时必须采取其他监督手段,避免此类现象的发生。

第五节　从分散到集中：监视居住指定居所难题破解

2012 年《刑事诉讼法》修改，将监视居住改造成替代逮捕的措施，赋予指定居所监视居住满足办案需要的程序功能。之后，适用指定居所监视居住的案件数量大增。但由于立法对指定居所监视居住场所（以下简称"指居场所"）限制较为严格，之前分散型的指居场所难于满足《刑事诉讼法》的要求，到底在何处执行指定居所监视居住，此次修法并未明确，导致办案机关无所适从。部分检察院探索兴建集中统一的指居场所，破解监视居住指定居所选择上的难题。学界开始出现类似的学术主张，其应当成为指定居所发展的方向。

一、《刑事诉讼法》修改前分散型指居场所模式

1979 年《刑事诉讼法》第 38 条未区分住所监视居住与指定居所监视居住，凡是被监视居住者不得离开"指定的区域"[①]，但未对其具体界定。实践中有时监视居住的区域范围确定过大，致使很难监视，在司法实践中很少适用。[②]1996 年修订后的《刑事诉讼法》第 57 条第 1 款为了发挥监视居住的作用，限定监视居住的地点为被追诉人的"固定住处"，如果被追诉人无固定住处的可指定居所，大大缩小了执行地点范围。人身自由限制范围从指定区域变成指定居所，无疑将极大限制被监视居住人的人身自由，容易异化为变相羁押。

为了保障犯罪嫌疑人权利，1998 年《公安机关办理刑事案件程序规定》第 98 条，对监视居住指定地点提了四个要求，指定的居所应当在办案机关所在的市县内；指定的居所应当是适合生活的"生活场所"；不能在剥夺人身自由的"看守所、行政拘留所、留置室或者公安机关其他工作场所执行监视居住"；公安机关不得"建立专门的监视居住场所"。显然，指定监视场所不能固定化、专门化，从而形成"分散型"指定居所监视居住场所。由于检察机关的指定居所监视居住必须由公安机关执行，检察机关主要依赖"双规"作为办案手段，几乎不适用监视居住，所以不存在检察机关兴建集中指居场所的问题。

"分散型"指定居所监视居住场所的特点有：一是临时性，指居场所不

---

① 1987 年《公安机关办理刑事案件程序规定》第 27 条第 2 款规定，对于被监视居住的被告人，应当根据案件的具体情况，指定不得离开的区域，但不得变相拘禁。

② 张子培主编：《刑事诉讼法教程（修订本）》，群众出版社 1987 年版，第 143 页。

能固定指定居所监视居住,经常变动执行监视居住的场所;二是功能多样,指居场所不是单一执行监视居住的场所,往往还具有其他功能,比如培训、对外出租房间盈利、侦查办案中心等;三是种类多样,最常见的地点是办案基地、培训中心、宾馆或者租住房间;四是个体化,执行监视居住的地方往往只准备个别房间用作指居场所,不能形成一定规模。

在"分散型"指居场所执行监视居住必然产生以下问题:一是办案风险大,由于指居场所不专门用于指定居所监视居住,往往不具备确保办案安全的各种设备,比如门窗未封死、房间内有电、铁等不安全设施,不便于监视和管理,从而具有较大的办案风险。二是执行成本高,由于当时不具备也未配置强大的技术监控设备,为了避免出现办案安全事故,不得不 24 小时贴身监视,执行成本极高。三是由于分散式指定居所监视居住,执行成本过高,又忧虑办案安全问题[①],实践中逐渐发展成变相羁押[②]。正如学者指出:"由于缺乏必要的监控措施,办案单位为保障办案安全,往往指派公安人员或者司法警察近距离对被监视居住人进行监管,实际上就变成了一种变相的羁押。"[③]四是一些指居场所不适合居住和生活,犯罪嫌疑人生活权利得不到保障。五是指定居所监视居住执行地点、执行过程严格控制在办案单位手中,由于缺乏讯问过程的监控设备,容易受到非法取供的质疑。

实践中适用指定居所监视居住出现两极分化的现象:其一,有的地方严格执行法律,采取分散式指定居所监视居住,导致的结果是,指定居所监视居住要耗费较大成本,实践中适用极少。某省检察机关反贪部门 2003 年 1 月至 2006 年 7 月共立案侦查 3232 人,只对其中 91 人适用过监视居住,占立案人数的 2.82%。[④]重庆市某区公安局 2003 年适用监视居住 1 人,适用率不到千分之一;某区人民检察院在自侦案件中自 2000 年至 2005 年以来,只对 1 人适用监视居住。[⑤]而适用的案例则显示,办案机关将被监

---

① 2009 年公安部《关于加强办案安全防范工作防止涉案人员非正常死亡的通知》第 3 条规定,确有必要对犯罪嫌疑人采取监视居住措施的,必须交由犯罪嫌疑人住所或者指定的居所所在地公安机关或者国家安全机关执行,严禁在办案场所、办公场所或者宾馆、酒店、招待所等其他场所执行监视居住措施。现有将宾馆作为指定居所监视居住其实已经涉嫌违规,迫使办案机关必须严格控制办案安全。

② 对有固定住所的犯罪嫌疑人,监视居住在犯罪嫌疑人住处执行,由于必然侵犯同住家属的隐私权等权利,基本处于放任不管的状态。

③ 俞波涛:《监视居住场所建设管理探讨》,《人民检察》2015 年第 18 期。

④ 朱春莉:《刑事强制措施的立法完善》,《国家检察官学院学报》2007 年第 1 期。

⑤ 徐静村、潘金贵:《我国刑事强制措施制度改革的基本构想》,《甘肃社会科学》2006 年第 2 期。

视居住人指定居所监视居住于宾馆、旅店、办案基地的特定房间不准离开，24小时贴身监视，执行过程中出现超羁押化倾向。

其二，以违法集中指定居所监视居住，变相羁押，换取高适用率。有学者指出，在司法实践中，公安机关适用监视居住比例较高，"往往是与违法执行监视居住制度、将被追诉者变相羁押为代价的"。[1] 尽管立法不允许在剥夺人身自由的羁押场所和办案场所指定居所监视居住，但实践中"上有政策下有对策"，仍有不少将犯罪嫌疑人指定在上述场所监视居住的情况，导致变相羁押。以娄底市某区公安分局为例，1999年、2000年两年中对603人监视居住，放在治安拘留所执行的就达588人，居住地执行的仅15人。[2]

由于指定居所监视居住极易诱发非法讯问、羁押化，学界出现了废除监视居住的观点。徐静村教授主张，监视居住与变相羁押之间的界限难以把握，执行难度大，执行成本高，适用率低，实践价值不大，《刑事诉讼法》再修改时应当取消监视居住制度。[3]2012年《刑事诉讼法》修改过程中，虽然未废除之，但对其功能大改造，使指定居所监视居住有了新的制度需求，呈现出崭新面貌。

二、《刑事诉讼法》修改后集中型指居场所模式

（一）《刑事诉讼法》修改提高了指居场所的条件，分散型指定居所监视居住很难满足其要求

2012年《刑事诉讼法》修改后，"指定的居所"应满足"一个禁止"和"三个条件"，其表现为《刑事诉讼法》第73条规定，指居场所不能是"羁押场所、专门的办案场所"，即采取指定居所监视居住的，不得在看守所、拘留所、监狱等羁押、监管场所以及留置室、讯问室等专门的办案场所、办公区域执行。[4] 这实际上是重申和进一步具体化了1998年《公安机关办理刑事案件程序规定》第98条规定。2012年《人民检察院刑事诉讼规则（试行）》第110条第5款，对"指定的居所"提出了三项条件：一是具备正常的生活、休息条件；二是便于监视、管理；三是能够保证办案安全。公安机关对指居场所也有类似的规定。2015年《人民检察院对指定居所监视

① 余辉胜：《现行监视居住制度的隐忧与省思》，《西南政法大学学报》2007年第12期。
② 陈建新：《对监视居住措施实施现状的调查与思考》，《人大研究》2003年第1期。
③ 徐静村、潘金贵：《我国刑事强制措施制度改革的基本构想》，《甘肃社会科学》2006年第2期。
④ 参见《人民检察院刑事诉讼规则（试行）》第110条第6款的规定。

居住实行监督的规定》第 4 条进一步提出，指居场所要具备正常的生活、休息条件，必须与审讯场所分离，即"居审分离"。

2012 年《刑事诉讼法》修改后初期，由于指居场所规定的模糊化，在法条表述上主要采取限制较大的否定表达方式，[①] 没有规定可以在哪里执行，办案机关普遍反映很难确定符合《刑事诉讼法》的指居场所。实践中指居场所多种多样，出现了宾馆、租房、共建、购买商品房改造等多种方式。[②]

由于不能在"专门的办案场所"指定居所监视居住，多数检察院不得不分散式指定居所监视居住。正如有观点指出，"指定居所监视居住的执行处所必须是不确定、不固定的"，"不管这种场所是专门建造还是临时租用的，只要相对固定于此办理案件，这些场所就具有专门的办案场所性质"。[③] 以至于淮南市两级检察机关、桂林市检察机关不停更换执行场所，就是为了规避这一规定。[④] 但不停变更指居场所，必然导致极高的司法成本，同时其成为临时性的指居场所，很难满足"三个条件"中，便于监视和管理以及保障办案安全的需要，存在非法讯问、安全事故隐患。

同时，将指定居所监视居住的宾馆改造后固定行使，难于监视和管理，也产生变成专门办案场所的疑问。现有的纪委办案点、检察院廉政反腐教育基地，虽能满足监视和办案安全需求，但都是专门的办案场所，也很难满足正常生活的需求[⑤]。该限制使现有指居地点很难符合法定要求。

然而，专门的办案场所是指专门用于办案的场所，而不是专门的生活场所。有学者指出："只要指居点是犯罪嫌疑人、被告人的生活、休息的地

---

① 《人民检察院刑事诉讼规则（试行）》之所以对执行地点不作明确规定，是因为"经研究认为，一旦从正面明确界定指定居所的专门地点，容易导致这些地点演化为羁押办案的专门场所，与《刑事诉讼法》第 73 条的立法精神不符"。参见孙谦主编：《〈人民检察院刑事诉讼规则（试行）〉理解与适用》，中国检察出版社 2012 年版，第 105 页。

② 比如，湖南指定居所监视居住场所主要有五种情况："一是在公安机关指定居所监视居住点执行，如衡阳。二是在纪委办案点执行，如长沙。三是在廉政反腐教育基地执行，如株洲、岳阳等地。四是在改造后的宾馆执行，这种情况最多。五是在其他地方执行，如长沙反映有对象适用指定居所监视居住在长沙县农机局。"参见湖南省人民检察院研究室：《关于湖南省检察机关办理自侦案件适用指定居所监视居住措施的调研报告》，《湘检调研专报》2015 年第 2 期。

③ 李建明：《适用监视居住措施的合法性与公正性》，《法学论坛》2012 年第 3 期。

④ 郑义成：《指定居所监视居住适用问题实证研究——基于淮南市检察院 2013 年以来的案例分析》，《淮南师范学院学报》2016 年第 2 期；邹宏华、蔡春生：《2013 年桂林市检察机关适用指定居所监视居住强制措施的调查报告》，《中国刑事法杂志》2014 年第 1 期。

⑤ 省级检察院研究室在其调研报告中指出："将以前的办案用房或者其他临时用房、宾馆改为指定居所监视居住的地点或者把纪委办案点或者纪委廉政警示教育基地作为指定居所监视居住的地点是否违背修改后的《刑事诉讼法》第 73 条第 1 款规定，需要法律进行明确规定。"参见湖南省人民检察院研究室：《关于湖南省检察机关办理自侦案件适用指定居所监视居住措施的调研报告》，《湘检调研专报》2015 年第 2 期。

方，而不是公安司法机关的办案场所，就不违背立法规定。"① 指定居所监视居住场所只要专门供被指居人生活，就不属于羁押场所和专门的办案场所，不违背立法宗旨，其中最为重要的就是居审分离。

实际上，司法机关的态度已经悄然改变，建立集中型指居场所并不违反 2012 年《刑事诉讼法》的直接禁止性规定。2012 年修改后的《公安机关办理刑事案件程序规定》，删除了禁止建立专门监视居住场所的规定。对最高人民检察院而言，之前一直未涉及该问题，这是因为监视居住必须由公安机关执行，不存在检察机关建设指居场所的情形。

2012 年《刑事诉讼法》修改指定居所监视居住时，最高人民检察院力主写入特别重大贿赂犯罪可指定居所监视居住，试图发挥其作为办案措施的功能，并放松了指定居所监视居住执行的限制，"必要时人民检察院可以协助公安机关执行"。同时，指定居所监视居住成为重要办案手段，需要保障办案安全，最高人民检察院开始关注指居场所的建设问题。

（二）建立集中型指居场所的功能期待

1. 可集中指定居所监视居住以降低司法成本。分散式指定居所监视居住必然耗费较高的司法成本，而集中型指定居所监视居住尽管需要较大的一次性投入，使之符合法律要求，但由于统一管理、反复利用，能够较大地降低司法成本。有检察官统计某省由于实行集约化管理，在该院的办案基地适用指定居所监视居住措施，每案的平均成本是 1.5 万元。相反，其他地点的执行成本在每案 10～20 万元。②

2. 提高办案安全，避免羁押化。指居场所需要具备"便于监视管理""保障办案安全"的条件，这些都需要安装特殊的设备，比如在楼道、房间装监控，房内安全改造，对于防止办案安全事故具有重要意义，也是对办案机关的一种制约，避免非法讯问。而分散型指定居所监视居住，根本无法装配该设施。

更为重要的是，随着现代科学技术的发展，集中型指定居所监视居住为避免羁押化提供了可能。镇江市检察院专门开发了智能监控系统，对被监视居住人实行不再直接接触、不当面看管的电子监控模式，通过在居住室内设立的智能监控系统对其进行电子监管。③ 集中指居场所，可提供高效监控的技术支持，避免 24 小时贴身监视，避免在不具备安全设施条件下

---

① 张兆松：《论指定居所监视居住适用中的若干争议问题》，《法治研究》2014 年第 1 期。
② 周茂玉、吴杨泽：《检察机关指定居所监视居住实证考察及完善建议》，《人民检察》2014 年第 12 期。
③ 俞波涛：《监视居住场所建设管理探讨》，《人民检察》2015 年第 18 期。

指定居所监视居住带来的羁押化问题。

3. 建立集中型指居场所，通过提高指居场所要求，有效地保障犯罪嫌疑人正常生活权利。目前，分散型指居场所较为简陋，在医疗、饮食、休息等方面缺乏支持，导致对被指居者的日常管理无法全程监控，讯问过程也无法同录，对被指居者的合法权益保障不足。通过设置统一的指居场所，可以制度化地保障犯罪嫌疑人权利，避免不同的办案机关对"正常生活"的不同理解导致随意削减乃至侵害犯罪嫌疑人权利。这可以避免对本地无固定住所的犯罪嫌疑人指居时，由于指居场所条件欠缺而无法保障犯罪嫌疑人合法权益。同时，由于其地点固定，为外部监督提供了可能，最高人民检察院为此出台专门对指定居所监视居住居所监督的诸多条款得以落实。

4. 建立集中型指居场所，满足监视居住功能改变后办案的需要。《刑事诉讼法》修改前，为了避免羁押化倾向以及提高监视居住的适用率，有学者提出由分散式监视转而采取集中式监视。[①] 但是，该观点主要着眼于降低指定居所监视居住的成本，并未考虑办案需要。2012 年《刑事诉讼法》修改之后，指定居所监视居住承载着办案功能，迫切需要集中型指居场所。其一，监视居住的功能从逮捕前置措施转变成逮捕替代措施。监视居住的适用条件提高到符合逮捕条件，按照《刑事诉讼法》的要求，即采取取保候审不足以防止发生社会危险性，经过评估认为很可能自杀、自残、妨碍诉讼、毁灭伪造证据，这对指居场所的监管条件提出了更高要求。

其二，指定居所监视居住从简单的预防性强制措施，改造成"第六种强制措施"，成为特殊办案的保障措施，具有满足"办案需要"的特殊程序要求。长期以来，由于职务犯罪案件侦查的难度较大，办案机关缺乏有效的侦查手段，刑事诉讼也未在程序上提供足够的空间。《刑事诉讼法》对指定居所监视居住的修改，具有"双规入法"的性质。这也是最高人民检察院力挺特别重大贿赂犯罪成为指定居所监视居住案件范围的重要原因。《刑事诉讼法》修改后的司法实践中，指定居所监视居住成为特别重大贿赂犯罪侦查中的重要手段。指定居所监视居住适用数量大增，具有集中指定居所监视居住的实践需求。同时检察机关又主导了监视居住的执行，成为事实上的执行者，设置安全的指居场所成为当务之急。

---

① 马静华、冯露：《监视居住：一个实证的视角的分析》，《中国刑事法杂志》2006 年第 6 期。

三、集中型指居场所建设的实践

《刑事诉讼法》修改之后，实践中出现一些办案事故，社会质疑的声音也很高，最高人民检察院多次指出要依法慎用，防止滥用指定居所监视居住，严禁违法适用指定居所监视居住措施。最高人民检察院 2014 年下发《全国检察机关在查办职务犯罪案件中严格规范使用指定居所监视居住措施的通知》，提出指定居所监视居住适用"敢用、短用、慎用"原则，指出按照修改后的《刑事诉讼法》的要求确定指定的居所，是规范使用指定居所监视居住、加强办案安全的重要基础和保证。最高人民检察院在该文件中提出可以兴建集中型指居场所；监视居住场所建设，要统一由市级检察院负责，协调同级公安机关，根据本辖区办案需要进行统筹规划。建立居所使用审批制度，市级检察院修建或者临时租用的居所，在使用时必须报省级检察院审批并办理准用证。基于办案需要，不少省份开始兴建该类场所，比如，江西省、江苏镇江、安徽部分检察院，① 吴兴区检察院于 2014 年与湖州市检察院共同建设了专门的指定居所监视居住点。② 但也有部分地区的检察院未建立集中的指居场所，而公安机关则一直未建立集中统一的指居场所。

对于指定居所监视居住场所建设，学术界存在较大争议。最主要的忧虑是建立专门的监视居住地点，可能成为不受制约的变相羁押场所，不符合立法的原意，诱发非法讯问。同时，如果在一个区域内，长期、集中指定居所监视居住，该区域会不会被认为是专门的办案场所，又将成为问题。③ 陈卫东认为，指定居所只是找了一个适合生活的场所，固定、流动都可以；如果居住与办案一体化则不可以，在居所场所旁边设置讯问室，违反《刑事诉讼法》。④

---

① 参见安徽省人民检察院反贪污贿赂局：《安徽省检察机关查办贪污贿赂犯罪案件适用指定居所监视居住情况的调查报告》，载最高人民检察院反贪污贿赂总局编：《反贪工作指导》2014年第 2 期），中国检察出版社 2014 年版，第 145 页；安徽省人民检察院《关于规范办理职务犯罪案件使用指定居所监视居住强制措施的意见》第 5 条第 1 款规定，指定居所监视居住实行居审分离，监视居住场所建设由各级院根据本辖区办案需要进行规划，使用时报省院审批，由法警总队负责颁发准用证，参见 http://www.jylawyer.com/new_info.asp?id=8058.html，最后访问日期：2021年 1 月 30 日。
② 毕琳、崔鹏、杨植橙：《特别重大贿赂犯罪案件的指定居所监视居住》，《人民检察》2016年第 1 期。
③ 张智辉、洪流：《监视居住适用情况调研报告》，《中国刑事法杂志》2016 年第 3 期。
④ 陈卫东：《公安机关适用新刑事诉讼法若干问题探析》，浙江警察学院学报 2014 年第3 期。

相反，2016 年中国人民大学法学院与江苏省镇江市检察院联合主办了"指定居所监视居住场所建设与使用"研讨会，樊崇义教授、李建明教授都对新建专门的指定场所予以肯定，龙宗智教授认为，"按照现在的立法精神，像镇江市检察院这样建设一个专门的指居场所使用是可以的，但必须慎重使用"。① 左卫民教授也曾指出，司法机关资源紧缺、任务繁重，个体化、分散式监管模式投入过高，可以采取集中式监视居住的方式，以适当控制成本。②

有学者进一步分析，兴建集中统一场所很容易被认为属于羁押场所，但集中化的监管并不必然就等于羁押，监视居住的生活条件、人身自由状态要比看守所或拘留所高出许多倍。变相羁押的产生"是执行过程中不遵守程序规定导致的，而不是由执行地点决定的"。③ 关键的问题不在于能否建设专门的场所，而在于建设出来的"专门场所"在满足"办案需要"的同时，能否最大限度地保障犯罪嫌疑人的合法权益。④ 所以，只要能满足嫌疑人的生活需要，就可以在办案机关的教育基地设定部分区域执行指定居所监视居住。⑤

目前，检察机关指定监视居所建设相关情况并未引起学界充分关注，对其缺乏实证调查。学术文献中能够提供较为详实情况的是江苏镇江检察院新建的指居场所"省苑"。"省苑"由相对独立但相距不远的一幢主楼和一处办案用房构成，两个场所均有独立的门牌号，共分为监视居住区、办案工作区、侦查指挥区、生活保障区四大功能区域。其中，监视居住区与办案工作区物理分隔、相互邻近，自成独立区域，内部设置数个标准化居住室和室外活动区，配有沐浴室、赃款赃物室、物品暂存室、律师会见室、公安执行室等功能性用房，使得犯罪嫌疑人的正常生活休息能够得到充分保障。办案工作区单独设在与主楼相邻的办案用房中，共有数间标准化的讯问、询问室，内设高清摄像机、高保真拾音器、可视指挥终端，以及双向门禁联动和紧急报警联动等设备，可同时满足多个专案组办案。实践运作中严格执行居住区与办案区分离、决定与执行分离、看审分离、审录分离。⑥

为了了解检察院指居场所建设情况，笔者曾经调查了江西检察系统，

---

① 周绪平、邱勇、游若望：《指定居所监视居住场所规范化建设实践与反思》，《人民检察》2015 年第 24 期。王敏远教授似乎对建立专门的指定居所监视居住的场所有不同意见。
② 左卫民：《指定监视居住的制度性思考》，《法商研究》2012 年第 3 期。
③ 汪建成、胡星昊：《论监视居住制度的司法完善》，《中国刑事法杂志》2013 年第 6 期。
④ 李奋飞：《指定居所监视居住适用中的几个问题》，《人民检察》2015 年第 17 期。
⑤ 汪海燕、于增尊：《指定居所监视居住制度评析》，《江苏行政学院学报》2013 年第 5 期。
⑥ 俞波涛：《监视居住场所建设管理探讨》，《人民检察》2015 年第 18 期。

收集了相关资料，参观了指居场所，访谈了相关人员。由于江西省危害国家安全犯罪案件、恐怖活动犯罪案件罕见，公安机关指定居所监视居住的案件较少，主要限于在本地无固定住所者的指定居所监视居住。这在经济类案件中适用较多，并无集中建设指居场所的需求，少数此类案件以及其他基于人性需要的指定居所监视居住，都在公安系统的楼堂馆所或者纪委办案基地执行。相反，出于办理贿赂犯罪案件的需要，检察系统开展了指居场所规范化建设，基本情况如下。

2014年年底江西省人民检察院发文规范指定居所监视居住执行场所设置，提出严格控制指居场所设置的数量，在省院领导下，统一由各市分院负责，协同同级公安机关，本着"少而精、够用管用"的原则，规定指居场所"小市建1处，大市建2~3处"，各地新建或改造的指居场所必须经过省检察院批准验收后才能投入使用，不得在未经审批的地方指居。指居场所应当配置指居居所、医务室、会见室以及配套的询问室、讯问室、指挥室、值班室、执勤室、机房、心理评估室等。2015年3月，省检察院对各地检察机关已经建成在用的指居场所检查验收，共17个改建在用的指居场所，其中借用租用场所12个，办案区改造3个，购置商品房2个，发现都存在不同程度的问题，要求11个指居场所整改后使用，5个指居场所停止使用，1个将纪委办案点作为指居场所不作为验收对象。2015年，江西省检察院制定了《关于设置指定居所监视居住场所的规定（试行）》，对居所建设的设置与管理、场所选址、设置基本要求、居住房、功能房设置作了具体规定。

通过对验收合格的指居场所调查发现，指定居所的规范化建设，一定程度上化解了指定居所监视居住的滥用风险。

其一，居审分离，保障正常休息、生活。最主要的措施是居审分离，新建场所实行居住楼与审讯楼分离，对不具备楼与楼分离条件的，也严格实行居住房与讯问房的分离。居住房与讯问房分属被监视居住人居住生活与检察机关审讯两种截然不同性质的功能区域，根据场地实际情况，通过设置走廊过道、安全防护门等措施设置隔离区，使两者形成保持适当距离、有效分离、彼此独立的区域空间，避免交叉混杂，并对隔离区实行24小时监控录像。这有效化解了不得在专门办案区域执行指定居所监视居住的法律限制。

实践中，对居住房内的基本生活设施提出要求，比如使用面积不少于12平方米，层高不低于2.4米，保障采光，温度湿度合理，配备卫生间、空调、便池、窗户、床、椅、淋浴设施等；甚至提出，"有条件的地方，可以在场所内单独规划符合安全要求的活动空间,供被监视居住人活动"。除此之外,还有许多功能房,包括会见室、就诊室等。

其二,限制了指居规模。从调查来看,每个市最多只有 2 个指居场所,所有指定居所监视居住必须在该指居场所。指居场所规模一般较小,只有 2~4 个指居房间,每个市对应近 5 至 10 个市县级检察院,这直接拔高了指定居所监视居住的适用标准和限制适用时间。基本上只能满 300 万以上的特别重大贿赂案件和 15 日以下的指定居所监视居住,从而不用担心指居的过度扩张。

其三,基本保障办案安全。在指居生活区,所有指居场所均设在一楼,各项设施基本符合国家建筑、环保、消防安全等方面的规定;在房间内、过道上都有监控设备;房间内都采用无棱角物品,墙体都用软性材料包装,门窗、电路、生活用品等都做了安全处理,无可用于自杀、自残的物品;在指居区入口有执行人员看守,还有执行人员在监控室 24 小时查看犯罪嫌疑人,基本能够防止犯罪嫌疑人居住期间发生意外。这么多的设备,在宾馆等临时租用场所根本无法配置。

其四,弱化了羁押化倾向。为了确保办案安全,全天候不间断肉眼贴身监视,是导致指定居所监视居住羁押化的重要原因。[①] 而引入现代监控技术,保障办案安全的措施,降低了办案事故发生的可能性,使办案机关敢于赋予犯罪嫌疑人在房间内更多的自由。同时,由于区分了办案区与生活区,办案人员不能在指居房间内影响被指居者的正常生活,被指居者在指居房间内有了相对的行动自由。有的地方设置的活动房扩展了犯罪嫌疑人的活动范围。然而,为了避免安全事故,实践中对人身自由的限制仍然较多[②]。

其五,规范了讯问程序。建立居审分离制度,严格区分居住区与办案区的不同功能,不得在居住场所对犯罪嫌疑人讯问,对楼与楼或者房与房之间的隔离区,实施 24 小时监控录像,防止办案人员进入监视居住场所发生体罚虐待等违规行为。同时,实行看审分离制度,法警专门负责看管,办案人员专门负责审讯取证,建立登记制度;需要提审的,由办案人员将被监视居住人从居所带至办案区审讯。审讯结束,由法警将其带回。江西有

---

① 周茂玉、吴杨泽:《检察机关指定居所监视居住实证考察及完善建议》,《人民检察》2014年第 12 期。

② 最高人民检察院 2014 年发布的内部文件中,再三强调要加强看管,包括建立值班与备勤制度,白天法警 4 人看管 1 人、2 小时一班,12 点以后 5 人看管 1 人、1.5 小时一班,也包括对容易发生安全事故的节点,如睡觉、喝水、如厕、洗澡、剃须、吃饭等,加强动态检查、看管,确保被监视居住人始终处于监控状态,以防紧急、突发等情况发生。

的检察院要求，从指居场所提出犯罪嫌疑人进行讯问必须办理传唤手续，严格遵循讯问程序。

四、集中型指居场所建设的完善

（一）明确集中型指居场所的合法性

如前所述，由于专门的指居场所可以统一执法标准，降低司法成本，减少对被监视人人身自由限制的强度，保障被监视人的合法权益，防范非法办案，笔者建议明确界定集中统一指居场所的合法性。而且，有权指定居所监视居住的还有公安机关和国家安全机关，因此，应当对集中统一指居场所的功能加以扩张，涵盖所有办案单位的指居需要。当前的监察委员会改革，将检察机关的职务犯罪侦查权剥离至监察委员会，监察委员会对职务犯罪的调查可能也要行使指定居所监视居住或者留置的权力。如何规范指定居所监视居住场所或者留置场所，防止变相羁押、非法讯问，建立集中统一的执行场所成为可能的选择。

（二）专门的指居场所宜在现有办案基地上改造

集中型指居场所有五种选择：其一，羁押场所改造论。可能有观点认为干脆在羁押场所集中设立指居场所，只要提高其生活标准即可。然而，看守所采取混住的方式，且内部安全管理较为严格，根本无法建立保障犯罪嫌疑人的生活设施，并且很难避免串供、通风报信等妨碍办案的行为，因而《刑事诉讼法》已经否定其正当性。其二，租赁论。将宾馆、民房改造成集中指定场所，但由于要安装监控、管理设备，室内设备要进行重大安全改造，很难获得业主同意，且宾馆、民房外部环境过于复杂，很难符合法定便于监视管理、保障办案安全的要求。其三，兴建论。其认为应当兴建专门的指居生活场所，指居地点由公安机关、检察机关共同协商，由省级机关统一规划、选址建造，委托给公安机关日常管理，由人民检察院承担监督职能。[①] 然而，如果兴建指定居所监视居住生活场所，不配备办案场所，无法满足实践需求，如果配置办案设施，又必将导致现有办案设施功能发挥不足。其四，借用论。其认为可以借用纪检监察机关的"双规""两指"场所，因为它不属于刑事诉讼意义上"专门的办案场所"，且其安全设施条件也较好。[②] 但是，其正当性显然存在较大问题。其五，改造论。其主张在现有

---

① 吴斌、张宇朋、贾配龙：《检察机关适用指定居所监视居住问题研究——以特别重大贿赂犯罪为视角》，《山西省政法管理干部学院学报》2016年第2期。
② 尹吉：《指定居所监视居住的法律适用研究》，《中国刑事法杂志》2012年第6期。

检察院办案基地上改造,建设相对独立的生活区域,使之符合法定要求。

笔者主张,改造论应当成为各地兴建指定居所监视居住的现实选择。因为,指居场所一般较偏,需要配备一定的办案场所,否则长途传唤到办案单位讯问,必会影响审讯效果,不能满足侦查需求。由于近年来,各地检察机关兴建了许多办案基地、培训中心,既符合指定居所监视居住的选址需求,又满足了侦查办案的需要,只须加以改造满足犯罪嫌疑人正常生活需要即可。最为关键的是严格执行居审分离,在原有办案基地兴建相对独立的指居居住区,按照正常休息、生活标准配备设施,居住区与办案区功能区分,居住区只用于生活,不能在居住区实施任何侦查行为。如此,改造之后的办案基地能符合指居场所的法定要求。

（三）应当由公安机关负责改造、管理指居场所

有学者主张,为了保障执行地点的中立化,防止非法侦查行为,可由当地司法行政机关建立集中统一的监视居住宾馆并进行管理。[1] 然而,笔者赞同,由市级公安机关统一建造指居场所。[2] 专门的指居场所由市级院负责建设,辖区内所有指定居所监视居住的案件均在该场所执行,有助于避免县级建设过多,省级建设规模过大的问题。

由公安机关负责改造的主要原因有:一是根据我国现行法律,监视居住采取决定与执行分离机制,无论哪个机关决定监视居住,都只能由公安机关执行。然而,实践中检察机关指定居所监视居住难于获得公安机关的配合,执行机关不到位成为指定居所监视居住受到质疑的焦点之一,而由公安机关负责建设管理,能够充分化解当前执行机关不到位的现象。二是尽管司法行政机关管理更为中立,但在看守所羁押尚由公安机关管理的前提下,指居场所由公安机关管理并无不当。当然从长远来看,由司法行政部门负责管理最能保障犯罪嫌疑人权利。对于公安机关之外的其他办案机关而言,决定与执行的分离本是为了防止权力滥用而设,公安机关执行指定居所监视居住,由于其本身不是办案机关,不具有办案职能,相对中立,必然会对滥用办案权形成制约。三是这样能将国家安全机关、公安机关、检察机关指定居所监视居住的案件集中管理,一些其他人性化监视居住的案件,也可以集中监管。

---

① 汪建成、胡星昊:《论监视居住制度的司法完善》,《中国刑事法杂志》2013 年第 6 期。
② 张兆松:《论指定居所监视居住适用中的若干争议问题》,《法治研究》2014 年第 1 期。

参考文献

一、外文著作类

1. [德] 克劳恩·罗科信:《刑事诉讼法》(第 24 版),吴丽琪译,法律出版社 2003 年版。

2. [日] 田口守一:《刑事诉讼法》,刘迪、张凌、穆津译,法律出版社 2000 年版。

3. [法] 让－皮埃尔·丹蒂亚克:《再论拘留改革》,韩京京译,载徐昕主编:《司法(法国司法前沿专号)》,厦门大学出版社 2013 年版。

4. [美]《美国联邦宪法第四修正案:搜查与扣押》,吴宏耀、向燕等译,中国人民公安大学出版社 2010 年版,第 341 页。

5. [美] 虞平:《争鸣与思辨:刑事诉讼模式经典论文选译》,郭志媛编译,北京大学出版社 2013 年版。

6. [美] 约书亚·德雷斯勒、艾伦·C.迈克尔斯:《美国刑事诉讼法精解:第 1 卷(刑事侦查)》(第 4 版),吴宏耀译,北京大学出版社 2009 年版。

7. [美] 阿希尔·里德·阿马:《宪法与刑事诉讼:基本原理》,房保国译,中国政法大学出版社 2006 年版。

8. [德] 托马斯·魏根特:《德国刑事诉讼程序》,岳礼玲、温小洁译,中国政法大学出版社 2004 年版。

9. [美] 马尔科姆·M.菲利:《程序即是惩罚:基层刑事法院的案件处理》,魏晓娜译,中国政法大学出版社 2014 年版。

10. [美] 伟恩·R.拉费弗、杰罗德·H.伊斯雷尔、南西·J.金:《刑事诉讼法》(上下),卞建林、沙丽金译,中国政法大学出版社 2003 年版。

11. [美] 拉里·劳丹:《错案的哲学:刑事诉讼认识论》,李昌盛译,北京大学出版社 2015 年版。

12. [美] 爱伦·豪切斯泰勒·斯黛丽、南希·弗兰克:《美国刑事法院诉讼程序》,陈卫东、徐美君译,中国人民大学出版社 2002 年版。

13. [美] 乔治·费希尔:《辩诉交易的胜利:美国辩诉交易史》,侣化强、李伟译,中国政法大学出版社 2012 年版。

14. [美] 约书亚·德雷斯勒、艾伦·C.迈克尔斯:《美国刑事诉讼法精解:第 2 卷

（刑事审判）》（第4版），魏晓娜译，北京大学出版社2009年版。

15. ［英］克里斯托弗·艾伦：《英国证据法实务指南》，王进喜译，中国法制出版社2012年版。

16. ［美］约翰·W.斯特龙：《麦考密克论证据》，维建译，中国政法大学出版社2004年版。

17. ［英］丹宁勋爵：《法律的正当程序》，李克强等译，法律出版社1999年版。

18. ［法］贝尔纳·布洛克：《法国刑事诉讼法》（第21版），罗结珍译，中国政法大学出版社2009年版。

19. ［法］卡斯东·斯特法尼、乔治·勒瓦索等：《法国刑事诉讼法精义》（上、下），中国政法大学出版社1998年版。

20. ［德］托马斯·魏根特：《德国刑事诉讼程序》，岳礼玲、温小洁译，中国政法大学出版社2003年版。

21. ［德］弗洛伊·德菲尼、约阿希姆·赫尔曼：《一个案例两种制度：美德刑事司法比较》，岳礼玲、郭志媛译，法制出版社2006年版。

22. ［英］丹宁勋爵：《法律的正当程序》，李克强等译，法律出版社2016年版。

23.《俄罗斯联邦刑事诉讼法》，黄道秀译，中国政法大学出版社2003年版。

24.《日本刑事诉讼法》，宋英辉译，中国政法大学出版社2000年版。

25.《法国刑事诉讼法》，余叔通、谢朝华译，中国政法大学出版社1997年版。

26.《德国刑事诉讼法典》，岳礼玲译，中国检察出版社2016年版。

二、中文著作类

1. 陈光中主编：《刑事诉讼法实施问题研究》，中国法制出版社2005年版。

2. 樊崇义主编：《公平正义之路——刑事诉讼法修改决定条文释义与专题解读》，中国人民公安大学出版社2012年版。

3. 樊崇义：《刑事诉讼程序的改革与发展》，中国人民公安大学出版社2020年版。

4. 樊崇义：《刑事诉讼法学方法论》，中国人民公安大学出版社2020年版。

5. 左卫民等：《中国刑事诉讼运行机制实证研究》，法律出版社2007年版。

6. 左卫民：《实证研究：中国法学的范式转型》，法律出版社2019年版。

7. 陈瑞华主编：《未决羁押制度的实证研究》，北京大学出版社2004年版。

8. 陈瑞华：《问题与主义之间——刑事诉讼基本问题研究》，中国人民大学出版社2008年第2版。

9. 陈瑞华：《司法体制改革导论》，法律出版社2018年版。

10. 陈瑞华：《刑事诉讼的中国模式》，法律出版社2018年版。

11. 陈瑞华：《程序性制裁理论》，中国法制出版社2017年第3版。

12. 陈瑞华：《刑事诉讼法的前沿问题》（下册），中国人民大学出版社 2016 年第 5 版。

13. 陈卫东：《程序正义之路》（第 1 卷），法律出版社 2005 年版。

14. 陈卫东：《中国刑事诉讼权能的变革与发展》，中国人民大学出版社 2018 年版。

15. 陈卫东主编：《刑事诉讼法修改条文理解与适用》，中国法制出版社 2012 年版。

16. 王贞会：《羁押替代性措施改革与完善》，中国人民公安大学出版社 2012 年版。

17. 龙宗智主编：《徘徊于传统与现代之间——中国刑事诉讼法再修改研究》，法律出版社 2011 年版。

18. 宋英辉主编：《刑事诉讼法修改问题研究》，中国人民公安大学出版社 2010 年版。

19. 宋英辉、李忠诚主编：《刑事程序法功能研究》，中国人民公安大学出版社 2004 年版。

20. 宋英辉、刘广三主编：《刑事诉讼法与证据适用》，中国检察出版社 2019 年版。

21. 宋英辉主编：《刑事诉讼法修改的历史梳理与阐释》，北京大学出版社 2014 年版。

22. 谢佑平主编：《刑事诉讼法学新论》，浙江大学出版社 2011 年版。

23. 顾永忠：《刑事诉讼程序分流的国际趋势与中国实践》，方志出版社 2017 年版。

24. 郎胜主编：《欧盟国家审前羁押与保释制度》，法律出版社 2006 年版。

25. 郎胜主编：《中华人民共和国刑事诉讼法释义》，法律出版社 2012 年版。

26. 朱孝清：《我国职务犯罪侦查体制改革研究》，中国人民公安大学出版社 2008 年版。

27. 孙谦主编：《〈人民检察院刑事诉讼规则（试行）〉理解与适用》，中国检察出版社 2012 年版。

28. 孙谦主编：《刑事强制措施：外国刑事诉讼法有关规定》，中国检察出版社 2017 年版。

29. 孙谦主编：《人民检察历史制度的变迁》，中国检察出版社 2014 年版。

30. 黄京平主编：《特殊强制措施司法化研究：轻罪案件快速审理的中外实践》，法律出版社 2018 年版。

31. 冀祥德主编：《最新刑事诉讼法释评》，中国政法大学出版社 2012 年版。

32. 史立梅：《刑事诉讼审前羁押替代措施研究》，中国政法大学出版社 2015 年版。

33. 郭华主编：《强制措施制度》，中国人民公安大学出版社 2011 年版。

34. 魏玉民：《非羁押性强制措施研究》，法律出版社 2010 年版。

35. 袁红：《我国未决羁押制度研究》，中国政法大学出版社 2018 年版。

36. 赖玉中：《刑事强制措施体系研究》，中国政法大学出版社 2012 年版。

37. 郭烁:《刑事强制措施体系研究——以非羁押性强制措施为重点》,中国法制出版社 2013 年版。

38. 杨雄:《刑事强制措施的正当性基础》,中国人民公安大学出版社 2009 年版。

39. 孙连钟:《刑事强制措施研究》,水利水电出版社 2007 年版。

40. 江涌:《未决羁押制度的研究》,中国人民公安大学出版社 2011 年版。

41. 罗海敏:《反恐视野中的刑事强制措施研究》,中国人民公安大学出版社 2012 年版。

42. 张兆松:《逮捕权研究》,浙江大学出版社 2015 年版。

43. 房国宾:《审前羁押与保释》,法律出版社 2011 年版。

44. 郭冰:《羁押必要性审查制度研究》,中国检察出版社 2016 年版

45. 张剑峰:《逮捕制度新论》,中国社会科学出版社 2016 年版。

46. 马静华:《中国刑事诉讼运行机制实证研究(三)——以侦查到案制度为中心》,法律出版社 2010 年版。

47. 韩大元编著:《1954 年宪法与新中国宪政》,湖南人民出版社 2004 年版。

48. 蔡定剑:《宪法精解》,法律出版社 2006 年第 2 版。

49. 王兆鹏:《美国刑事诉讼法》,北京大学出版社 2005 年版。

50. 王兆鹏:《新刑诉·新思维》,中国检察出版社 2016 年版。

51. 陈永生:《侦查程序原理论》,中国人民公安大学出版社 2003 年版。

52. 中国政法大学刑事法律研究中心组织编译:《英国刑事诉讼法(选编)》,中国政法大学出版社 2001 年版。

53. 董坤:《侦查行为视角下的刑事冤案研究》,中国人民公安大学出版社 2012 年版。

54. 陈惜珍:《秘密侦查法律规制研究》,知识产权出版社 2017 年版。

55. 杨雄、高景峰主编:《新刑事诉讼法强制措施解读》,中国检察出版社 2012 年版。

56. 高峰:《刑事侦查中的令状制度研究》,中国法制出版社 2008 年版。

57. 孙长永:《侦查程序与人权保障》,中国方正出版社 2000 年版。

58. 尹立栋:《职务犯罪规范化侦查》,中国检察出版社 2015 年版。

59. 孙先伟主编:《侦查学基础理论研究:以公安学一级学科为背景》,人民日报出版社 2016 年版。

60. 倪铁:《中国侦查体制演进研究:基于现代诉讼法治的视角》,复旦大学出版社 2014 年版。

61. 杨正鸣、倪铁主编:《侦查实务前沿问题研究》,法律出版社 2016 年版。

62. 陈岩:《监视居住制度研究》,四川大学出版社 2019 年版。

63. 张少林、王延详、张亮:《审查逮捕证据审查与判断要点（修订版）》，中国检察出版社 2016 年版。

64. 人民侦查监督厅编:《刑事案件审查逮捕指引配套典型案例》，中国检察出版社 2017 年版。

65.《世界各国刑事诉讼法》编辑委员会:《世界各国刑事诉讼法（欧洲卷）》（上），中国检察出版社 2016 年版。

66. 刘方:《刑事诉讼法适用重点难点问题详解》，法律出版社 2014 年版。

67. 邓子滨:《刑事诉讼原理》，北京大学出版社 2019 年版。

68. 魏晓娜:《刑事正当程序原理》，中国人民公安大学出版社 2006 年版。

69. 胡铭:《审判中心与刑事诉讼》，中国法制出版社 2018 年版。

70. 郭云忠:《刑事诉讼谦抑论》，北京大学出版社 2008 年版。

71. 刘计划:《刑事诉讼法学的发展脉络》，中国人民大学出版社 2020 版。

72. 薛晓蔚:《刑事诉讼制约论》，法律出版社 2019 年版。

73. 林钰雄:《刑事诉讼法（上）》，中国人民大学出版社 2003 年版。

74. 张子培主编:《刑事诉讼法教程（修订本）》，群众出版社 1987 年版。

三、论文类

1. 陈光中、张小玲:《中国刑事强制措施制度的改革与完善》，《政法论坛》2003 年第 5 期。

2. 陈光中、胡铭:《〈联合国反腐败公约〉与刑事诉讼法再修改》，《政法论坛》2006 年第 1 期。

3. 陈光中、邵俊:《我国监察体制改革若干问题思考》，《中国法学》2017 年第 4 期。

4. 陈光中、汪海燕:《论刑事诉讼中的"中立"原则——兼谈刑事诉讼制度的改革》，《中国法学》2002 第 3 期。

5. 左卫民、马静华:《侦查羁押制度：问题与出路》，《清华法学》2007 年第 2 期。

6. 左卫民:《指定监视居住的制度性思考》，《法商研究》2012 年第 3 期。

7. 左卫民:《一种新程序：审思检监衔接中的强制措施决定机制》，《当代法学》2019 年第 3 期。

8. 樊崇义等:《河北检察机关新刑诉法实施调研报告》，《国家检察官学院学报》2014 年第 3 期。

9. 樊崇义:《看守所：处在十字路口的改革观察》，《中国法律评论》2017 年第 3 期。

10. 卞建林等:《浙江检察机关新刑诉法实施调研报告》，《国家检察官学院学报》2014 年第 3 期。

11. 卞建林:《我国强制措施的功能回归与制度完善》，《中国法学》2011 年第 6 期。

12. 卞建林、桂梦美:《腐败犯罪诉讼管辖现状与制度完善》,《人民检察》2015 年第 13 期。

13. 卞建林:《监察机关办案程序初探》,《法律科学》2017 年第 6 期。

14. 卞建林:《我国刑事强制措施的功能回归与制度完善》,《中国法学》2011 年第 6 期。

15. 孙长永:《通过中立的司法权力制约侦查权力——建立侦查行为司法审查制度之管见》,《环球法律评论》2006 年第 5 期。

16. 孙长永:《少捕慎诉慎押刑事司法政策与人身强制措施制度的完善》,《中国刑事法杂志》2022 年第 2 期。

17. 孙长永:《检察机关批捕权问题管见》,《国家检察官学院学报》2009 年第 2 期。

18. 孙长永、武小琳:《新〈刑事诉讼法〉实施前后刑事拘留适用的基本情况、变化及完善——基于东、中、西部三个基层法院判决样本的实证研究》,《甘肃社会科学》2015 年第 1 期。

19. 龙宗智:《检察机关内部机构及功能设置研究》,《法学家》2018 年第 1 期。

20. 龙宗智:《监察与司法协调衔接的法规范分析》,《政治与法律》2018 年第 1 期。

21. 龙宗智:《检察官办案责任制相关问题研究》,《中国法学》2015 年第 1 期。

22. 龙宗智:《检察机关办案方式的适度司法化改革》,《法学研究》2013 年第 1 期。

23. 陈瑞华:《未决羁押制度的理论反思》,《法学研究》2002 年第 5 期。

24. 陈瑞华:《审前羁押的法律控制——比较法角度的分析》,《政法论坛》2001 年第 4 期。

25. 陈瑞华:《刑事程序失灵问题的初步研究》,《中国法学》2007 年第 6 期。

26. 陈瑞华:《超期羁押问题的法律分析》,《人民检察》2000 年第 9 期。

27. 陈卫东:《论侦查权的司法控制》,《政法论坛》2000 年第 6 期。

28. 陈卫东等:《法国刑事诉讼法改革的新进展——中国人民大学诉讼制度与司法改革研究中心赴欧洲考察报告之一》,《人民检察》2004 年第 10 期。

29. 陈卫东:《羁押必要性审查制度试点研究报告》,《法学研究》2018 年第 2 期。

30. 陈卫东等:《羁押必要性审查的理论认识与实践应用》,《国家检察官学院学报》2012 年第 6 期。

31. 陈卫东:《公安机关适用新刑事诉讼法若干问题探析》,《浙江警察学院学报》2014 年第 3 期。

32. 陈卫东:《逮捕程序司法化三题》,《人民检察》2016 年第 21 期。

33. 宋英辉:《关于取保候审适用具体问题的调研分析》,《法学》2008 年第 6 期。

34. 宋英辉、王贞会:《刑诉法修改与职务犯罪侦查面临的课题》,《国家检察官学院学报》2012 年第 3 期。

35. 朱孝清:《中国检察制度的几个问题》,《中国法学》2007 年第 2 期。

36. 朱孝清:《研讨会上答质疑——对检察制度若干问题的争鸣》,《人民检察》2008 年第 13 期。

37. 朱孝清:《刑诉法的实施和新挑战的应对——以职务犯罪的侦查为视角》,《中国刑事法杂志》2012 年第 9 期。

38. 朱孝清:《刑事诉讼法实施中的若干问题研究》,《中国法学》2014 年第 3 期。

39. 朱孝清:《职务犯罪侦查措施研究》,《中国法学》2006 年第 1 期。

40. 闵春雷等:《东北三省检察机关新刑诉法实施调研报告》,《国家检察官学院学报》2014 年第 3 期。

41. 闵春雷:《论审查逮捕程序的诉讼化》,《法制与社会发展》2016 年第 3 期。

42. 汪建成、王一鸣:《检察职能与检察机关内设机构改革》,《国家检察官学院学报》2015 年第 1 期。

43. 汪建成、冀祥德:《我国未决羁押制度的批判性重构》,《山东公安专科学校学报》2004 年第 1 期。

44. 汪建成、胡星昊:《论监视居住制度的司法完善》,《中国刑事法杂志》2013 年第 6 期。

45. 徐静村、潘金贵:《我国刑事强制措施制度改革的基本构想》,《甘肃社会科学》2006 年第 2 期。

46. 李建明:《适用监视居住措施的合法性与公正性》,《法学论坛》2012 年第 3 期。

47. 顾永忠:《论看守所职能的重新定位——以〈新刑事诉讼法〉相关规定为分析背景》,《当代法学》2013 年第 4 期。

48. 顾培东:《法官个体本位抑或法院整体本位——我国法院建构与运行的基本模式选择》,法学研究 2019 年第 1 期。

49. 梁玉霞:《逮捕中心化的危机与解困出路——对我国刑事强制措施制度的整体讨论》,《法学评论》2011 年第 4 期。

50. 刘计划:《逮捕审查制度的中国模式及其改革》,《法学研究》2012 年第 2 期。

51. 刘计划:《我国逮捕制度改革检讨》,《中国法学》2019 年第 5 期。

52. 吴宏耀:《现行犯:一个亟待解释的法律概念》,《现代法学》2016 年第 1 期。

53. 吴宏耀:《宪政视野中的逮捕制度:背离与矫治》,《山东社会科学》2013 年第 4 期。

54. 吴宏耀:《英国逮捕制度的新发展》,《国家检察官学院学报》2001 年第 2 期。

55. 吴宏耀:《刑事强制措施制度的立法发展与实施状况》,《国家检察官学院学报》2014 年第 3 期。

56. 马静华:《逮捕率变化的影响因素研究——以新〈刑事诉讼法〉的实施为背

景》,《现代法学》2015 年第 3 期。

57. 马静华:《公安机关适用指定监视居住措施的实证分析——以一个省会城市为例》,《法商研究》2015 年第 2 期。

58. 马静华:《供述自愿性的权力保障模式》,《法学研究》2013 年第 3 期。

59. 马静华:《新〈刑事诉讼法〉背景下侦查到案制度实施问题研究》,《当代法学》2015 年第 2 期。

60. 易延友:《刑事强制措施体系及其完善》,《法学研究》2012 年第 3 期。

61. 张旭:《论收审的出路与逮捕的改革》,《中外法学》1993 年第 4 期。

62. 李翔、何素红、刘培志:《公安机关刑拘后未报捕案件之实证研究》,《中国检察官》2012 年第 7 期。

63. 张超:《公安机关实施刑事拘留期限状况调查报告》,《中国刑事法杂志》2010 年第 5 期。

64. 施鹏鹏:《控权模式下的真相发现:法国拘留制度述评》,《比较法研究》2010 年第 6 期。

65. 施鹏鹏:《国家监察委员会的侦查权及其限制》,《中国法律评论》2017 年第 2 期。

66. 施鹏鹏、陈真楠:《初查程序废除论——兼论刑事立案机制的调整》,《社会科学》2014 年第 9 期。

67. 刘计划:《逮捕功能的异化及其矫正———逮捕数量与逮捕率的理性解读》,《政治与法律》2006 年第 3 期。

68. 郝银钟:《论批捕权的优化配置》,《法学》1998 年第 6 期。

69. 程雷:《指定居所监视居住实施问题的解释论分析》,《中国法学》2016 年第 3 期。

70. 程雷:《刑事诉讼法第 73 条的法解释学分析》,《政法论坛》2013 年第 4 期。

71. 程雷、吴纪奎:《侦查秘密原则初步研究》,《山东警察学院学报》2006 年第 4 期。

72. 刘梅湘:《预期目标与理性检视:监视居住的实证研究》,《中国刑事法杂志》2021 年第 3 期。

73. 万毅:《解读逮捕制度三个关键词——"社会危险性""逮捕必要性"与"羁押必要性"》,《中国刑事法杂志》2021 年第 4 期。

74. 高峰:《对检察机关批捕权废除论的质疑——兼论检察机关行使批捕权的正当性》,《中国刑事法杂志》2006 年第 5 期。

75. 常艳、周冬梅:《对审查逮捕中逮捕条件的把握》,《人民检察》2006 年第 6 期。

76. 周奇君:《批捕案件质量不能以"诉得出"和"判得住"为标准》,《人民检察》

2006 年第 1 期。

77. 崔敏:《收容审查的历史、现状与思路》,《中国人民公安大学学报》1993 年第 1 期。

78. 郭松:《审查逮捕制度运作方式的实证分析——侧重于功能实现的角度》,《中南民族大学学报(人文社会科学版)》2010 年第 3 期。

79. 毛磊:《超期羁押:司法机关—大毒性顽瘤》,《中国律师》2002 年第 11 期。

80. 汪海燕:《检察机关审查逮捕权异化与消解》,《政法论坛》2014 年第 6 期。

81. 汪海燕、于增尊:《指定居所监视居住制度评析》,《江苏行政学院学报》2013 年第 5 期。

82. 汪海燕:《监察制度与〈刑事诉讼法〉的衔接》,《政法论坛》2017 年第 6 期。

83. 印仕柏:《职务犯罪案件审查逮捕方式的审视与重构》,《中国刑事法杂志》2008 年第 11 期。

84. 林山田:《论羁押之特质与目的及其决定权归属》,《刑事法杂志》1986 年第 6 期。

85. 杨立新、刘根菊:《法治视野下的羁押制度》,《政法论坛》2004 年第 4 期。

86. 李辞:《公诉与定罪适用同一证明标准的理论反思》,《当代法学》2015 年第 3 期。

87. 王彪:《刑事诉讼中的"逮捕中心主义"现象评析》,《中国刑事法杂志》2014 年第 2 期。

88. 许永俊、王宏伟:《捕诉合一办案机制研究》,《国家检察官学院学报》2001 年第 1 期。

89. 孔璋:《现行检察体制内捕诉关系的论证》,《人民检察》2004 年第 5 期。

90. 张建伟:《"捕诉合一"的改革时一项危险的抉择?——检察机关"捕诉合一"之利弊分析》,《中国刑事法杂志》2018 年第 4 期。

91. 张建伟:《法律正当程序视野下的新监察制度》,《环球法律评论》2017 年第 2 期。

92. 叶青:《关于"捕诉合一"办案模式的理论反思与实践价值》,《中国刑事法杂志》2018 年第 4 期。

93. 叶青、周登谅:《关于羁押性强制措施适用公开听证程序研究》,《法制与社会发展》2002 年第 4 期。

94. 郭松:《质疑"听证式审查逮捕论"———兼论审查逮捕方式的改革》,《中国刑事法杂志》2008 年第 5 期。

95. 郭烁:《捕诉调整"世易时移"的检察机制再选择》,《东方法学》2018 年第 4 期。

96. 郭烁:《徘徊中前行:新刑诉法背景下的高羁押率分析》,《法学家》2014 年第

4 期。

97. 郭烁:《取保候审适用的影响性因素实证研究》,《政法论坛》2017 年第 5 期。

98. 罗海敏:《论协商性司法与未决羁押的限制适用》,《法学评论》2022 年第 3 期。

99. 罗海敏:《比较法视野中的未决羁押撤销、变更机制探析》,《比较法研究》2021 年第 4 期。

100. 陈乃保、杨正鸣、徐庆天:《侦捕诉联动机制的实践价值》,《法学》2006 年第 5 期。

101. 张和林、严然:《检察机关内设机构改革若干问题探究》,《人民检察》2014 年第 6 期。

102. 李昌林:《审查逮捕程序改革的进路——以提高逮捕案件质量为核心》,《现代法学》2011 年第 1 期。

103. 刘仁文、敦宁:《醉驾入刑五年来的效果、问题与对策》,《法学》2016 年第 12 期。

104. 张栋:《未成年人案件羁押率高低的反思》,《中外法学》2015 年第 3 期。

105. 张际枫、孙军:《职务犯罪案件逮捕措施适用状况实证分析》,《人民检察》2013 年第 14 期。

106. 林喜芬:《解读中国刑事审前羁押实践——一个比较法实证的分析》,《武汉大学学报（哲学社会科学版）》2017 年第 6 期。

107. 林喜芬:《分段审查抑或归口审查：羁押必要性审查的改革逻辑》,《法学研究》2015 年第 5 期。

108. 陶杨:《轻罪案件非羁押化问题研究》,《中国刑事法杂志》2017 年第 6 期。

109. 陈永生:《逮捕的中国问题与制度应对——以 2012 年刑事诉讼法对逮捕制度的修改为中心》,《政法论坛》2013 年第 4 期。

110. 何永福:《制度供需失衡与低质量的高逮捕率再生产——基于 2013 年 A 市检察院逮捕制度运行的实证分析》,《中国刑事法杂志》2015 年第 3 期。

111. 闫召华:《"从速兼从宽"：认罪案件非羁押化研究》,《上海政法学院学报》2017 年第 3 期。

112. 张泽涛:《构建中国式的听证审查逮捕程序》,《政法论坛》2018 年第 1 期。

113. 张泽涛、崔凯:《强制性戒毒措施的实施现状及其改革》,《法律科学（西北政法大学学报）》2012 年第 4 期。

114. 丁正红:《江阴涉罪外来人员适用取保候审的实践与思考》,《中国刑事法杂志》2009 年第 9 期。

115. 毕惜茜、刘鹏:《羁押必要性审查的理论与实践》,《中国人民公安大学学报（社会科学版）》2014 年第 5 期。

116. 关振海：《捕后羁押必要性审查的基层实践》，《国家检察官学院学报》2013年第6期。

117. 杨秀莉、关振海：《逮捕条件中社会危险性评估模式之构建》，《中国刑事法杂志》2014年第1期。

118. 胡波：《羁押必要性审查制度实施情况实证研究》，《法学评论》2015年第3期。

119. 石京学：《羁押必要性审查制度的实施原则及其实现》，《河南社会科学》2013年第6期。

120. 叶衍艳：《审查起诉阶段羁押必要性审查工作机制的建构》，《国家检察官学院学报》2012年第6期。

121. 徐鹤喃：《中国的羁押必要性审查——法制生成意义上的考量》，《比较法研究》2012年第6期。

122. 项谷、姜伟：《人权保障观念下羁押必要性审查制度的诉讼化构造》，《政治与法律》2012年第10期。

123. 姚莉、邵劭：《论捕后羁押必要性审查——以〈新刑事诉讼法〉第93条为出发点》，《法律科学》2013年第5期。

124. 倪爱静：《监所检察：探索建立审前羁押救济机制》，《人民检察》2010年第12期。

125. 李昌盛：《为什么不羁押成为例外——我国侦查羁押常态化探因》，《湘潭大学学报（哲学社会科学版）》2009年第2期。

126. 熊谋林：《从证据收集看审前羁押——基于A市的实证研究》，《华东政法大学学报》2016年第2期。

127. 张吉喜：《统计学方法在评估"逮捕必要性"中的运用》，《广东社会科学》2014年第6期。

128. 王贞会：《审查逮捕社会危险性评估量化模型的原理与建构》，《政法论坛》2016年第2期。

129. 王贞会：《我国逮捕制度的法治化进程：文本、问题与出路》，《社会科学战线》2019年第1期。

130. 王子毅：《降低审前羁押率的影响因素分析与对策研究》，《中国刑事法杂志》2021年第4期。

131. 高通：《轻罪案件中的逮捕社会危险性条件研究——以故意伤害罪为例》，《政法论坛》2021年第2期。

132. 曾勉：《中国境遇下羁押必要性审查的难题及其破解》，《政治与法律》2013年第4期。

133. 马超、于晓虹、何海波：《大数据分析：中国司法裁判文书上网公开报告》，《中国法律评论》2016 年第 4 期。

134. 王朝亮：《公安机关决定指定居所监视居住执行中的违法违规行为及监督——以 T 市检察数据最多的 X 区为样本》，《中国检察官》2018 年第 7 期。

135. 孙谦：《关于修改后刑事诉讼法执行情况的若干思考》，《人民检察》2015 年第 7 期。

136. 邹定华、蔡春生：《2013 年桂林市检察机关适用指定居所监视居住强制措施的调查报告》，《中国刑事法杂志》2014 年第 1 期。

137. 周茂玉、吴杨泽：《检察机关指定居所监视居住实证考察及完善建议》，《人民检察》2014 年第 12 期。

138. 张智辉、洪流：《监视居住适用情况调研报告》，《中国刑事法杂志》2016 年第 3 期。

139. 周长军：《从基本权干预原理论指定居所监视居住——兼评新〈刑事诉讼法〉第 73 条》，《山东社会科学》2013 年第 4 期。

140. 贺恒扬：《检察机关贯彻实施修改后的刑事诉讼法若干问题》，《中国刑事法杂志》2012 年第 10 期。

141. 张兆松：《论指定居所监视居住适用中的若干争议问题》，《法治研究》2014 年第 1 期。

142. 张兆松：《论羁押必要性审查的十大问题》，《中国刑事法杂志》2012 年第 9 期。

143. 周伟、汤晖：《从例外到寻常：英国的附条件保释》，《当代法学》2003 年第 12 期。

144. 尹吉：《"指定居所监视居住"的法律适用研究》，《中国刑事法杂志》2012 年第 6 期。

145. 魏小伟：《论检察机关指定居所监视居住功能的侦查化倾向》，《江淮论坛》2016 年第 2 期。

146. 孙煜华：《指定居所监视居住的合宪性审视》，《法学》2013 年第 6 期。

147. 孙煜华：《构建与监察改革相适应的职务犯罪侦查法治模式》，《法学》2017 年第 7 期。

148. 朱春莉：《刑事强制措施的立法完善》，《国家检察官学院学报》2007 年第 1 期。

149. 余辉胜：《现行监视居住制度的隐忧与省思》，《西南政法大学学报》2007 年第 12 期。

150. 陈建新：《对监视居住措施实施现状的调查与思考》，《人大研究》2003 年第 1 期。

151. 毕琳、崔鹏、杨植橙：《特别重大贿赂犯罪案件的指定居所监视居住》，《人民

《检察》2016 年第 1 期。

152. 周绪平、邱勇、游若望:《指定居所监视居住场所规范化建设实践与反思》,《人民检察》2015 年第 24 期。

153. 李奋飞:《指定居所监视居住适用中的几个问题》,《人民检察》2015 年第 17 期。

154. 俞波涛:《监视居住场所建设管理探讨》,《人民检察》2015 年第 18 期。

155. 吴斌、张宇朋、贾配龙:《检察机关适用指定居所监视居住问题研究——以特别重大贿赂犯罪为视角》,《山西省政法管理干部学院学报》2016 年第 2 期。

156. 陈重喜等:《职务犯罪侦查信息化与侦查模式转变研究》,《法学评论》2014 年第 6 期。

157. 谢小剑:《我国刑事诉讼相互印证的证明模式》,《现代法学》2004 年第 6 期。

158. 谢小剑:《羁押必要性审查制度实效研究》,《法学家》2016 年第 2 期。

159. 向泽选:《新刑诉法的实施与职务犯罪侦查》,《国家检察官学院学报》2013 年第 3 期。

160. 龚培华:《职务犯罪技术侦查的困境与对策》,《法学》2014 年第 9 期。

161. 王建明:《论职务犯罪侦查强制措施及其立法完善》,《法律科学》2008 年第 3 期。

162. 刘忠:《读解双规——侦查技术视域内的反贪非正式程序》,《中外法学》2014 年第 1 期。

163. 刘艳红、罗永鑫:《职务犯罪初查方法的实证调查与反思——以湖北省武汉市检察系统贪贿案件的查办为视角》,《西南政法大学学报》2008 年第 5 期。

164. 刘艳红:《监察委员会调查权运作的双重困境及其法治路径》,《法学论坛》2017 年第 6 期。

165. 姜绍明:《初查,从一句传闻开始》,《人民检察》2004 年第 8 期。

166. 王向明、张云霄:《审判中心主义视野下职务犯罪侦查模式之转型》,《法学杂志》2016 年第 4 期。

167. 徐先:《职务犯罪侦查中讯问时限问题探讨》,《人民检察》2015 年第 8 期。

168. 熊秋红:《监察体制改革中职务犯罪侦查权比较研究》,《环球法律评论》2017 年第 2 期。

169. 徐建波、万春、熊秋红等:《检察机关审查逮捕质量与诉讼化改革》,《人民检察》2011 年第 13 期。

170. 童建平、仇小东:《检察机关职务犯罪侦查模式探究》,《政治与法律》2008 年第 6 期。

171. 吴建雄:《国家监察体制改革的法治逻辑与法治理念》,《中南大学学报(社会科学版）》2017 年第 4 期。

　　172. 王雄飞:《我国贿赂犯罪立案程序的反思与重构》,《广东社会科学》2014 年第 6 期。

　　173. 吕萍:《刑事立案程序的独立性质疑》,《法学研究》2002 年第 3 期。

　　174. 倪春乐:《论反恐情报的证据转化》,《中国人民公安大学学报（社会科学版）》2012 年第 4 期。

　　175. 谭世贵:《监察体制改革中的留置措施:由来、性质及完善》,《甘肃社会科学》2018 年第 2 期。

　　176. 马怀德:《〈国家监察法〉的立法思路与立法重点》,《环球法律评论》2017 年第 2 期。

　　177. 冯俊伟:《国家监察体制改革中的程序分离与衔接》,《法律科学》2017 年第 6 期。

　　178. 秦前红、石泽华:《监察委员会留置措施研究》,《苏州大学学报（法学版）》,2017 年第 4 期。

　　179. 韩大元:《论国家监察体制改革中的若干宪法问题》,《法学评论》2017 年第 3 期。

　　180. 王伟:《看守所对未决人员居中管理的提出及探索——以杭州市看守所为例》,《公安学刊（浙江警察学院学报）》2016 年第 1 期。

　　181. 薛向楠:《中国刑事拘留制度的发展轨迹与完善路径（1954—2018）》,《中国政法大学学报》2019 年第 3 期。

　　182. 刘鸿斌、朱璀琳、熊文君:《强化刑事拘留专门化检察监督——以江西省景德镇地区专项调研数据为分析样本》,《人民检察》2019 年第 23 期。

　　183. 薛正俭:《刑事拘留后未提请批准逮捕案件的检察监督》,《人民检察》2018 年第 7 期。

　　184. 赵旭光、李雷:《基层社会治理中刑事强制手段的滥用及规制——以刑事拘留的滥用为例》,《山东社会科学》2016 年第 10 期。

　　185. 蒋勇:《压力型司法与刑事拘留制度的改革路径》,《中国人民公安大学学报（社会科学版）》2019 年第 3 期。

　　186. 武小琳:《刑事拘留制度的历史渊源与功能演变》,《辽宁师范大学学报（社会科学版）》2017 年第 5 期。

　　187. 孙茂利、黄河:《逮捕社会危险性有关问题研究》,《人民检察》2016 年第 6 期。

　　188. 李训虎:《逮捕制度再改革的法释义学解读》,《法学研究》2018 年第 3 期。

　　189. 杨依:《我国逮捕的"结构性"错位及其矫正——从制度分离到功能程序分离》,《法学》2019 年第 5 期。

190. 童建华：《谨慎对待"捕诉合一"》,《东方法学》2018 年第 5 期。

191. 步洋洋：《除魅与重构："捕诉合一"的辩证思考》,《东方法学》2018 年第 5 期。

192. 邓思清：《捕诉一体的实践与发展》,《环球法律评论》2019 年第 5 期。

193. 王敏远：《透视"捕诉一体"》,《环球法律评论》2019 年第 5 期。

194. 周新：《审查逮捕听证程序研究》,《中外法学》2019 年第 4 期。

195. 梁根林：《刑法修正：维度、策略、评价与反思》,《法学研究》2017 年第 1 期。

后　记

　　这是笔者的第六本个人专著，离出版上一本专著已过去八年。本书是这八年主要学术研究成果的集中呈现，也是国家社科基金后期资助项目的结题成果，特别感谢国家社科基金后期资助项目的资助出版。

　　这本书集中研究了刑事羁押类强制措施的功能定位与程序配置问题。笔者对这个主题的教学科研长达十余年，记得2007年从四川大学毕业到江西财经大学工作，不久就接受江西省人民检察院的邀请，到国家检察官学院井冈山分院给接受培训的检察官们讲授刑事强制措施专题，之后又给每一届研究生讲授刑事强制措施，和学生们一起思考、讨论，每年都要将最新的思考融进去，十多年后就积累了很多的体会。2014年完成第一个国家社科基金课题后，笔者下决心回归自己擅长的刑事诉讼法学研究，将长年讲课积累的想法写出来，如刑事羁押必要性审查存在的问题、刑事拘留是不是紧急强制措施、如何用羁押事实来证明羁押理由、指定居所监视居住是否可作为侦查措施等，先后在《法学家》《现代法学》《法律科学》等刊物发表，实现了"教、学、研"相长。之后，本人有意识地规划写作内容，将这些年来积累的文字，以功能与程序为主线，加以串联，并不断修改将之丰富、充实，逐步体系化，最终形成书稿。2019年书稿幸运地获得了国家社科基金后期资助的立项，得以面世。

　　近年来，我国审前未决羁押率的下降令人倍感欣慰，这既有我国轻罪案件增加的原因，也有学界和实务界共同推动相关制度的实践改革的原因。当前，最高人民检察院提出少捕慎诉慎押的刑事司法政策，在最高人民检察院强有力的行政推动之下，必将带来我国未决羁押制度的进一步变革。刑事羁押制度还有许多值得进一步研究之处，如羁押期间的权利救济制度、羁押对于侦查的功能、羁押的证明制度等。笔者仍将继续关注此领域的制度变化和实践革新，希望通过自己的研究能进一步推动相关制度改革，更有力地保障犯罪嫌疑人、被告人的合法权利，完善我国的人权保障性司法制度。

本书对刑事羁押类强制措施进行了深入的研究，有不少创新之处，相信读者在阅读后定会有所收获。特别是，本书对于刑事诉讼制度的功能与程序之间互动关系的研究，算是抛砖引玉，期待其他学者更深入地探讨。

不知不觉已经过了不惑之年，有时候感觉应停下来休息一下，但似乎一直在不停地忙碌着！还是好好生活吧！

本书的出版，要感谢邀请笔者讲学的江西省人民检察院诸君，感谢参与讨论的检察官和学生们，感谢发表前期成果的刊物以及编辑老师，感谢在写作过程中进行资料收集、数据统计、文字校对的学生，也要感谢本书的责任编辑李宁老师。

最后，将此书送给笔者的家人们，感谢他们为笔者提供心灵的港湾！

2022 年 8 月 13 日
于江西财经大学法体楼 307 室